安徽省教育科研规划课题“基于核心素养的数字化实验和高中化学教学有机融合的研究”（课题编号为JK18078）

马鞍山市教育科学规划课题“中学化学数字实验与传统实验有机融合的课例研究”（课题编号为MJG17098）

ZHONGXUE HUAXUE
SHUZIHUA SHIYAN ANLI YANJIU

中学化学数字化实验案例研究

裴传友◎编著

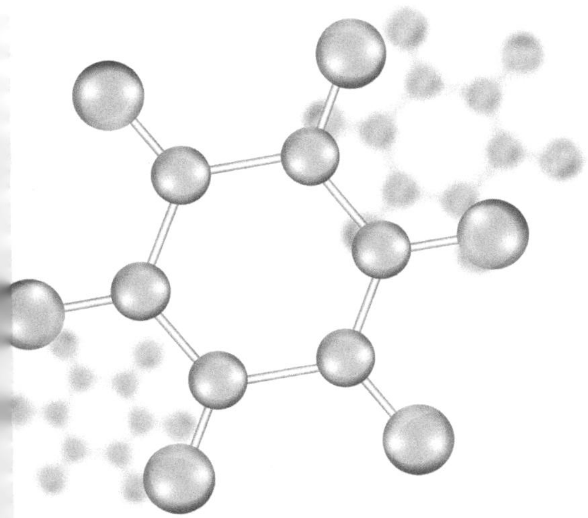

安徽师范大学出版社
·芜湖·

图书在版编目（CIP）数据

中学化学数字化实验案例研究 / 裴传友编著 . —芜湖：安徽师范大学出版社，2020.4（2023.9重印）
ISBN 978-7-5676-4472-4

I. ①中… II. ①裴… III. ①化学实验—教学研究—中学 IV. ①G633.82

中国版本图书馆CIP数据核字（2020）第046333号

中学化学数字化实验案例研究 裴传友◎编著

责任编辑：盛　夏
责任校对：舒贵波
装帧设计：任　彤　张　玲
责任印制：桑国磊
出版发行：安徽师范大学出版社
芜湖市九华南路189号安徽师范大学花津校区
网　　址：http://www.ahnupress.com/
发 行 部：0553-3883578　5910327　5910310（传真）
印　　刷：苏州市古得堡数码印刷有限公司
版　　次：2020年4月第1版
印　　次：2023年9月第2次印刷
规　　格：700mm × 1000mm　1/16
印　　张：18
字　　数：277 千字
书　　号：ISBN 978-7-5676-4472-4
定　　价：58.00元

序

如今，我们已经进入快速发展的信息化时代。随着计算机技术和网络技术的发展，信息的传输和处理能力迅速提高，人们的学习、生活和工作方式正在发生着前所未有的变化。化学教学如何与时代的发展同步？如何将信息技术应用到化学实验教学中？更多的有识之士意识到，基于传感器、数据采集器、计算机及相应的软件进行的数字化实验在化学教学中得到广泛且深入的应用，对提高化学教学的现代化水平起到了至关重要的作用。

实验在化学教育教学中具有突出的重要地位，是因为化学就是以实验为基础发展起来的。传统化学实验是基于人体感官（如眼、耳、鼻、手等），通过看、听、嗅、摸进行的实验。化学数字化实验是基于信息技术，利用计算机分析传感器采集的信息，以数值、图表等形式输出的实验。这种新的实验技术，利用仪器代替人体感官，客观地记录实验数据并做精确分析，可以避免因感觉的差异导致的实验偏差，可以感知一些人体无法感知或不便感知的实验现象，实现化学反应过程的实证化、动态化、定量化，反映了科学发展从宏观到微观、静态到动态、定性到定量的趋势，为优化化学教学和探索化学教学疑难问题提供了一条新途径。这种新的实验教学模式符合《普通高中化学课程标准（2017年版）》中“注重发挥现代信息技术的作用，积极探索现代信息技术与化学实验的深度融合，合理运用计算机模拟实验”的精神。

为适应信息化时代需要，促进化学数字化实验在我国中学化学教育教学中的发展，裴传友老师编著了《中学化学数字化实验案例研究》一书，其特点主要有：

一是实验典型，实用性强。书中大部分案例选自化学教材中的典型实验，这些案例是传统实验方法难以研究或研究方法值得商榷的。

二是设计精巧，启发性强。书中选取了一些与生产生活联系紧密、设计精巧的实验案例，并与《普通高中化学课程标准（2017年版）》的内容相衔接，力求具有教育教学价值功能。

三是案例拓展，创新性强。书中每个案例的“讨论与研究”部分对实验现象和实验图像的异常变化进行了深层次的分析和研究，有利于读者化学专业水平和研究能力的提升。

诚然，化学数字化实验有很多独特之处，但也不能完全替代传统化学实验。数字化实验主要是从具体实验数据分析、归纳实验结论，侧重于实验中的探究过程和思维力的培养；而传统实验往往只是对结果做定性分析，侧重于实验过程的具体操作、常用仪器的使用规范和用途、实验现象的细致观察以及从现象分析结论。把化学数字化实验和传统化学实验有机结合在一起，优势互补、相得益彰，是中学化学教学的理想状态。

除了上述意义之外，我还希望本书能够作为一个引子或样板，启发和激励更多的中学化学教师把自己在化学实验教学与研究中的积累和思考写出来，或成文发表，或成书出版。在我看来，这对中学化学教学有“真金白银”的参考价值，对提升中学生的化学核心素养有积极作用。

裴传友老师是我的教育硕士研究生，在读研期间他勤奋好学、刻苦钻研，多篇文章发表在《化学教育》上。研究生毕业后，他一直在教学第一线工作，从事中学化学教学与研究，成果丰硕，2012年主编的《中学化学教学情景素材》一书被安徽省教育厅推荐为高中化学教师继续教育读本之一。近日，他编著了《中学化学数字化实验案例研究》一书，并希望我作序，作为导师，我欣然应允，借此也表达我对裴传友老师推广化学数字化实验的支持！

熊言林

2019年12月于安徽师范大学

前　言

本书是含山县裴传友化学教育工作室和合肥六中共同承担的安徽省教育科研规划课题“基于核心素养的数字化实验和高中化学教学有机融合的研究”（课题编号为JK18078）和马鞍山市教育科学规划课题“中学化学数字实验与传统实验有机融合的课例研究”（课题编号为MJG17098）的研究成果之一。

在本书的编写过程中，我们精心挑选了中学化学56个实验案例。这56个案例在融合传统实验的同时，用数字化实验的方法从实验设计、实验表征、实验拓展等多方面尝试全新的突破。本书主要有以下特点：第一，编写体例完整。本书从中学化学课本核心知识入手，精选了56个实验，每个实验都设计了“实验目的”“实验原理”“实验装备”“实验步骤”“实验数据分析及结论”“讨论与研究”等栏目，力求对每个实验进行剖析、拓展。第二，案例内容丰富。本书所选取的56个实验覆盖了中学化学阶段的核心知识，分为“元素化合物”“化学反应与能量”“电化学”“化学反应速率与化学平衡”“电解质溶液”“化学与生活”六个部分，全面涵盖了化学核心概念、原理教学和定量测定的实验体系。第三，案例实用性强。案例的选择考虑到了与教学内容的一致和紧密联系，并提供实验装置示意图，方便教师根据自己的教学需要选择使用。这些实验案例，有些适合演示实验，有些适合学生实验，有些适合课外探究，教师还可以结合自身的经验对案例进一步拓展和优化，形成新的研究成果。

本书可作为中学化学教师的教学参考用书和继续教育读本，也可作为高等师范院校化学专业师范生、化学教育硕士、化学课程与教学论研究生的专业读本，还可作为化学教研员的教研参考用书。

本书由裴传友拟订编写提纲并执笔，参与本书编写的人员有马善恒、杨芹、孙继胜、范少华、胡婧清、李文静、刘长先、卞玲玲、陆军、唐守俊、戚新功等课题组和工作室成员。全书最后由裴传友修改、补充、定稿。本书编写过程中参考了大量有关的文献，在这里深表谢意。

本书在编写过程中，得到了上海数好信息科技有限公司总经理陈强和马鞍山市分公司经理袁荣祺的关心和大力支持，安徽师范大学化学与材料科学学院熊言林教授为本书的编写提出了宝贵的修改意见并为本书作序，在此一并表示衷心的感谢！

由于编写人员水平有限，本书中肯定还存在不足之处，真诚欢迎广大读者批评指正！

裴传友

2019年12月

目　录

第一章　数字化实验简介

《国家中长期教育改革和发展规划纲要（2010—2020年）》在谈到加快教育信息化进程时指出，信息技术对教育发展具有革命性影响，必须予以高度重视。数字化实验就是利用传感器、数据采集器、计算机及相应软件进行的实验，是信息技术应用于教学领域的重要课题之一。2018年1月，《普通高中化学课程标准（2017年版）》正式颁布。该标准指出，高中化学课程教学以发展学生化学学科核心素养为主旨，并提出实验对于全面发展学生的化学学科核心素养有着极为重要的作用，要在实验教学中发挥现代信息技术的作用，积极探索现代信息技术与化学实验的深度融合，在化学教材中引入数字化实验。同时，该标准还将化学知识与技能的学习、化学思想观念的建构、科学探究与问题解决能力的发展等多方面的要求融为一体。数字化实验具有定量化、可视化、实验操作过程与动态曲线可同步录像并反复播放等特点，能够揭示实验现象背后的本质，节省实验时间，有利于学生将有限的时间投入高认知水平的学习活动中，改变当前实验探究教学中存在的“注重动手但欠缺思维过程，或有思维过程但缺少高级思维过程”的现状，有效帮助学生建构化学学科观念，发展化学科学思维，提高科学探究能力。

第一节　数字化实验的界定

应用于教学的数字化实验主要有两种：一种为MBL（Microcomputer-Based Laboratories），即基于计算机的实验；另一种为SBL（Simulation-

Based Laboratories），即计算机模拟实验。MBL利用传感器采集真实实验的数据，在计算机上用软件进行数据呈现和分析，并输出结果。而SBL不需要操作实物，直接在计算机上模拟实验条件得到结果。因此，两者虽然都使用计算机进行数据采集和分析，但SBL中学生操作的是虚拟的实验物品。

本书主要进行MBL的研究，将数字化实验定义为：利用传感器、数据采集器、计算机及相应软件进行的实验。数字化实验的基础工作模式即将传感器、数据采集器和计算机依次相连（如图1.1.1），采集、记录、分析和呈现真实实验过程中各种变化的物理量（如pH、温度、压强、电导率等），以获得实验结论。

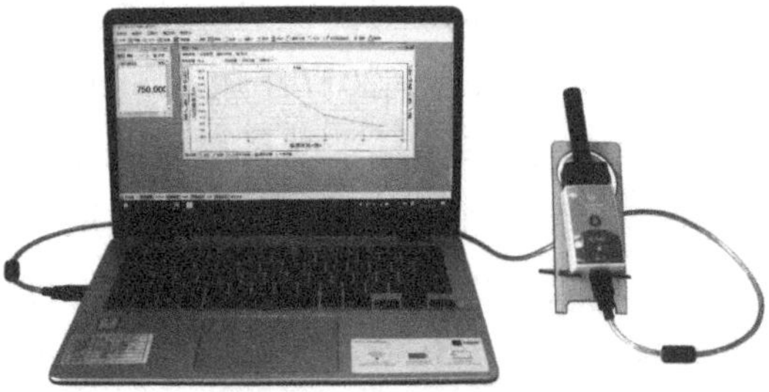

图1.1.1　数字化实验装置

第二节　数字化实验的构成

数字化实验系统主要由传感器、数据采集器、计算机和各种应用软件构成。数字化实验系统的一般流程如图1.2.1所示。

实验装置 → 传感器 → 数据采集器 → 计算机(含相应软件)

图1.2.1　数字化实验系统的一般流程

1. 传感器。传感器是数字化实验的核心元件。传感器能感受规定的被测量并按照一定的规律将其转换成可用信号，通常由敏感元件和转换元件组成。传感器将感触到的物理量转换成数据采集器能够识别和分析的电信号，再将电信号传递给数据采集器。传感器主要有温度传感器、pH 传感器、电流传感器、氧气传感器、二氧化碳传感器、电导率传感器、溶解氧传感器以及各种离子传感器等（如图 1.2.2）。

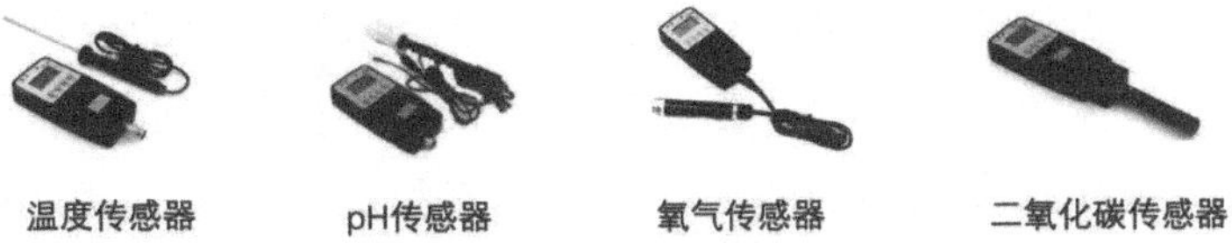

图 1.2.2　常见数字化实验传感器

2. 数据采集器。数据采集器是数字化实验的转换元件。数据采集器接受从传感器传过来的电信号，收集、存储数据，再转换成数字信号传输给计算机，起衔接作用（如图 1.2.3）。

图 1.2.3　数字化实验中的数据采集器

3. 计算机及相应软件。计算机及相应软件是数字化实验的处理元件。计算机及相应软件能够对从数据采集器处传过来的数据进行处理、分析、储存以及传输，将信息以简单易懂的图表形式显示出来，实现了信息技术与学科教学的有机融合。

第三节　数字化实验的特点

1. 实验过程可视化。传统化学实验的表现形式一般是学生观察实验现象，而基于手持技术的实验可以将整个化学反应过程以数字、图像、表格、刻度计、视频等多种形式动态实时地显示出来，不仅利于学生对现象的观察，还利于学生对实验结果的处理。因此，数字化实验可以将一些微观现象或者不明显现象的化学反应变化过程清晰地呈现出来，利于学生观察和思考。

2. 实验结果定量化。定量实验是指要求给出实验中的数值或者各因素间数量的具体关系的实验，因此是一类较高层次的实验，它更能培养学生分析问题和解决问题的能力。数字化实验最大的特点就是将实验结果数字化，引入大量的定量实验，不仅能从量的角度说明定性实验的结论，也可以利用数据处理得到比较精确的结果。

3. 数据采集智能化。数字化实验能以数字形式感知和记录化学实验中的各种变化，如温度、气压、pH、溶解氧、电导率、浓度、色度等，其感知能力远高于人类的感官，从而使化学实验超越主要观察颜色变化、沉淀生成、热量吸放、光亮程度等传统模式，进入数字化、信息化感知模式，使得实验信息获取的深度和广度有了质的变化。

第四节　常见数字化实验传感器简介

以下介绍的是上海数好数字信息科技有限公司生产的常见数字化实验传感器。

表 1.4.1　常见数字化实验传感器

传感器	技术参数	实　物
电压传感器	电压传感器接出带鳄鱼夹的红、黑两根导线，使用方法与电压表相似，使用时把电压传感器并联在电路中。如果电压传感器红线接到电路的高电位端，黑线接到低电位端，显示的数值为正数；如果接反，显示的数值为负数 ★ 注意：待测电压不能超传感器的量程	

续表

传感器	技术参数	实 物
电流传感器	电流传感器接出带鳄鱼夹的红、黑两根导线，使用方法与电流表相似，使用时把电流传感器串联在电路中。如果待测电流从电流传感器的红色线入，黑色线出，显示的数值为正数；如果接反，显示的数值为负数 ★ 注意：待测电流不能超传感器的量程	
常规温度传感器	温度传感器使用方法类似温度计，其温度敏感元件置于传感器不锈钢探头内，使用时要让被测物体与此处充分接触 ★ 注意：请注意保护温度传感器不锈钢探头，不能用力拉、压，或使其处于其他受力状态；更不能在坚硬物体表面摩擦不锈钢探头！请勿用火焰直接对不锈钢探头加热	
液滴计数传感器	液滴计数传感器为一体化设计，无须外接任何其他设备，内置数码显示器，可直接读取液滴数值，用于测量溶液滴定体积 ★ 注意： 1. 使液滴通过右边红色标识的长方形孔即可 2. 传感器上方的数码管可直接显示滴数	
pH传感器	pH传感器可以连续测量溶液中的pH，这在传统实验中是很难实现的。同时，pH电极使用标准BNC接口，方便更换 ★ 注意： 1. 实验前，请对传感器进行标定 2. 每次使用前，将电极前端清洗、擦净；每次实验完成后，将电极前端清洗、擦净，放入包装盒保存	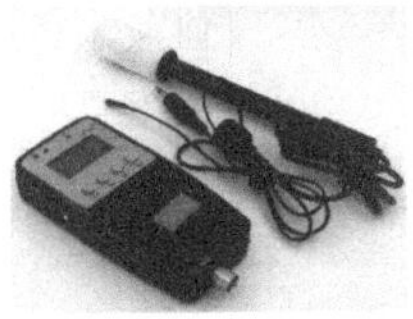
电导率传感器	电导率传感器具备大量程的特点，测量准确，同时在测量不同浓度溶液时自动切换量程，电极可以替换 ★ 注意：每次使用前，将电极前端清洗、擦净；每次实验完成后，将电极前端清洗、擦净，放入包装盒保存	

续表

传感器	技术参数	实物
溶解氧传感器	溶解氧传感器在生物、化学研究中都是基本的测量仪器，具备宽量程和高分辨率 ★ 注意： 1. 实验前，请对传感器进行标定 2. 传感器使用前，请将探头端的前盖拧下，在盖内滴入内充液，内充液滴入量为前盖一半体积左右即可，内充液滴入完成后，拧好前盖，即可使用(内充液配在传感器包装袋内) 3. 电极前端的膜，请注意保养，如有磨损或刮痕，会影响测量值	
溶解氧传感器	4. 每次使用前，将电极前端清洗、擦净；每次实验完成后，将电极前端清洗、擦净，放入包装盒保存 5. 溶解氧的最佳测量环境是在流动的且恒温的水域中，因为溶解氧探头在测量的同时需要消耗探头周围的氧气，所以如果将溶解氧探头静态地置于烧杯中，测量数据逐渐下降属于正常现象	
色度传感器	色度传感器可以获得红、绿、蓝三元色的比例数值(R、G、B 表示红、绿、蓝三原色吸光率)，色度传感器有专用的校准白平衡的按钮 ★ 注意： 1. 如图放置色度传感器，使用时比色皿透光面为左右方向，磨砂面为上下方向，手拿磨砂面，将比色皿放入色度传感器内 2. 实验前，在比色皿中加入蒸馏水，放入色度传感器内，轻按一下白平衡校准按钮，对色度传感器进行白平衡校准	
浊度传感器	浊度传感器可以测量溶液的浑浊度。浊度是表现水中悬浮物对光线透过时所发生的阻碍程度。水中含有泥土、粉尘、微细有机物、浮游动物和其他微生物等悬浮物和胶体物，都可使水中呈现浊度 ★ 注意：实验前，请对传感器进行标定	

续表

传感器	技术参数	实　物
氧化还原传感器	氧化还原传感器主要用于测量溶液的氧化还原性。 ★ 注意: 1. 使用时将氧化还原电极接入传感器,取下装有保护液的密封帽 2. 每次使用前,将电极前端清洗、擦净;每次实验完成后,将电极前端清洗、擦净,放入包装盒保存 3. 电极前端的膜,请注意保养,如有磨损或刮痕,会影响测量值	
氧气传感器	氧气传感器可以精确测量大气或封闭空间中的氧气浓度,具备宽广的量程,在很多实验中都可以使用;如果与二氧化碳传感器配合可以在教室或野外进行更多的环境、生理实验 ★ 注意:在正常环境中使用时,请先轻按一下传感器上的20.4%校准键	
二氧化碳传感器	二氧化碳传感器可以精确测量大气或封闭空间中的二氧化碳浓度,具备宽广的量程,在很多实验中都可以使用;如果与氧气传感器配合可以在教室或野外进行更多的环境、生理实验 ★ 注意: 1. 在正常环境中使用时,请先轻按一下传感器上的600 ppm校准键 2. 二氧化碳传感器由于内部硬件体积过大,因此侧面无法安装开关,可以连上电脑使用 3. 如使用无屏采集器连接二氧化碳传感器,请在无屏采集器上连接外部供电电源	
湿度传感器	湿度传感器用于测量环境的相对湿度,实验时可直接将传感器置于被测环境中	
高温传感器	高温传感器可直接用于测量高温物体的温度(如火焰外焰),使用时让被测物体与探针顶端充分接触	

第二章　元素化合物

新一轮基础教育课程改革的理念是要“以人为本”和“以学生发展为本”，为了学生的全面、终身发展。《普通高中化学课程标准（2017年版）》也强调，在课程内容选择上，加强与学生实际生活、现代社会和现代科技发展的联系，关注学生的学习兴趣和经验，使学生学习到生活必备的基础知识和技能。化学与生活息息相关，尤其是“元素化合物”知识，在解决人类生活中面临的问题、提高人类的生活质量以及促进人与自然友好相处等方面发挥着不可替代的作用，所以在高中化学课堂上对“元素化合物”知识实施生活化教学是适应时代发展的需要。

学习“元素化合物”知识，可以使学生对物质世界的丰富性和多样性有更直观的感受，对化学科学在人类社会发展中的重要作用有更深刻的认识，更容易激发学生学习化学科学的积极性和主动性。同时，“元素化合物”知识为学生深入学习化学提供了丰富的感性素材，有利于学生对抽象的化学概念、原理的理解。

实验1　二氧化碳与饱和石灰水反应的探究

一、实验目的

1. 了解电导率传感器的工作原理及工作方法。

2. 在实验操作中，认识电导率传感器、数据采集器以及各类软件的应用，进一步感受数字化实验带来的快捷和便利。

3. 利用数字化传感器辅助教学，帮助学生理解实验，降低实验难度，使实验现象更加直观，提高实验效果。

二、实验原理

向饱和的澄清石灰水中通入CO_2，开始发生的反应：$Ca(OH)_2+CO_2=CaCO_3\downarrow+H_2O$，溶液中离子浓度减小，电导率逐渐下降。当溶液中$Ca(OH)_2$反应完后，继续通入$CO_2$，发生的反应：$CaCO_3+CO_2+H_2O=Ca(HCO_3)_2$，溶液中离子浓度增大，电导率又逐渐上升。

三、实验装备

1. 实验器材：分液漏斗、广口瓶、导管、大烧杯、电导率传感器、pH传感器、数据采集器、计算机及相应软件。

2. 实验药品：石灰石、稀盐酸、氢氧化钙、碳酸氢钠、浓硫酸。

3. 实验装置：

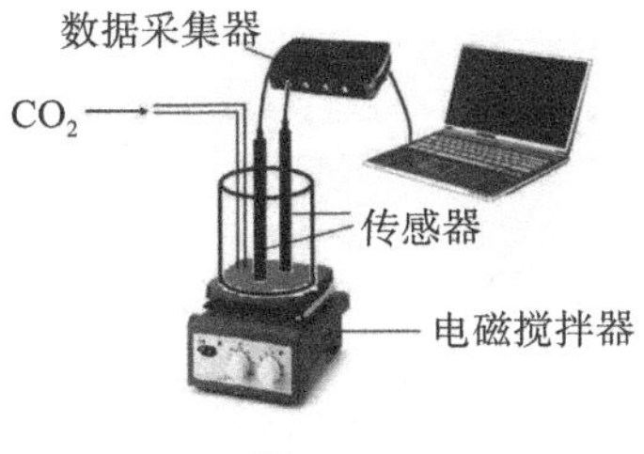

图2.1.1　实验装置示意（CO_2制备装置已省略）

四、实验步骤

1. 在小烧杯中加入30 mL饱和澄清石灰水，待用。

2. 按图2.1.1所示连接装置，并将电导率传感器放入盛有30 mL饱和澄清石灰水的小烧杯中。

3.将石灰石与稀盐酸反应，产生的二氧化碳气体经过碳酸氢钠溶液洗气后，通入配制好的30 mL饱和澄清石灰水中，用pH传感器、电导率传感器测量溶液反应过程中pH的变化和电导率的变化。

4.待曲线平稳后，停止采集数据。

五、实验数据分析及结论

从图2.1.2中可以看出，随着CO_2的通入，澄清石灰水中的pH呈下降趋势，通过对比反应方程式$Ca(OH)_2+CO_2 \xlongequal{} CaCO_3\downarrow+H_2O$，$CO_2$的通入消耗了溶液中的$Ca(OH)_2$，使溶液的pH持续降低。$Ca(OH)_2$消耗完全后，$CaCO_3$开始转变成为$Ca(HCO_3)_2$，当反应完成后，$CO_2$的持续通入使溶液中形成碳酸，pH继续降低。最后当$CO_2$的溶解量达到饱和时，pH趋于稳定，也使溶液呈现弱酸性。但溶液的pH并没有降低至5以下，因此，$CaCO_3$没有完全转变成$Ca(HCO_3)_2$。

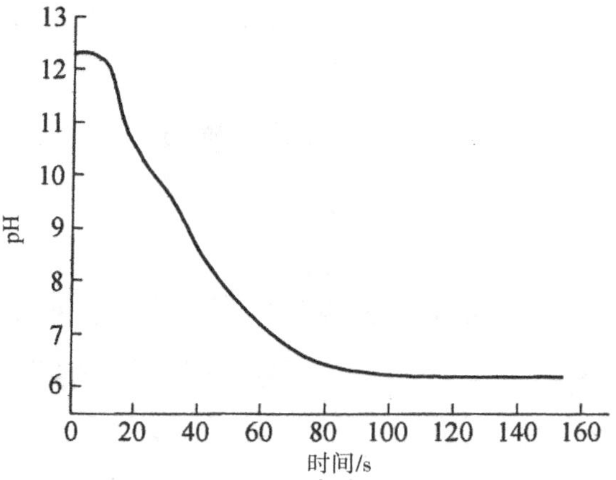

图2.1.2　向饱和澄清石灰水中通入CO_2时溶液pH的变化曲线

从图2.1.3中可以看出，随着CO_2的通入，溶液变浑浊，生成了H_2O和难溶电解质$CaCO_3$，离子浓度减小，溶液电导率下降；当氢氧化钙反应完时，曲线下降到最低点。可以看出最低点不是零点，这是符合客观事实的，因为溶液中存在$CaCO_3$溶解平衡和水的弱电离。继续通入CO_2，CO_2和$CaCO_3$、H_2O反应，生成强电解质$Ca(HCO_3)_2$，溶液中离子浓度逐渐增大，溶液电导率上升。当电导率曲线趋于水平时，说明反应接近完成。从图2.1.3中可以看出，电导率并没有回到初始状态，说明溶液中离子浓度总体是减小的，同时浑浊也没有变澄清。

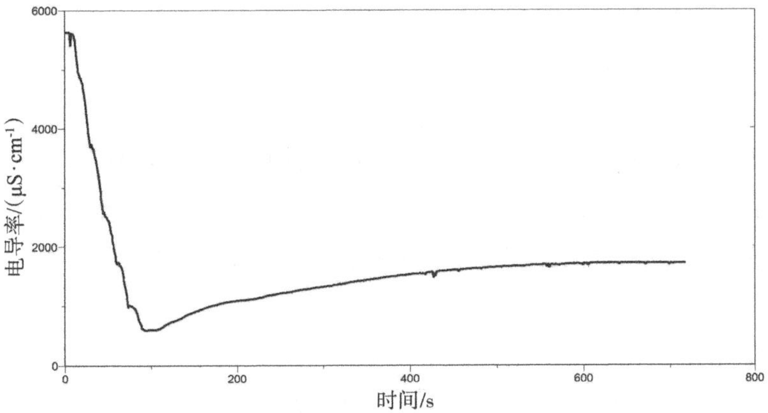

图2.1.3　向饱和澄清石灰水中通入CO_2时溶液电导率的变化曲线

六、讨论与研究

沉淀平衡理论的解释

中学较为普遍的观点是：二氧化碳通入饱和石灰水中，先是石灰水由澄清变混浊，继续通入二氧化碳至过量，溶液由混浊变澄清。但是多次的实验结果显示，溶液浑浊程度均减轻，但是并没有澄清。

20℃时，氢氧化钙溶解度为0.16 g，属于微溶物范围，溶液很稀，其密度可以当作1 $g\cdot cm^{-3}$，换算成物质的量浓度约为0.022 mol/L，$K_{sp}[Ca(OH)_2]=c(Ca^{2+})\cdot c^2(OH^-)=4.3\times10^{-5}$。通入过量二氧化碳后，假如$Ca(OH)_2$全部转化为$Ca(HCO_3)_2$，$Ca(HCO_3)_2$溶液中$c(Ca^{2+})=0.022$ mol/L，$c(HCO_3^-)=0.044$ mol/L，于是可做如下计算：

方法一：

设平衡时CO_3^{2-}的浓度为x。

$$HCO_3^- \rightleftharpoons H^+ + CO_3^{2-}$$

	HCO_3^-	H^+	CO_3^{2-}
起始浓度/($mol \cdot L^{-1}$)	0.044	0	0
平衡浓度/($mol \cdot L^{-1}$)	$0.044-x$	x	x

$K_{a_2}=5.61\times10^{-11}=x^2/(0.044-x)\approx x^2/0.044$

$x\approx1.57\times10^{-6}$ mol/L

$c(Ca^{2+})=0.022\ mol \cdot L^{-1}$，$c(CO_3^{2-})=1.57\times10^{-6}\ mol \cdot L^{-1}$

$Q=0.022\times1.57\times10^{-6}=3.45\times10^{-8}>K_{sp}(CaCO_3)=4.69\times10^{-9}$。

由此可见，在澄清石灰水中通入过量的二氧化碳虽然能使沉淀减少，但不能使得沉淀完全消失，即不可能得到澄清、透明的溶液。

方法二：

沉淀完全溶解时CO_3^{2-}的最大浓度只能为：

$c(CO_3^{2-})=K_{sp}(CaCO_3)/c(Ca^{2+})=4.69\times10^{-9}/0.022=2.25\times10^{-7}\ mol \cdot L^{-1}$

设H^+的浓度为y。

$$HCO_3^- \rightleftharpoons H^+ + CO_3^{2-}$$

	HCO_3^-	H^+	CO_3^{2-}
起始浓度/（$mol \cdot L^{-1}$）	0.044	0	0
平衡浓度/（$mol \cdot L^{-1}$）	$0.044-2.25\times10^{-7}$	y	2.25×10^{-7}

$K_{a_2}=5.61\times10^{-11}=2.25\times10^{-7}y/（0.044-2.25\times10^{-7}）$

$y\approx1.1\times10^{-5}$ mol/L

pH=5−lg1.1=4.96

要使饱和石灰水溶液最后变澄清，溶液的pH应小于5。但是饱和碳酸溶液pH ≈ 5.6 ~ 6 > 5，不满足此条件。

所以，在饱和石灰水中通入过量的二氧化碳不能使沉淀完全消失，即不可能得到澄清、透明的溶液。

实验2　二氧化碳与氢氧化钠溶液反应的探究

一、实验目的

应用数字化实验系统地、多视角地探究CO_2与NaOH溶液的反应。

二、实验原理

CO_2与NaOH溶液反应使烧瓶内CO_2气体浓度和NaOH浓度不断减小，气压逐渐变小，温度逐渐升高，pH逐渐减小。通过CO_2传感器、压强传感器、温度传感器、pH传感器、采集数据绘制成变化曲线，再通过对比CO_2与NaOH溶液反应、CO_2与H_2O反应两条曲线的变化趋势得出结论。

三、实验装备

1. 实验器材：具支锥形瓶、注射器、分液漏斗、锥形瓶、导管、橡皮塞、三颈烧瓶、烧杯、CO_2传感器、pH传感器、温度传感器、压强传感器、数据采集器、计算机及相应软件。

2. 实验药品：NaOH溶液、石灰石、稀盐酸。

3. 实验装置：

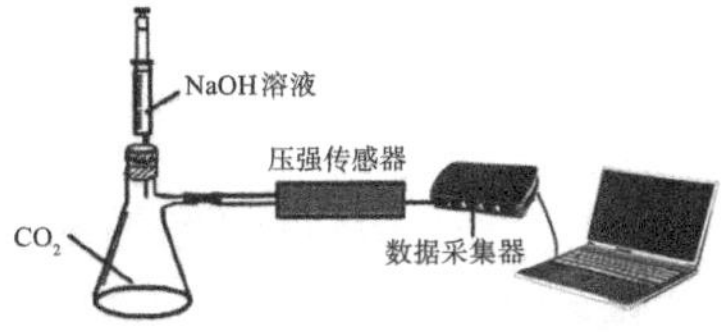

图2.2.1　利用压强传感器探究反应装置示意

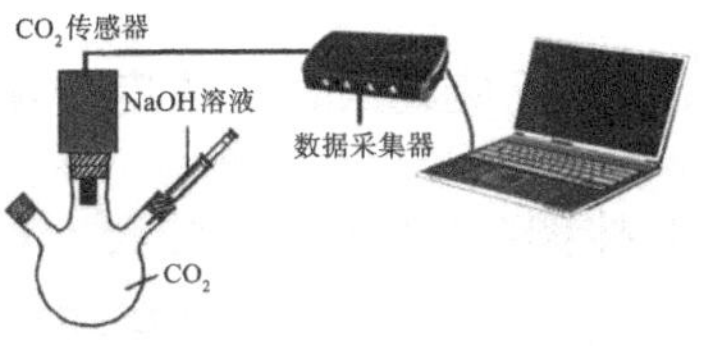

图2.2.2　利用CO_2传感器探究反应装置示意

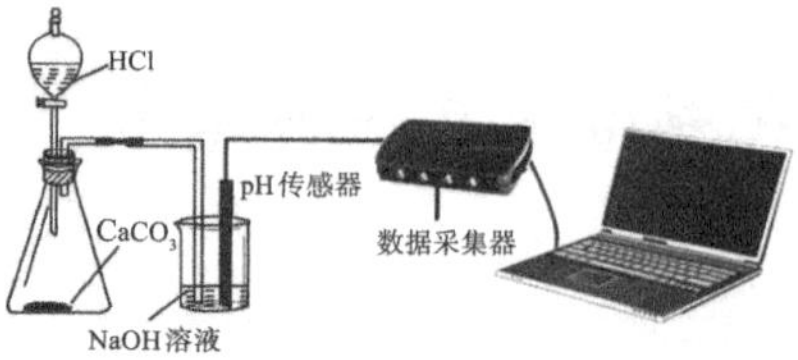

图2.2.3　利用pH传感器探究反应装置示意

图2.2.4　利用温度传感器探究反应装置示意

四、实验步骤

（一）反应容器内压强变化

1. 按图2.2.1连接好装置，检查装置气密性。在具支锥形瓶中收集CO_2气体，设置好采集频率、采集时间。

2. 将NaOH溶液全部推入具支锥形瓶中，点击计算机屏幕上的“开始采集”按钮，观察计算机屏幕上的曲线变化。

3. 将注射器中的NaOH溶液换成等量的水重复上面的操作。

（二）反应物CO_2浓度变化

1. 按图2.2.2连接好装置，检查装置气密性。在三颈烧瓶中收集CO_2气体，设置好采集频率、采集时间。

2. 将NaOH溶液全部推入三颈烧瓶中，点击计算机屏幕上的“开始采集”按钮，观察计算机屏幕上的曲线变化。

3. 将注射器中的NaOH溶液换成等量的水重复上面的操作。

（三）反应物NaOH浓度变化

1. 按图2.2.3连接好装置，检查装置气密性。在锥形瓶中加适量大理石，在分液漏斗中加适量稀盐酸，设置好采集频率、采集时间。

2. 打开分液漏斗活塞，把稀盐酸滴入锥形瓶中，点击计算机屏幕上的“开始采集”按钮，观察计算机屏幕上的曲线变化。

（四）反应能量变化

1. 按图 2.2.4 连接好装置，检查装置气密性。在锥形瓶中收集 CO_2 气体，设置好采集频率、采集时间。

2. 将 NaOH 溶液全部推入锥形瓶中，点击计算机屏幕上的“开始采集”按钮，观察计算机屏幕上的曲线变化。

3. 将注射器中的 NaOH 溶液换成等量的水重复上面的操作。

五、实验数据分析及结论

（一）反应容器内压强变化

实验结果如图 2.2.5 所示，由压强传感器采集的数据绘制成的曲线呈不断下降的趋势，且 CO_2 与 NaOH 溶液反应比 CO_2 与水反应变化更明显。上述现象从密闭容器内压强减小的视角说明了 CO_2 和 NaOH 溶液发生了反应，而不仅仅是溶于水或与水发生了反应。

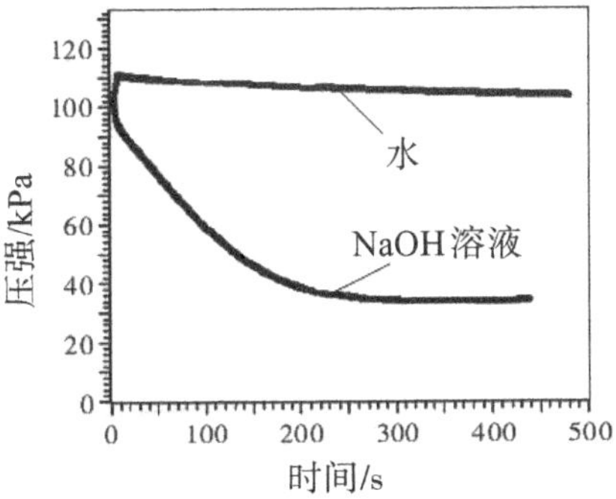

图 2.2.5　利用压强传感器探究 CO_2 与 NaOH 溶液/水反应实验结果

（二）反应物 CO_2 浓度变化

实验结果如图 2.2.6 所示，由 CO_2 传感器采集的数据绘制成的曲线呈不断下降的趋势，且 CO_2 与 NaOH 溶液反应比 CO_2 与水反应变化更明显。

续表

方法	实验操作	实验现象
2	将 CO_2 通入 NaOH 溶液后的溶液加热，再滴加足量的 $Ba(OH)_2$ 溶液	有白色沉淀产生
3	将 CO_2 通入 NaOH 溶液后的溶液加热，再滴加足量的 $BaCl_2$ 溶液	有白色沉淀产生

（二）压强变化法

压强变化法是指利用在密闭容器中 CO_2 的消耗导致压强变化，设计实验产生明显现象的方法。常见的方法见表2.2.2。

表2.2.2　压强变化法探究 CO_2 与NaOH溶液发生反应

实验方法	液面上升法	瓶子变瘪法	气球法	喷泉法	U形管法	瓶吞鸡蛋法
实验装置	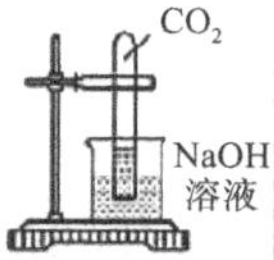	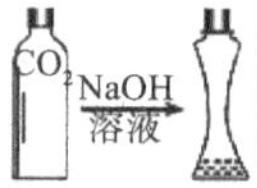		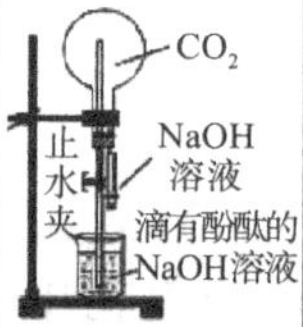		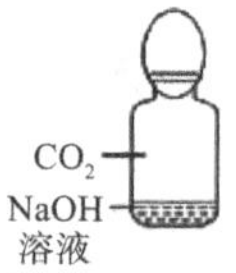
实验现象	试管内液面上升	瓶子变瘪	气球变大	形成从下往上的红色“喷泉”	U形管左边液面上升，右边液面下降	去壳熟鸡蛋被“吞”入瓶子
变式装置		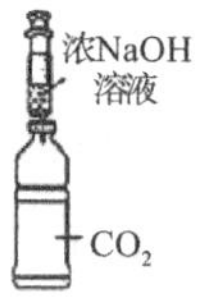		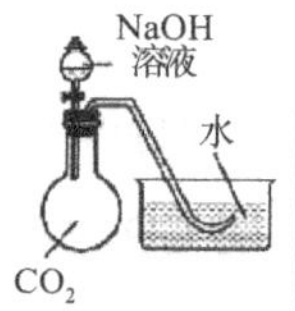		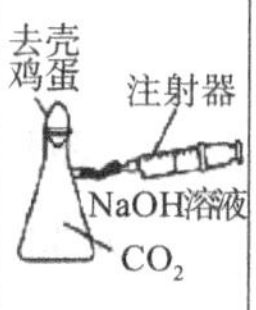
实验现象	导管内上升一段水柱或水倒吸入锥形瓶中	瓶子变瘪	气球变大	形成从下往上的“喷泉”	U形管左边液面上升，右边液面下降	去壳熟鸡蛋被“吞”入瓶子

由于NaOH溶液中含有水，水也可以吸收一些 CO_2 气体，导致压强减小，因此，许多教师设计了对照实验来排除水的干扰。常见方法见表2.2.3。

表2.2.3　压强变化法（含对照实验）探究CO_2与NaOH溶液发生反应

实验方法	液面上升法	瓶子变瘪法	喷泉法	U形管法
实验装置	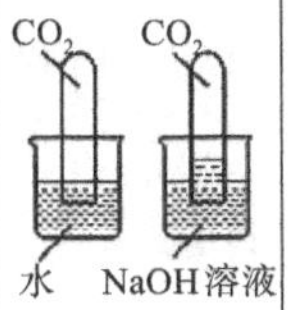	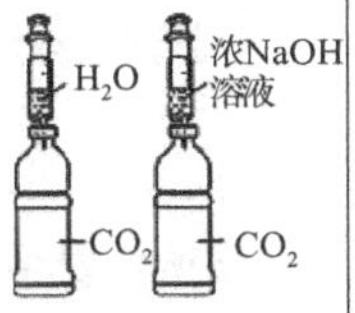	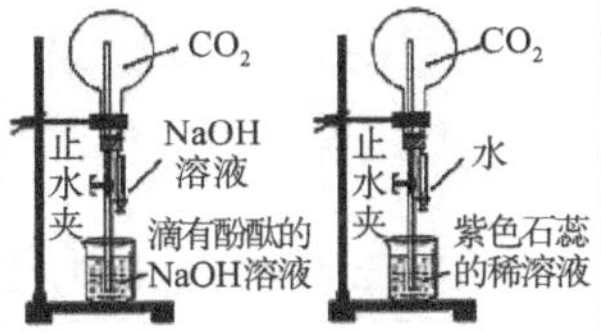	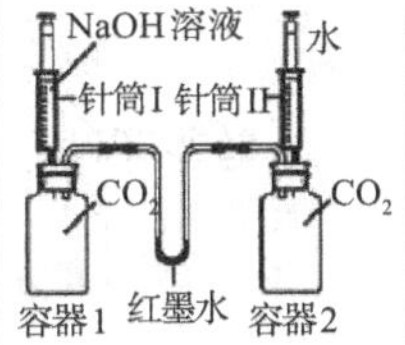
实验现象	右边试管液面上升明显高于左边	右边瓶子变瘪的程度明显大于左边	左边能形成红色"喷泉"，右边没有明显现象	U形管左边液面上升，右边液面下降

（三）定量测定法

在通常情况下，1体积水中大约能溶解1体积CO_2气体。定量测定法是利用一定体积的CO_2与一定体积的NaOH溶液反应，设计实验检验CO_2减少的体积来证明CO_2与NaOH溶液发生了反应。常见方法见表2.2.4。

表2.2.4　定量测定法探究CO_2与NaOH溶液发生反应

方法	实验装置	实验操作	实验现象
1	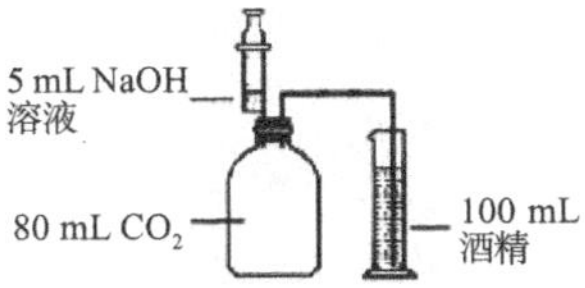	按图连接好装置，将5 ml NaOH溶液慢慢推入集气瓶中	酒精流入集气瓶中，流入集气瓶中的酒精体积远远大于5 mL(具体体积根据实验观察)
2	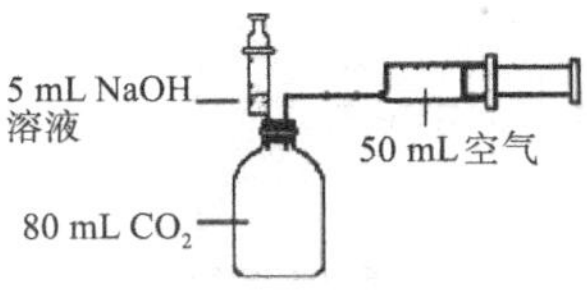	按图连接好装置，将5 ml NaOH溶液慢慢推入集气瓶中	注射器活塞向左移动，移动的体积远远大于5 mL(具体体积根据实验观察)
3	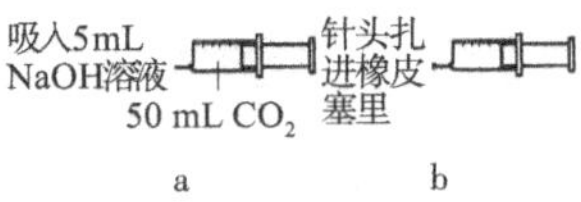	如图a，用此注射器缓缓抽取5mL NaOH溶液，然后立即将针头扎进橡皮塞里，如图b，观察现象	注射器活塞向左移动，移动的体积远远大于5 mL(具体体积根据实验观察)

（四）直接证明法

CO_2与NaOH反应大多数是在水溶液中进行的。由于生成物Na_2CO_3也易溶于水，所以观察不到明显反应现象。一些教师设计了如下实验直接证明，效果明显。常见方法见表2.2.5。

表2.2.5　直接证明法探究CO_2与NaOH溶液发生反应

实验操作步骤	实验现象
1.将少量的Na_2CO_3粉末加入无水酒精中，搅拌	Na_2CO_3粉末不溶于无水酒精
2.将少量的NaOH粉末加入无水酒精中，搅拌	NaOH粉末溶于无水酒精
3.配制NaOH的酒精饱和溶液	—
4.将CO_2通入NaOH的酒精饱和溶液	有大量白色沉淀产生

（五）pH检验法

pH检验法主要是通过滴加酚酞试液、使用pH试纸、pH计（如图2.2.9）、pH传感器等方法，观察颜色变化或pH的变化来证明CO_2与NaOH溶液发生了反应。

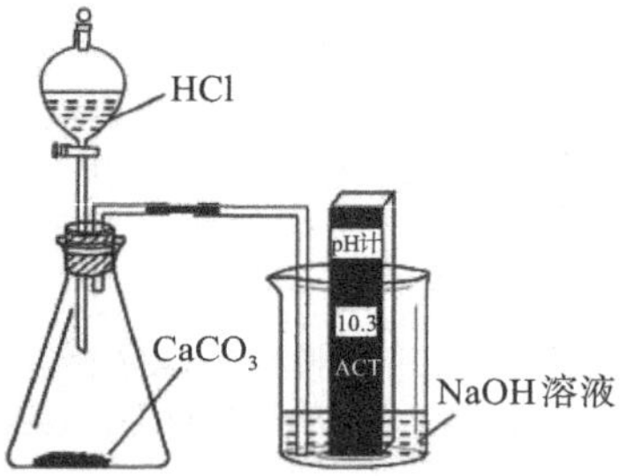

图2.2.9　利用pH计探究CO_2与NaOH溶液反应装置示意

（六）综合法

采用压强、二氧化碳、温度三种传感器同时测量CO_2与NaOH溶液反应过程中的变化（如图2.2.10），实现了观察气压、CO_2浓度、温度三者的同步变化，从多个视角来探究该反应的发生。

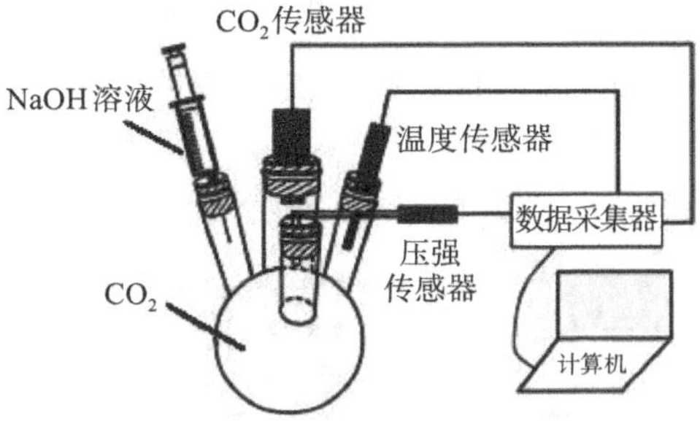

图2.2.10 利用多种传感器探究CO_2与NaOH溶液反应装置示意

实验3 过氧化钠与二氧化碳反应的探究

一、实验目的

1. 掌握CO_2传感器和湿度传感器的实时检测功能，并借助数据采集器和计算机直接生成数据曲线，便捷、直观地反映Na_2O_2与CO_2反应中O_2的生成。

2. 认识Na_2O_2与干燥的CO_2的反应，加深对该反应原理的理解。

二、实验原理

Na_2O_2与CO_2发生氧化还原反应，Na_2O_2既是氧化剂又是还原剂，生成Na_2CO_3和O_2，反应方程式为：$2Na_2O_2+2CO_2 = 2Na_2CO_3+O_2\uparrow$。

三、实验装备

1. 实验器材：三颈烧瓶，球形干燥器，CO_2制取、洗气、干燥与收集装置，插铁丝的胶塞，湿度传感器，CO_2传感器，数据采集器，计算机及相应软件。

2. 实验药品：大理石、稀盐酸、饱和 $NaHCO_3$ 溶液、浓硫酸、无水 $CaSO_4$、Na_2O_2（用薄塑料袋密封，放入三颈烧瓶内）、碱石灰等。

3. 实验装置：

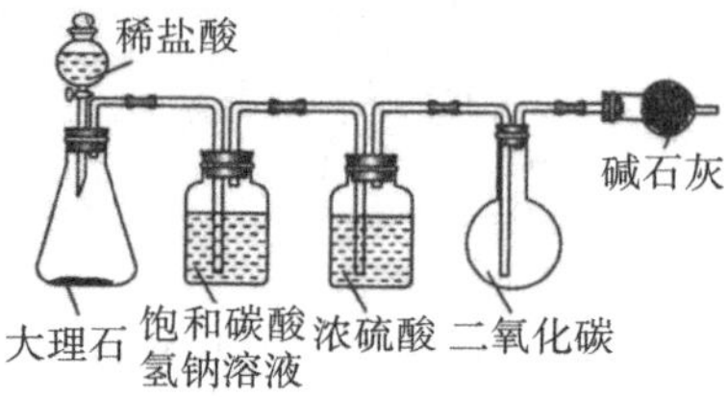

图 2.3.1　干燥 CO_2 气体的制取装置示意

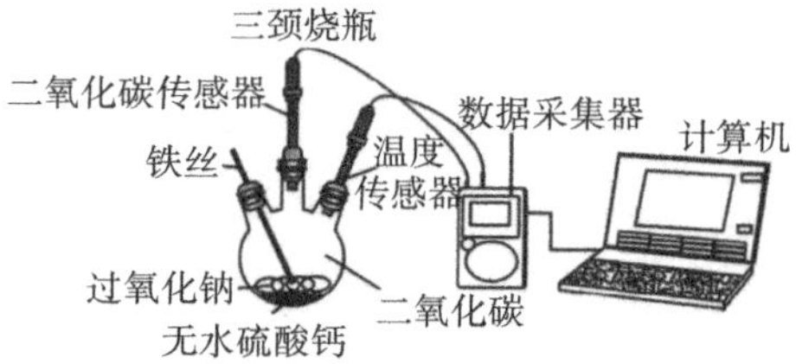

图 2.3.2　Na_2O_2 与干燥 CO_2 反应的测定装置示意

四、实验步骤

1. 连接好 CO_2 制取、洗气、干燥与收集装置（如图 2.3.1），检查装置气密性，装入大理石和稀盐酸。

2. 滴入稀盐酸，产生 CO_2 气体。

3. 在三颈烧瓶的底部放入无水 $CaSO_4$，并将产生的干燥 CO_2 气体通入三颈烧瓶片刻。迅速在三颈烧瓶的瓶颈口分别插入湿度传感器和 CO_2 传感器，密封传感器与瓶颈的接触部位，连接数据采集器，塞上带铁丝的胶塞（如图 2.3.2）。

4. 待 CO_2 浓度稳定后，用铁丝戳破装有 Na_2O_2 的塑料袋，使 Na_2O_2 粉末与 CO_2 充分反应，迅速打开数据采集器，采集相对湿度和 CO_2 含量的变化。

五、实验数据分析及结论

由图2.3.3可以看出，由于相对湿度太低，Na_2O_2粉末被打开后，相对湿度基本不变。从图2.3.4可以看出，Na_2O_2粉末被打开后，CO_2浓度迅速下降，当采集时间大约到1 300 s时下降趋缓，随后CO_2浓度一直缓慢下降直至接近反应完全。因此，我们认为，不需要水蒸气存在，Na_2O_2与干燥的CO_2就可以发生反应。实验后观察到Na_2O_2由黄色变成白色，触摸到容器壁温度略有上升。

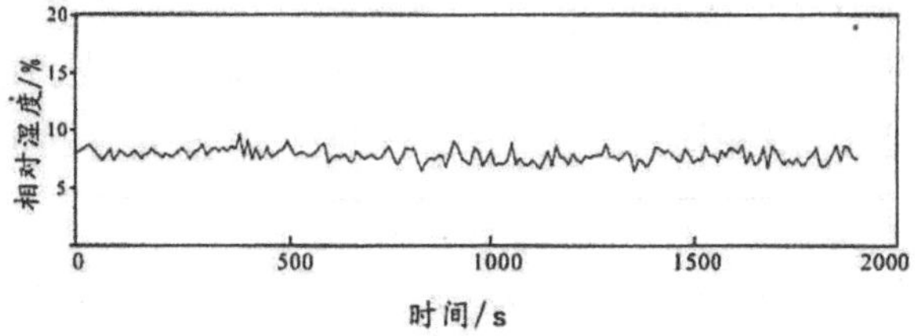

图2.3.3 相对湿度变化曲线

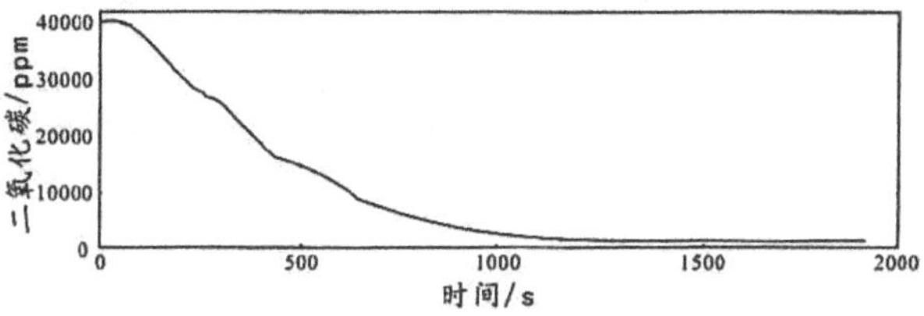

图2.3.4 CO_2浓度变化曲线

六、讨论与研究

由于Na_2O_2与CO_2反应剧烈而且放热，操作不慎可能会爆炸，加之CO_2传感器测量范围所限，因此，实验时三颈烧瓶内并没有完全充满CO_2气体。

因为三颈烧瓶内只充入部分CO_2气体，仍有一部分空气没有排出，加之干燥剂浓硫酸的干燥效率有限（见表2.3.1），所以，容器内相对湿度不为零。为了更好地说明Na_2O_2在干燥的（相对）CO_2气氛中的行为，本实验所用CO_2气体是经过浓硫酸干燥后又在三颈烧瓶内加入无水硫酸钙粉末进一步吸水干燥后所得。

表2.3.1　干燥剂的干燥效果

干燥剂	P_2O_5	$Mg(ClO_4)_2$	硅胶	Al_2O_3	浓H_2SO_4	$CaSO_4$	CaO	$CaCl_2$
残留水分/(mg·L^{-1})	2×10^{-5}	5×10^{-4}	0.5×10^{-3} ~ 3×10^{-3}	3×10^{-3}	3×10^{-2}	4×10^{-3}	2×10^{-1}	1.4×10^{-1} ~ 2.5×10^{-1}

从已有研究的分析中可以看出，大多数研究局限于传统的定性实验，均为动力学分析，并且实验结论没有相应的理论数据支持，难以使人完全信服。在此，运用相关热力学数据计算干燥条件下该反应发生的可能性。

已知有关化学反应为：$2Na_2O_2+2CO_2 = 2Na_2CO_3+O_2\uparrow$，通过查阅资料可知物质的标准吉布斯自由能变化值（见表2.3.2）。

表2.3.2　物质的标准吉布斯自由能变化值

物质(状态)	$\Delta_fG_m^\theta$/kJ·mol^{-1}
Na_2O_2(s)	−447.7
CO_2(g)	−394.4
Na_2CO_3(s)	−1 044.4
O_2(g)	0.0
H_2O(g)	−228.6
NaOH(s)	−379.7

$$\Delta_fG_m^\theta=\sum vi\Delta_fG_m^\theta(\text{生成物})-\sum vi\Delta_fG_m^\theta(\text{反应物})$$
$$=[2\times(-1044.4)+0]-[2\times(-394.9)+2\times(-447.7)]$$
$$=-403.8\ kJ\cdot mol^{-1}$$

反应$\Delta_rG_m^\theta<0$，在标准状态下Na_2O_2固体与干燥CO_2理论上能够自发

反应。

式中$\Delta_r G_m^{\ominus}$表示化学反应的标准摩尔吉布斯自由能改变量，它是在标准状态下化学反应自发进行方向的判断依据。因为得出的$\Delta_r G_m^{\ominus}$数值为负，虽然反应为放热反应，但因为温度的上升造成的$\Delta_r G_m^{\ominus}$变化不足以改变反应$\Delta_r G_m^{\ominus}$的正负，所以从热力学角度能够证明Na_2O_2与干燥CO_2能够发生反应。

实验4　碳酸氢钠溶液稳定性的探究

一、实验目的

利用数字化实验探究$NaHCO_3$溶液的热稳定性。

二、实验原理

$NaHCO_3$固体受热分解生成Na_2CO_3、H_2O和CO_2，$NaHCO_3$在溶液中加热分解温度低于$NaHCO_3$固体的分解温度，但也会生成CO_2。本实验通过CO_2传感器来检测$NaHCO_3$溶液加热过程中密闭体系内CO_2浓度的变化，从而研究$NaHCO_3$溶液热稳定性。

三、实验装备

1.实验器材：酒精灯、石棉网、铁架台、水槽、三颈烧瓶、温度传感器、CO_2传感器、数据采集器、计算机及相应软件。

2.实验药品：$NaHCO_3$固体、蒸馏水。

3. 实验装置：

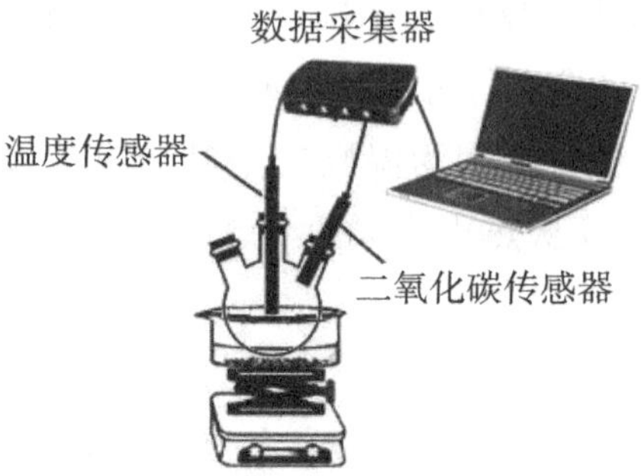

图 2.4.1　实验装置示意

四、实验步骤

1. 如图 2.4.1 所示，将 CO_2 传感器、温度传感器、数据采集器、计算机连接，组装好实验装置。

2. 将 200 mL 蒸馏水（对照试验）、200 mL 0.1mol/L $NaHCO_3$ 溶液分别放在三颈烧瓶中，用 CO_2 传感器检验蒸馏水和 $NaHCO_3$ 溶液液面上方 CO_2 浓度的变化，用温度传感器检测溶液温度的变化，同时采集数据。

3. 将装有 200 mL 0.1mol/L $NaHCO_3$ 溶液的三颈烧瓶置于水浴中，加热，同时采集数据。

五、实验数据分析及结论

从图 2.4.2 可知，蒸馏水液面上方 CO_2 浓度和液体温度基本保持不变。从图 2.4.3 和图 2.4.4 可知，$NaHCO_3$ 溶液在常温时能发生分解生成 CO_2，但是分解速率很小；随着温度升高，$NaHCO_3$ 分解速率加快，在 50℃左右开始急剧分解，CO_2 浓度增加明显。这是因为 $NaHCO_3$ 溶液分解过程是一个吸热过程，温度升高，化学平衡向吸热方向移动，CO_2 的平衡分压增大。

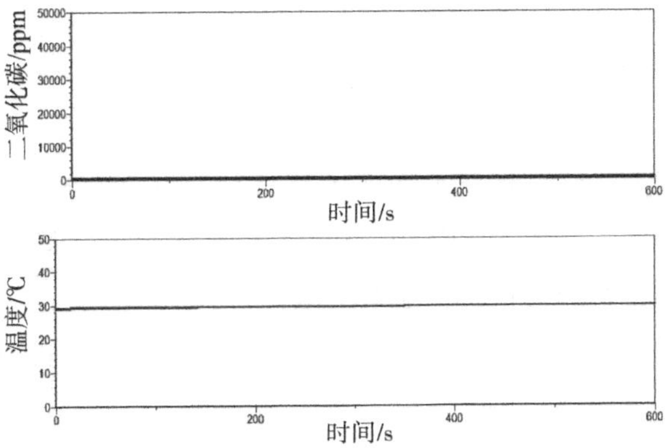

图 2.4.2　室温下蒸馏水液面上方 CO_2 浓度和液体温度变化曲线

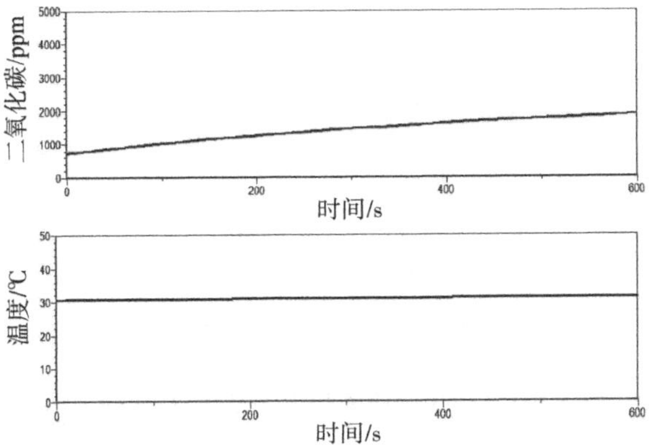

图 2.4.3　室温下 $NaHCO_3$ 溶液液面上方 CO_2 浓度和液体温度变化曲线

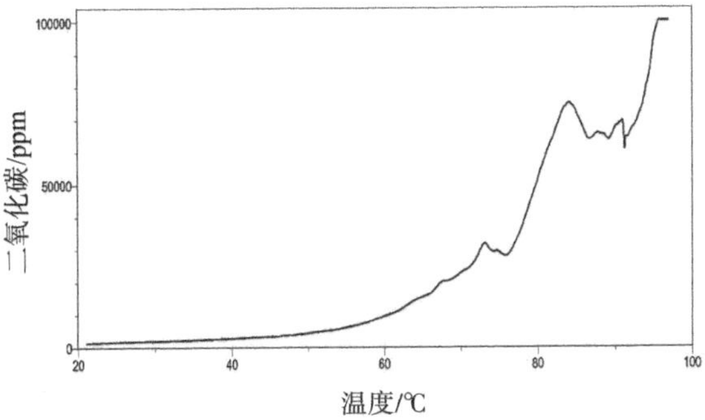

图 2.4.4　$NaHCO_3$ 溶液液面上方 CO_2 浓度随温度升高的变化曲线

六、讨论与研究

$NaHCO_3$溶液中的主要分子和离子有H_2O、HCO_3^-、CO_3^{2-}、H_2CO_3以及Na^+，根据酸碱质子理论，其中H_2O和HCO_3^-既是酸又是碱，CO_3^{2-}只是碱，H_2CO_3只是酸，而Na^+既不是酸也不是碱。

因此，这些分子或离子之间的“酸碱反应”可以用下列所示的平衡来描述。

$$HCO_3^- + H_2O \rightleftharpoons OH^- + H_2CO_3 \quad ①$$

$$HCO_3^- \rightleftharpoons H^+ + CO_3^{2-} \quad ②$$

$$H_2CO_3 \rightleftharpoons H_2O + CO_2 \quad ③$$

$$H^+ + OH^- \rightleftharpoons H_2O \quad ④$$

①+②+③+④得：

$$2HCO_3^-(aq) \rightleftharpoons CO_3^{2-}(aq) + H_2O(l) + CO_2(g) \quad ⑤$$

自偶电离$HCO_3^- + HCO_3^- \rightleftharpoons H_2CO_3 + CO_3^{2-}$，在一定温度下，是否会转化为$CO_2$，可以依据热力学数据（见表2.4.1）来判断。

表2.4.1　相关物质的热力学数据（298 K）

$$2HCO_3^-(aq) \rightleftharpoons CO_3^{2-}(aq) + H_2O(l) + CO_2(g)$$

物质	状态	$\Delta_f H_m^\ominus$/(kJ·mol^{-1})	$\Delta_f G_m^\ominus$/(kJ·mol^{-1})	$S_m^\ominus$/[(J·mol^{-1}·K^{-1})]
HCO_3^-	aq	−691.99	−587.0	91.2
CO_3^{2-}	aq	−677.14	−528.0	−56.9
CO_2	g	−393.509	−394.4	213.74
H_2O	l	−285.83	−273.19	69.91

$\Delta_r G_m^\ominus$=-21.59（kJ/mol）；$\Delta_r H_m^\ominus$=27.501（kJ/mol）；$\Delta_r S_m^\ominus$=44.35[(J/mol·K)]

由于空气中CO_2的体积分数约为0.03%，得：

$\Delta_r G_m^\ominus = \Delta_r H_m^\ominus - T\Delta_r S_m^\ominus + RT\ln[p(CO_2/p^\ominus)]$

$= 27\ 501 - T \times 44.35 + 8.314 \times T \times \ln 0.000\ 3$

$= 27\ 501 - 111.79T$

当$\Delta G<0$即$T>246K$（-27.15℃）时，反应自发进行。

通过上述实验和理论分析可知，由于$NaHCO_3$溶液中既存在着HCO_3^-的水解平衡，又存在HCO_3^-的电离平衡，而水解平衡占主导地位，故$NaHCO_3$水溶液呈碱性。由于$NaHCO_3$溶液中存在HCO_3^-的自偶电离，当溶液的温度升高后，该平衡不断向正反应方向移动，CO_2气体逸出，溶液的pH增大，若加热时间足够，理论上可以得到Na_2CO_3。同时由于CO_2气体逸出缓慢，以及加热时间的差异，最终得到的固体往往同时含有$NaHCO_3$，灼烧才得到Na_2CO_3。

实验5　盐酸与碳酸钠和碳酸氢钠反应的探究

一、实验目的

利用数字化仪器比较Na_2CO_3、$NaHCO_3$与酸反应的差异。

二、实验原理

根据酸碱质子理论，可知CO_3^{2-}和HCO_3^-属于质子碱，且CO_3^{2-}的碱性大于HCO_3^-，所以当溶液中存在H^+时，CO_3^{2-}会先和H^+反应生成HCO_3^-，然后HCO_3^-再和H^+反应生成H_2CO_3。如果用盐酸滴定碳酸钠溶液，会出现两个滴定突跃。

三、实验装备

1. 实验器材：100 mL烧杯、铁架台、大试管、胶头滴管、磁力搅拌器、pH传感器、滴数传感器、数据采集器、计算机及相应软件。

2. 实验药品：蒸馏水、Na_2CO_3固体、$NaHCO_3$固体、0.2 mol/L盐酸。

3. 实验装置：

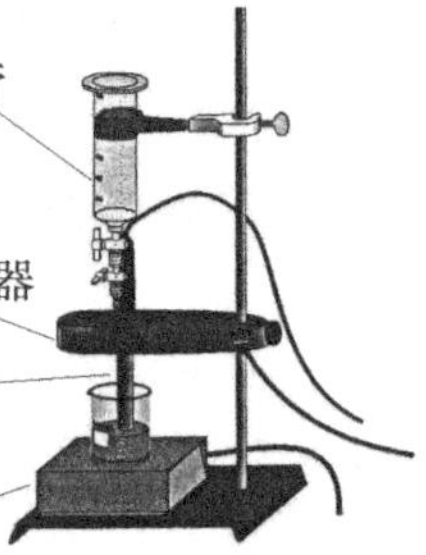

图2.5.1　实验装置示意

四、实验步骤

1. 按照图2.5.1组装实验装置，将pH传感器、滴数传感器、数据采集器与计算机相连接。

2. 称取0.2 g Na_2CO_3固体放入100 mL烧杯中，加入40 mL蒸馏水，打开磁力搅拌器。

3. 待Na_2CO_3固体完全溶解后，打开滴数传感器下方旋塞滴加盐酸并开始采集数据。当pH不再随盐酸的加入而有显著变化时停止采集数据。

4. 同样，测定向0.2 g $NaHCO_3$固体和40 mL蒸馏水配成的$NaHCO_3$溶液中滴加盐酸时pH的变化曲线。

【注意事项】

盐酸的物质的量浓度是实验成功的关键。盐酸的物质的量浓度不能太高，若盐酸的物质的量浓度太高，则向Na_2CO_3溶液中滴加盐酸会使局部盐酸过量，两步反应都会发生，放出气体。经多次尝试发现，当盐酸物质的量浓度低于0.5 mol/L时现象较明显。

五、实验数据分析及结论

由图2.5.2可知，Na_2CO_3溶液中滴入盐酸后，pH稍有下降，继续滴入盐酸，pH变化趋于平缓，出现第一个平台，直至pH达到9左右（第一个平台结束）又有明显下降，此时伴随极少量气泡产生。随着盐酸的持续滴入，pH降到约7.5时变化再次趋于平缓，出现第二个平台，且此阶段有大量气泡产生。待pH缓慢下降到6左右（第二个平台结束），溶液内几乎无气泡产生，pH下降速率明显加快。待溶液呈现强酸性时，随着盐酸的滴入，pH没有明显变化。另外，通过观察，第一个平台和第二个平台消耗的盐酸体积基本相同。这说明两个阶段消耗的H^+物质的量是相等的。$NaHCO_3$溶液中滴入盐酸后，溶液立即有气泡产生，pH稍有下降并逐渐趋于平缓，出现平台。随着盐酸的持续滴入，溶液中有大量气泡产生。待pH缓慢下降到6左右（平台结束），溶液内几乎无气泡产生，pH下降速率明显加快。待溶液呈现强酸性时，随着盐酸的滴加，pH没有明显变化。

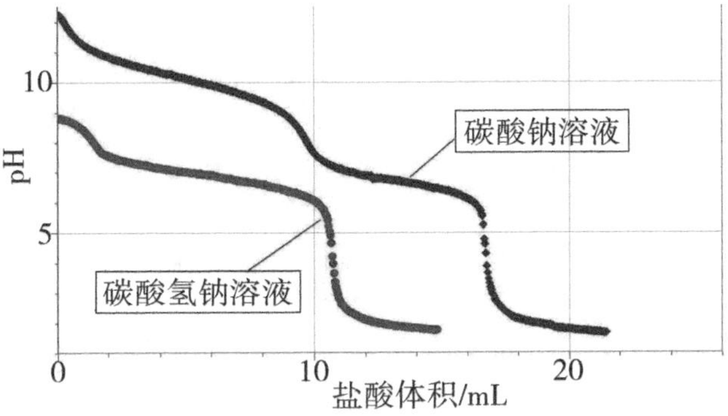

图2.5.2　Na_2CO_3和$NaHCO_3$与盐酸反应溶液的pH变化曲线

因此，得出以下结论：Na_2CO_3溶液的碱性比$NaHCO_3$溶液强，Na_2CO_3溶液水解呈现较强的碱性，$NaHCO_3$水解呈现较弱的碱性。CO_3^{2-}与H^+反应过程分为两个阶段，即$CO_3^{2-}+H^+ \xlongequal{} HCO_3^-$，$HCO_3^-+H^+ \xlongequal{} H_2O+CO_2\uparrow$。

六、讨论与研究

可通过压强传感器测定密闭反应容器中的压强，并结合酚酞指示剂认识两者与稀盐酸的反应实质。

向两个锥形瓶中分别加入4 mL 0.3 mol/L的Na_2CO_3溶液和$NaHCO_3$溶液，并分别滴加两滴酚酞溶液，观察溶液颜色，向恒压滴液漏斗中加入8 mL 0.3 mol/L的稀盐酸溶液。连接实验装置。打开磁力搅拌器，启动数据采集器。打开恒压滴液漏斗活塞，向溶液中滴加4 mL稀盐酸，观察实验数据和溶液颜色的变化，记录时间。再次打开滴液漏斗活塞，再加入4 mL稀盐酸，观察实验数据和溶液颜色变化，待数据保持不变后，记录时间。

通过压强传感器测定密闭实验装置内单位时间的压强，记录数据并生成p–t图像（如图2.5.3所示），结合实验现象分析p–t图像（如表2.5.1所示）。

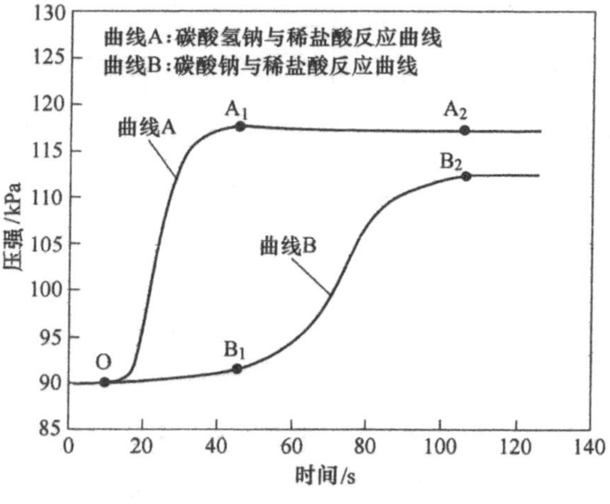

图2.5.3　Na_2CO_3和$NaHCO_3$与稀盐酸反应的压强变化曲线

表2.5.1 实验数据和现象分析

实 验	反应阶段	盐酸体积/mL	Δp/kPa	实验现象
$NaHCO_3$与稀盐酸反应	OA_1段	4	27.02	有气泡产生,溶液浅红色褪去
	A_1A_2段	4	−1.2	无明显现象
Na_2CO_3与稀盐酸反应	OB_1段	4	2.01	溶液由红色变成浅红色
	B_1B_2段	4	18.27	有气泡产生,溶液浅红色褪去

在$NaHCO_3$和稀盐酸反应的实验中，向$NaHCO_3$的溶液中先加入4 mL稀盐酸溶液，即滴加的稀盐酸与$NaHCO_3$物质的量之比为1∶1，密闭容器中的压强增大，有气体产生且溶液褪色。再次加入稀盐酸后，无明显现象，且密闭容器中的压强基本保持不变，由此可知，$NaHCO_3$中的HCO_3^-与H^+直接结合产生CO_2和H_2O。

在Na_2CO_3和稀盐酸反应的实验中，先加入4 mL稀盐酸，即滴加的稀盐酸与Na_2CO_3的物质的量之比为1∶1，溶液由红色变为浅红色。酚酞的浅红色是HCO_3^-存在的标志，由此可知溶液中的CO_3^{2-}与H^+结合生成了HCO_3^-。然而，在加入稀盐酸的过程中，一旦CO_3^{2-}与H^+反应以后，溶液中即同时存在CO_3^{2-}和HCO_3^-。由图2.5.3可知，这一过程密闭容器中的压强基本保持不变，即HCO_3^-没有和H^+结合产生气体，因此得出结论：在和H^+结合的过程中CO_3^{2-}优先于HCO_3^-。当向反应溶液中再次加入4 mL稀盐酸，密闭容器中的压强增大，有气体产生且溶液浅红色褪去。由此可知，生成的HCO_3^-与H^+结合生成了CO_2。

通过压强传感器测定反应过程中密闭容器内的压强变化，并结合实验现象可知，CO_3^{2-}、HCO_3^-与H^+的结合过程是有所差异的，即CO_3^{2-}先结合H^+生成HCO_3^-，再结合H^+产生CO_2，而HCO_3^-直接结合H^+生成CO_2。

实验6　氢氧化亚铁被氧化实质的探究

一、实验目的

用溶解氧传感器来探究白色的氢氧化亚铁沉淀最终转化为红褐色的氢氧化铁沉淀的实质。

二、实验原理

氢氧化亚铁制备过程中，白色沉淀迅速转化为浅灰绿色，后转化为深灰绿色，最终转化为红褐色沉淀。化学方程式为：$FeSO_4+2NaOH=\!=\!=Fe(OH)_2\downarrow+Na_2SO_4$，$4Fe(OH)_2+O_2+2H_2O=\!=\!=4Fe(OH)_3\downarrow$。

三、实验装备

1.实验器材：三颈烧瓶、分液漏斗、氧气传感器、溶解氧传感器、数据采集器、计算机及相应软件。

2.实验药品：0.1 mol/L $FeSO_4$溶液、0.5 mol/L NaOH溶液。

3.实验装置：

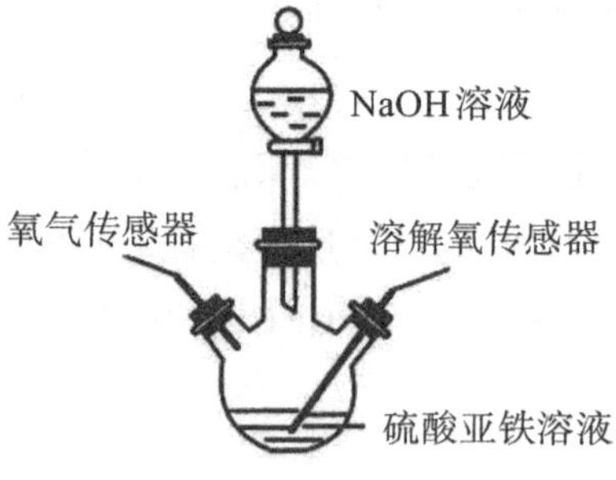

图2.6.1　实验装置示意

四、实验步骤

1. 按照图2.6.1组装实验装置，将氧气传感器和溶解氧传感器与数据采集器连接，再连接上计算机。

2. 向三颈烧瓶中加入20 mL 0.1 mol/L $FeSO_4$溶液，分液漏斗中加入20 mL 0.5 mol/L NaOH溶液，启动软件。

3. 待数据稳定后，打开分液漏斗的活塞，将NaOH溶液加入$FeSO_4$溶液中。

4. 当沉淀完全变成红褐色时，停止采集，保存数据。

五、实验数据分析及结论

从图2.6.2和图2.6.3可知，随着时间的推移，溶液中的溶解氧从3.6 mg/L下降到2.4 mg/L，三颈瓶内的氧气含量从20.778%下降到20.748%，同时，溶液中的沉淀由白色变成灰绿色，逐渐变成红褐色。通过分析得出：在三颈瓶中存在氧气和溶解氧的溶解平衡，反应过程中溶液中的氧气参加了反应，空气中的氧气溶解进来，导致两者都呈下降趋势。两者同时下降表明：沉淀由白色变为灰绿色最终变为红褐色是被溶液中的氧气氧化的结果。

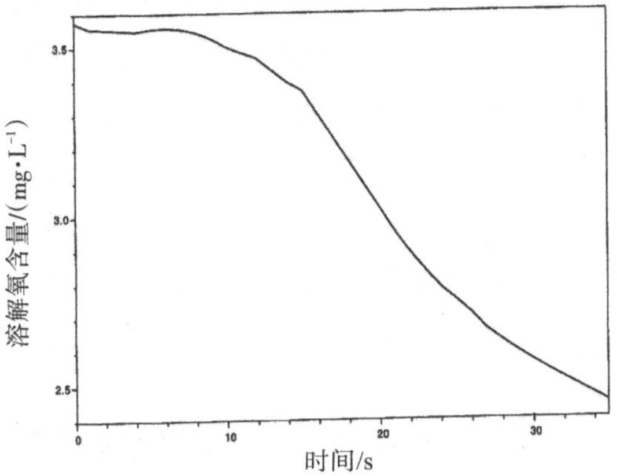

图2.6.2　溶解氧含量变化曲线

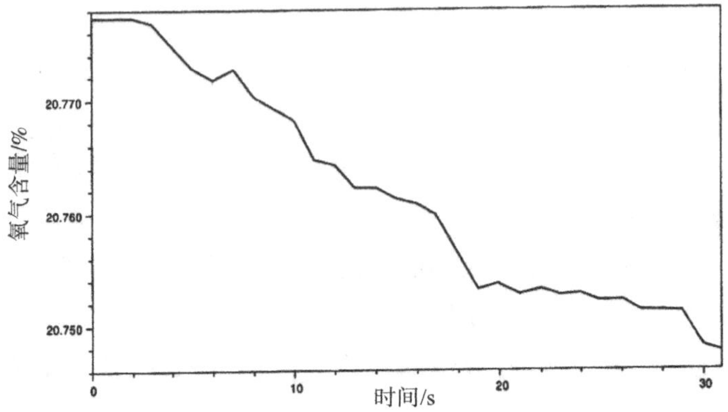

图 2.6.3　瓶内气体中氧气含量变化曲线

六、讨论与研究

高中化学教师在演示用硫酸亚铁溶液和氢氧化钠溶液制备白色的氢氧化亚铁实验时，往往会得到灰绿色沉淀。对于这一现象，化学老师普遍的解释是氢氧化亚铁被溶液中溶解的氧气氧化所致。合肥六中马善恒老师向硫酸亚铁溶液和氢氧化钠溶液中均加入少量的维生素C注射液，并运用数字化仪器检测到两溶液中溶解氧含量为零，互滴后依然不能长时间看到白色沉淀。同时通过改进常见的氢氧化亚铁制备实验，及对实验结果进行分析，马老师认为灰绿色沉淀的出现可能是氢氧化亚铁凝胶吸附亚铁离子聚集导致的。现将马老师的研究过程整理如下。

1. 检测无氧环境下生成的氢氧化亚铁沉淀是否迅速变为灰绿色。

为了排除溶液中溶解氧的影响，马老师在氢氧化钠溶液中和硫酸亚铁溶液中均加入维生素C注射液以消耗掉溶液中溶解的氧气（除消耗溶解的氧气外维生素C并不参与其他反应），用溶解氧传感器检测确定无氧后，将硫酸亚铁溶液滴加到氢氧化钠溶液中，观察是否有灰绿色出现。

（1）实验数据。

图 2.6.4 中数据显示，滴加 2 滴维生素C后硫酸亚铁溶液中溶解氧含量接近0%。

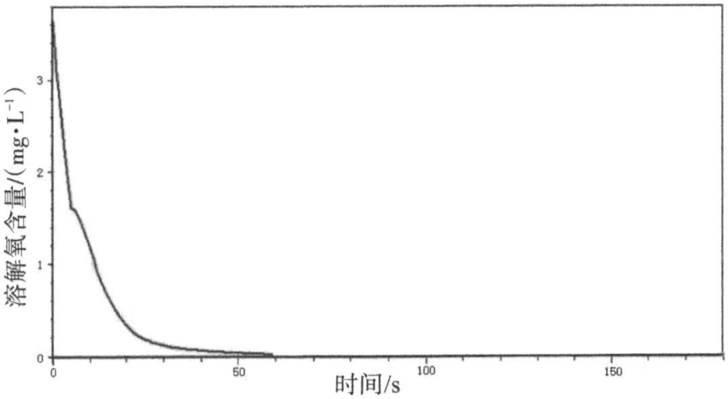

图2.6.4　滴加2滴维生素C后硫酸亚铁溶液中溶解氧含量变化曲线

图2.6.5中数据显示，滴加2滴维生素C后的氢氧化钠溶液中溶解氧含量接近0%。

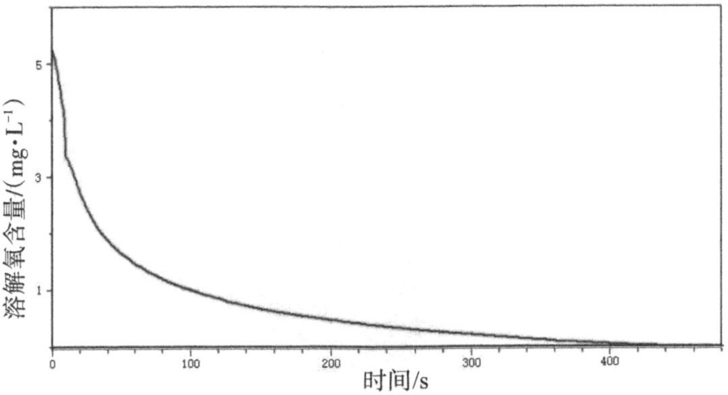

图2.6.5　滴加2滴维生素C后氢氧化钠溶液中溶解氧含量变化曲线

将含有0.1 mol/L硫酸亚铁溶液（滴有2滴维生素C注射液）的滴定管插入氢氧化钠溶液（滴有2滴维生素C注射液）液面下，缓慢滴加硫酸亚铁溶液，产生的白色沉淀迅速变为灰绿色。

（2）实验结论。

使用溶解氧含量均为零的氢氧化钠溶液与硫酸亚铁溶液反应，白色沉淀依然迅速变为灰绿色，说明沉淀颜色的变化并不是由溶解氧引起的。

2.对灰绿色物质成分的探究。

使用氢氧化钠溶液与硫酸亚铁溶液新制氢氧化亚铁，当试管中出现浅灰绿色时用胶头滴管吸取KSCN溶液，插入试管底部，挤出KSCN溶液，再用胶头滴管吸取硫酸溶液插入试管底部，挤出硫酸溶液，观察现象，无明显红色（如图2.6.6）。采用相同操作向颜色加深的沉淀中滴加KSCN溶液，再加入硫酸溶液，观察现象，溶液明显变红（如图2.6.7）。所以，白色絮状沉淀迅速转化为浅灰绿色，有可能是因为生成的氢氧化亚铁胶体吸附亚铁离子，浅灰绿色是亚铁离子聚集导致的，之后的颜色加深是被氧化的结果。

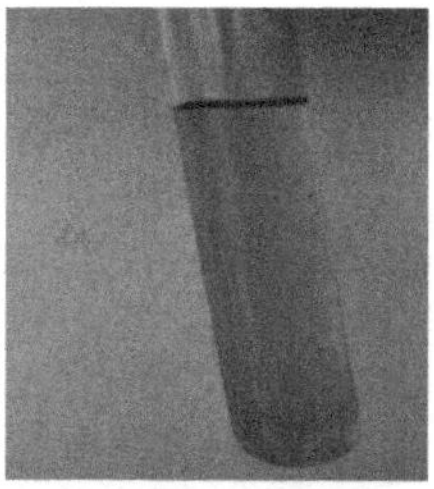

图2.6.6　在浅灰绿色沉淀中加入KSCN溶液和硫酸溶液现象

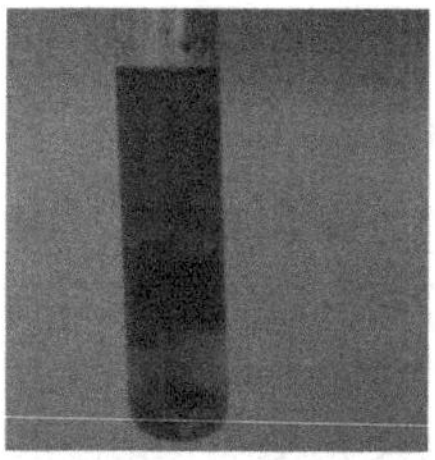

图2.6.7　在深灰绿色沉淀中加入KSCN溶液和硫酸溶液现象

3.数字化实验条件下制备氢氧化亚铁沉淀。

（1）测定氮气通入时氢氧化钠溶液中溶解氧含量变化。

往200 mL 0.1mol/L氢氧化钠溶液中通入近1小时的高纯氮气，并测定其中溶解氧含量，测出最终溶液中溶解氧含量从10.18 mg/L降至0.76 mg/L。具体数据如图2.6.8所示。

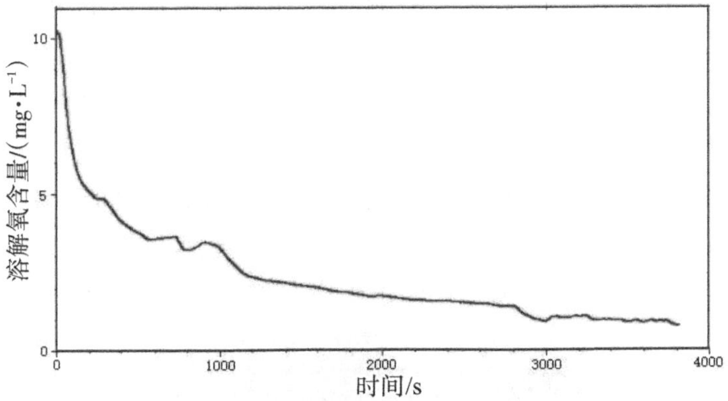

图2.6.8　持续通入氮气情况下0.1 mol/L氢氧化钠溶液中的溶解氧含量变化曲线

（2）测定停止通入氮气后氢氧化钠溶液中溶解氧含量变化。

从图2.6.9中可以得出，停止通入氮气后5 min内溶解氧含量变化为0.8 mg/L，变化程度非常小，可视为基本不变。

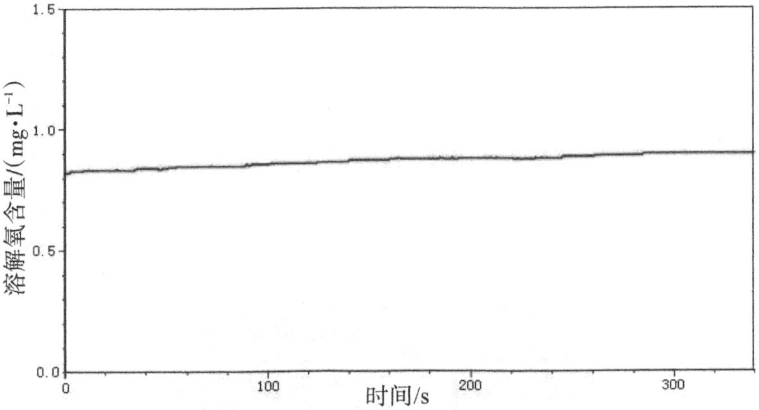

图2.6.9　停止通入氮气后氢氧化钠溶液中溶解氧含量变化曲线

（3）使用溶解氧含量很低的氢氧化钠溶液与新制硫酸亚铁溶液反应。

使用溶解氧含量为0.76 mg/L的氢氧化钠溶液与新制硫酸亚铁溶液（溶解氧含量为0.16 mg/L）进行实验。

步骤1：在两只U型管中均加入上述氢氧化钠溶液15 mL，一只U型管中维持通入氮气，另一只不通。

步骤2：在两只U型管中均用长胶头滴管伸入液面以下滴入新制硫酸亚铁溶液1 mL，观察现象。

图2.6.10中两U型管内所用氢氧化钠溶液及硫酸亚铁溶液均相同，左侧U型管中先出现白色沉淀很快变为灰绿色（约3 s）；右侧U型管中沉淀是在通入氮气条件下制备的，维持通氮气状态可以长时间看到白色沉淀，继续通入氮气1小时未见明显变化。从图2.6.8和图2.6.9数据来看，溶液溶解空气中氧气并不快，所以两溶液中溶解氧含量应该是相当的。

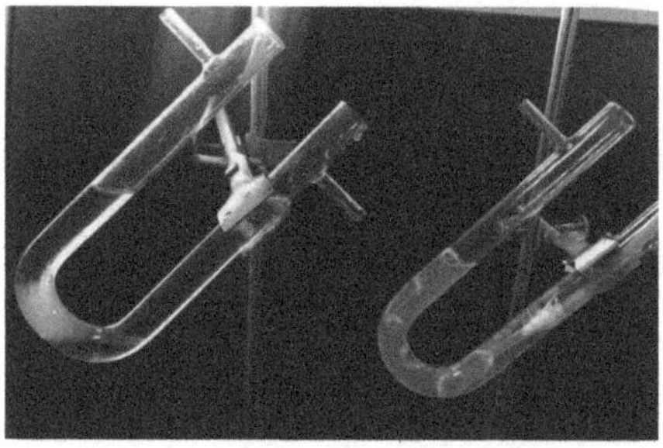

图2.6.10　加入新制硫酸亚铁溶液现象

（左侧反应过程中未通入氮气，右侧反应过程中持续通入氮气）

因右侧通入氮气可导致沉淀分散，有没有可能是左侧沉淀聚集导致颜色变深？为此，马老师在左侧溶液中鼓入氮气观察现象。

从图2.6.11中可以看出，左侧生成沉淀再鼓入氮气颜色明显呈绿色，故左侧灰绿色沉淀不是聚集状态所致。

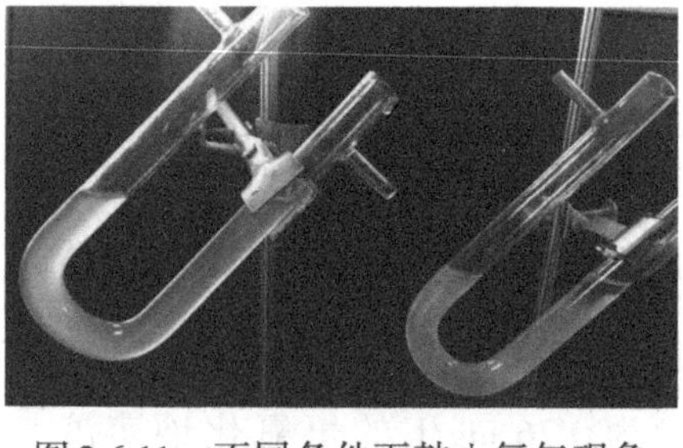

图2.6.11　不同条件下鼓入氮气现象

（左侧为生成沉淀后鼓入氮气，右侧为鼓入氮气条件下制得的沉淀）

综上所述，灰绿色沉淀的出现并不是溶液中溶解的氧气所致，可能是因为生成了氢氧化亚铁凝胶吸附亚铁离子所致。氮气环境下可以制备出白色絮状沉淀，滴加硫酸亚铁时鼓入氮气可以阻碍这种聚集，故可以长时间看到白色絮状沉淀。

实验7　氨气喷泉实验过程中压强变化的测定

一、实验目的

1.掌握压强传感器的实时检测功能，便捷、直观地反映喷泉实验过程中烧瓶内压强的变化。

2.应用数字化实验来验证氨气极易溶于水，体会科技进步、技术革新对化学实验所起的促进作用。

二、实验原理

氨气极易溶于水，如果氨气的溶解性实验在一个密闭容器中进行就会使压强迅速减小，大气压将烧杯中的水压到烧瓶中形成喷泉现象。

三、实验装备

1.实验器材：滴定管、止水夹、500 mL烧杯、250 mL圆底烧瓶、带铁夹的铁架台、压强传感器、数据采集器、计算机及相应软件。

2.实验药品：氨气、酚酞试液。

3. 实验装置：

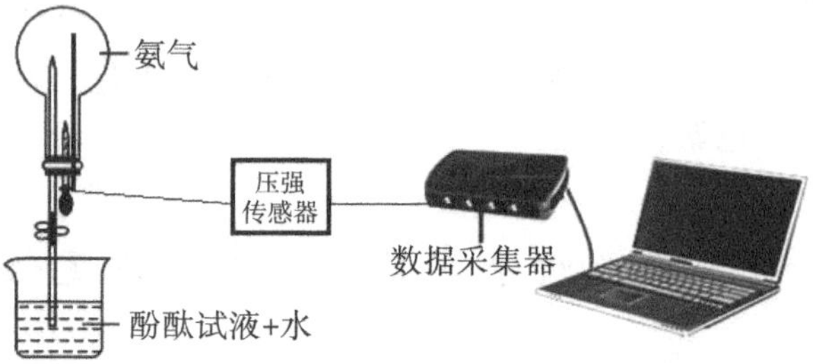

图 2.7.1　实验装置示意

四、实验步骤

1. 将 250 mL 圆底烧瓶收集的氨气用三孔橡皮塞塞紧，将一孔插入压强传感器，一孔插入预先吸有酚酞水溶液的胶头滴管，一孔插入带有橡胶管的玻璃导管并伸入滴有酚酞试液的烧杯中。

2. 连接好装置后开始采集数据，将胶头滴管内的酚酞水溶液挤入烧瓶，当数据稳定后停止采集，记录实验数据。

五、实验数据分析及结论

图 2.7.2 表明，把胶头滴管中的 1 mL 酚酞水溶液挤入烧瓶中后，烧瓶中的部分氨气快速溶于水中，从而导致气压降低，由于这时体系内气压低于外界大气压，烧杯中的溶液会被压入烧瓶中，烧瓶内剩余的氨气迅速溶于水中，导致体系内气压继续急剧降低至最低点。且氨气溶于水显碱性，使加了酚酞的蒸馏水变红，形成了红色喷泉。当烧瓶中的大部分氨气溶解到水中以后，受外界和烧瓶中压力差的作用，烧杯中的溶液继续被压入烧瓶中。因为烧瓶内剩余气体分子数基本保持不变，气体体积逐渐被上升的液体压缩，所以体系内气压又逐渐升高。这就是在整个喷泉实验过程中气压呈现先降低后升高的原因（曲线图会成“V”字形）。

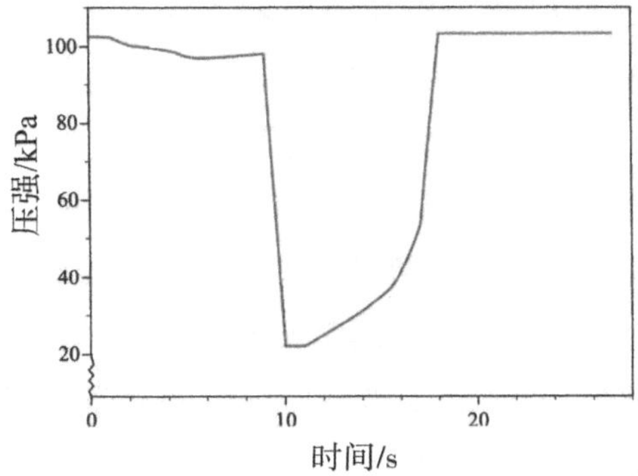

图 2.7.2　NH_3喷泉实验时体系压强变化曲线
（止水夹处于打开状态）

六、讨论与研究

在上述实验装置的长导管上增加一个止水夹后，重做该实验，采集的数据见图 2.7.3。

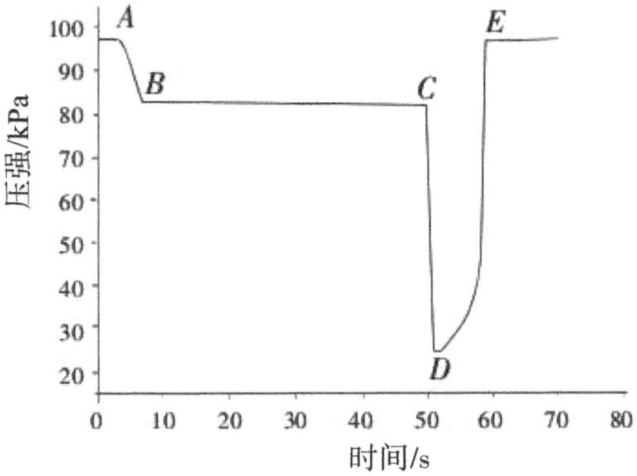

图 2.7.3　NH_3喷泉实验时体系压强变化曲线
（止水夹先关后开）

图 2.7.3 表明，实验刚开始，瓶内压强和外界大气压相平，约为 97 kPa。5 s 后（即图中 A 点时），将注射器内酚酞水溶液注入烧瓶中，由于氨气溶于水，必然使瓶中氨气量减少，遂导致瓶内压强急剧下降到图中 B

点处，夹紧止水夹，此时瓶中压强约为82 kPa。当氨气在水中达到溶解平衡时，瓶内压强基本保持不变，即BC段近似水平线。C点时，打开橡胶管上的止水夹，致瓶内压强小于大气压，所以烧杯中的溶液沿着导管被压入烧瓶中，且氨气溶于水显碱性，使加了酚酞的蒸馏水变红，就形成了红色喷泉。水通过导管进入瓶中，烧瓶内剩余的氨气迅速溶于水中，导致体系内压强继续急剧降低至最低点即D点，此时瓶内压强约为28 kPa。待烧瓶中大部分氨气溶解于水中后，受外界空气与烧瓶中压强差的作用，烧杯中的溶液继续被压入烧瓶中。因为烧瓶内剩余气体分子数基本保持不变，气体体积逐渐被上升的液体压缩，所以体系内压强又逐渐升高，最后和刚开始的压强即大气压相平。

实验8　乙醇催化氧化及其产物的检验

一、实验目的

运用pH传感器检测溶液pH的变化，从而证明乙醇被催化氧化生成乙醛。

二、实验原理

乙醇在铜催化作用下被氧气氧化成乙醛，生成的乙醛和饱和亚硫酸钠溶液发生反应生成氢氧化钠和1-羟基乙烷磺酸钠，溶液的碱性明显增强，可以利用pH传感器测溶液pH的变化。

$$2CH_3CH_2OH + O_2 \xrightarrow[\triangle]{Cu} 2CH_3CHO + 2H_2O$$

$$CH_3CHO + Na_2SO_3 + H_2O \longrightarrow CH_3CH(OH)SO_3Na + NaOH$$

三、实验装备

1. 实验器材：具支试管、橡胶塞、试管架、导管、10 mL量筒、50 mL烧杯、酒精灯、火柴、pH传感器、数据采集器、计算机及相应软件。

2. 实验药品：无水乙醇、乙醛、饱和亚硫酸钠溶液、螺旋状的粗铜丝。

3. 实验装置：

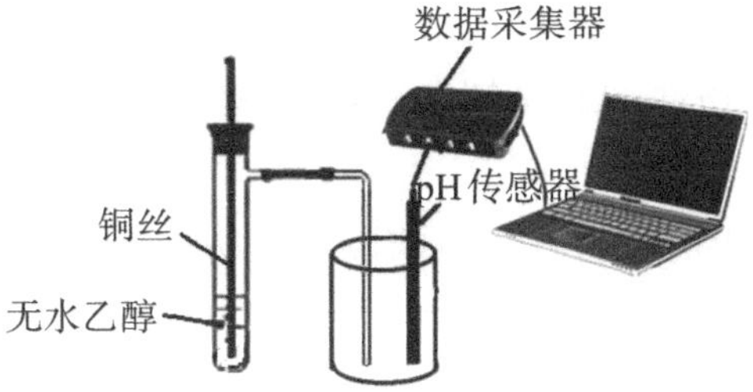

图2.8.1　实验装置示意

四、实验步骤

1. 向50 mL小烧杯中加入20 mL饱和亚硫酸钠溶液，把pH传感器放入烧杯中，打开磁力搅拌器，点击“开始采集”按钮。待数据稳定后，向烧杯中滴加3 mL无水乙醇，观察实验现象和溶液的pH变化。

2. 向50 mL小烧杯中加入20 mL饱和亚硫酸钠溶液，把pH传感器放入烧杯中，打开磁力搅拌器，点击“开始采集”按钮。待数据稳定后，向烧杯中滴加1 mL乙醛，观察实验现象和溶液的pH变化。

3. 取直径2.5 mm的粗铜丝约20 cm，自制成长约9 cm下端呈螺旋状的粗铜丝物件（螺旋部分长约3.5 cm），把铜丝穿过橡皮塞，确定好高度。

4. 按图2.8.1组装好实验装置，向具支试管中加入约5 mL无水乙醇，向50 mL小烧杯中加入20 mL饱和亚硫酸钠溶液，把pH传感器放入烧杯中。打开磁力搅拌器，点击“开始采集”按钮。将粗铜丝物件的螺旋部分放在酒精灯外焰上加热至红热（约1.5 min），迅速插入无水乙醇中，塞不活泼金属如铜等失电子能力较弱，不能发生上述的置换反应，但在高温下可作为催化剂参与反应使醇脱氢成醛或酮。其反应机理应为类似上述醇钠形成的氧化还原反应机理，存在醇铜中间过渡态［$CH_3CH_2O^-Cu^+$］，铜催化乙醇无氧脱氢成醛的机理如图2.8.6所示。

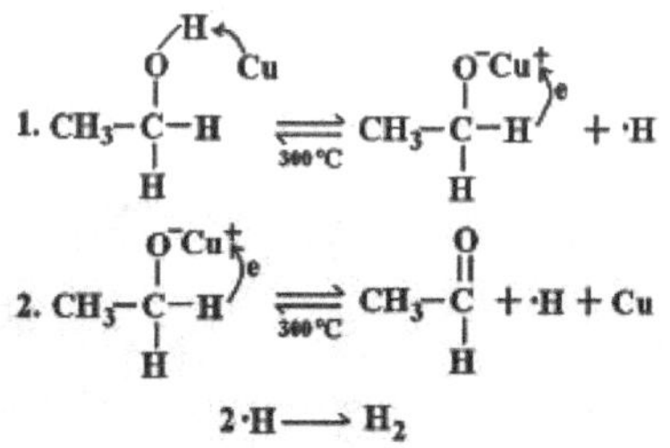

图2.8.6　无氧条件下铜催化乙醇脱氢成醛的催化机理

2.有氧条件下的催化机理。

α-C上的氢较活泼，弱氧化剂如CuO、ZnO等可将其氧化成醛。Cu与O_2先形成CuO，CuO氧化乙醇成醛，反应机理如图2.8.7所示。

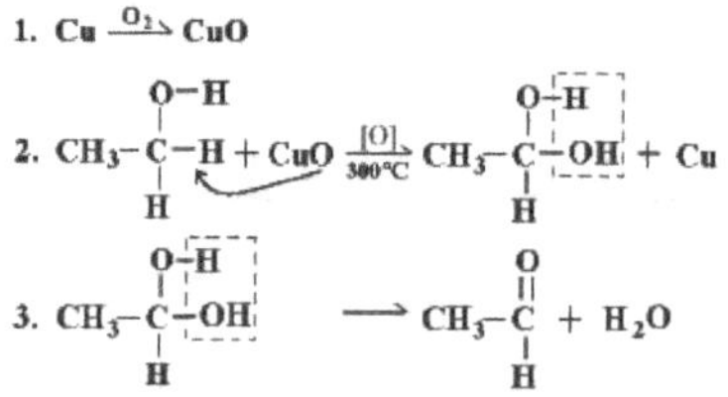

图2.8.7　有氧条件下铜催化乙醇脱氧成醛的催化机理

实验9　苯酚与饱和溴水反应类型的探究

一、实验目的

利用电导率传感器探究苯酚与饱和溴水反应的类型。

二、实验原理

苯酚与饱和溴水的反应是取代反应而非加成反应，根据测定二者反应过程中的电导率变化或pH变化可以证明。化学反应方程式为：

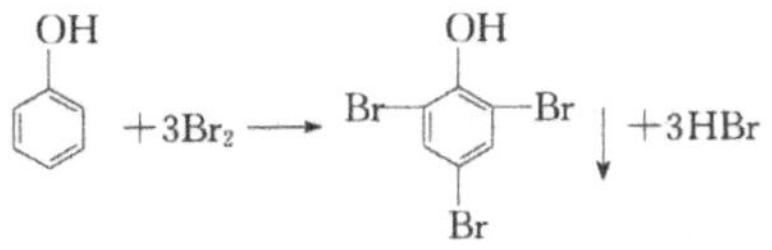

三、实验装备

1. 实验器材：磁力搅拌器、注射器、100 mL烧杯、100 mL量筒、铁架台、电导率传感器、数据采集器、计算机及相应软件。

2. 实验药品：苯酚、液溴、蒸馏水。

3. 实验装置：

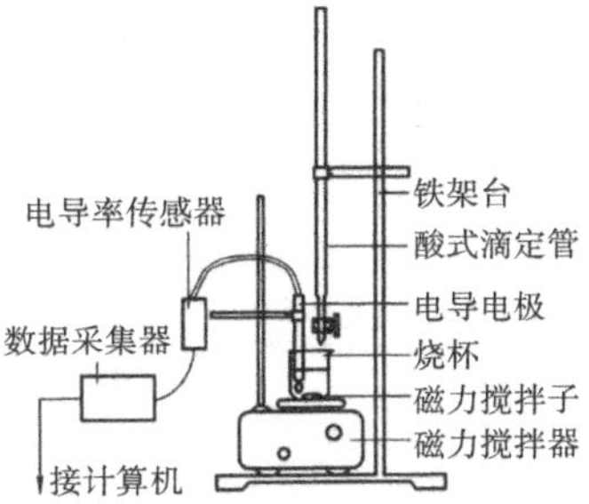

图2.9.1　实验装置示意

四、实验步骤

1. 称取1 g苯酚溶于约100 mL水中，配成苯酚稀溶液；取液溴加蒸馏水，配成饱和溴水，备用。

2. 用电导率传感器分别测定苯酚稀溶液、饱和溴水和蒸馏水的电导率，测出苯酚稀溶液的电导率约为26 μS /cm，饱和溴水的电导率约为480 μS/cm，蒸馏水电导率约为26 μS /cm。

3. 取约40 mL苯酚稀溶液加入烧杯中，放入搅拌磁子，插入电导率传感器，在酸式滴定管中加入饱和溴水。启动磁力搅拌器，打开数据采集器，开始采集数据。从酸式滴定管向烧杯中匀速滴入溴水，当产生较多沉淀时停止实验。

4. 将40 mL苯酚稀溶液换成40 mL蒸馏水，重复步骤3，向蒸馏水中匀速滴入饱和溴水，测定反应过程中电导率变化。

五、实验数据分析及结论

由图2.9.2和图2.9.3可以看出，随着溴水的加入，溶液电导率迅速增大。从定量数据看，反应后混合液的电导率接近10^4 μS/cm，远大于反应前苯酚、溴水的电导率，说明反应后混合液中离子浓度比反应前浓溴水中离子浓度还大，排除了浓溴水离子浓度大于苯酚稀溶液这一因素的影响，证明了反应后溶液中离子浓度增大是由反应引起离子数目增多造成的，较好地说明了苯酚与溴水发生的是取代反应而不是加成反应。

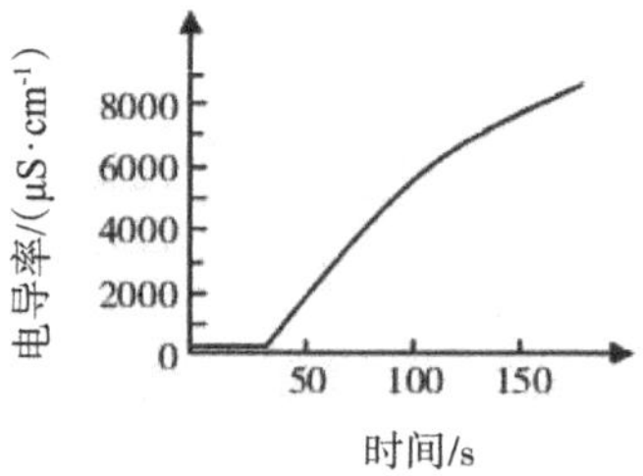

图2.9.2　向苯酚稀溶液中滴加浓溴水电导率随时间变化曲线

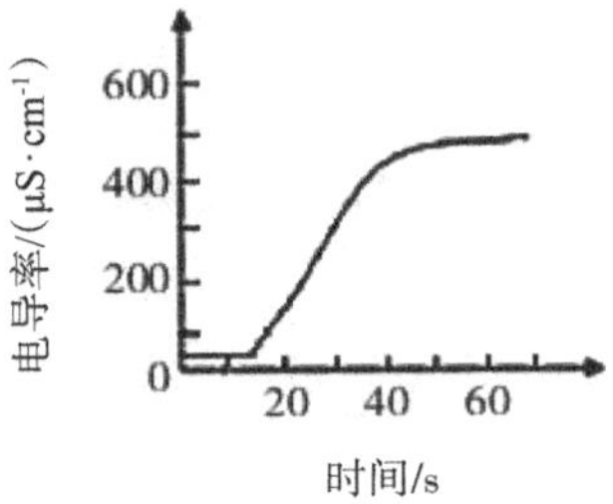

图2.9.3 向蒸馏水中滴加浓溴水电导率随时间变化曲线

六、讨论与研究

众所周知，向含有苯酚的溶液中滴加 $FeCl_3$ 溶液后能显紫色。该显色反应非常灵敏，常用于苯酚的鉴别与检验。但在实验过程中发现，当苯酚溶液稀释到一定程度后再遇 $FeCl_3$ 溶液无法显紫色，但若改滴浓溴水则可清楚地观察到仍有大量白色沉淀生成。可见，$FeCl_3$ 溶液能定性检测到苯酚是对苯酚浓度有要求的。那么，苯酚溶液遇 $FeCl_3$ 溶液能显色的浓度底线是多少？低于底线浓度的苯酚溶液又该如何检验？

称取4.7 g苯酚固体，用100 mL容量瓶配制成0.5 mol/L的苯酚溶液，再稀释到浓度0.1 mol/L、0.08 mol/L、0.05 mol/L、0.03 mol/L、0.01 mol/L、0.005 mol/L、0.003 mol/L、0.001 mol/L，然后分别向不同浓度的苯酚溶液中滴加0.5 mol/L的 $FeCl_3$ 溶液、浓溴水进行反应。

苯酚溶液浓度越大，遇 $FeCl_3$ 溶液显紫色效果越明显，但遇浓溴水时则因生成物2，4，6–三溴苯酚会溶于过量的苯酚而无法看到白色沉淀；若苯酚溶液浓度低于0.05 mol/L时，滴加 $FeCl_3$ 溶液不再显色，但与浓溴水反应的现象却非常明显，即使稀释至0.001 mol/L时仍可看到有少量白色沉淀生成。

可见，在一定的苯酚溶液浓度范围内才能用 $FeCl_3$ 溶液或浓溴水来检测苯酚的存在，笼统地用某一物质来进行检验的说法都是值得商榷的。苯酚浓度高于0.05 mol/L时用 $FeCl_3$ 溶液检测显色比较明显，而低于该浓度时则选用浓溴水检验更妥帖些。

实验10　乙酸乙酯水解过程的探究

一、实验目的

1.利用电导率传感器探究氢氧化钠溶液浓度对乙酸乙酯水解反应速率的影响。

2.探究不同酸碱性条件下的乙酸乙酯水解反应速率，并将电导率传感器与pH传感器联用，同时测定乙酸乙酯水解过程中的电导率和pH的变化，为学生探究乙酸乙酯在不同条件下的水解反应速率、深刻理解乙酸乙酯水解反应实质提供技术支持。

二、实验原理

乙酸乙酯可以发生水解反应，生成乙酸和乙醇。酸和碱可以加速水解反应的进行，在酸存在条件下，乙酸乙酯水解是可逆反应；在碱存在条件下，乙酸乙酯水解是不可逆反应，这是由于碱性条件下水解产物乙酸与碱反应，使反应进行到底。反应的化学方程式为：

$$CH_3COOC_2H_5+H_2O \underset{\triangle}{\overset{\text{稀硫酸}}{\rightleftharpoons}} CH_3COOH+C_2H_5OH$$

$$CH_3COOC_2H_5+NaOH \xrightarrow[\triangle]{NaOH} CH_3COONa+C_2H_5OH$$

电解质溶液的电导率与溶液中离子种类、离子浓度及温度等因素有关，因此，电解质溶液的电导率可以体现溶液中离子的浓度大小，当浓度不大时，溶液的电导率随浓度的增大而增大。乙酸乙酯水解反应是在电解质溶液中进行的，体系中各离子浓度随反应时间而变化，因此，体系的电导率也随反应的进行而发生相应的变化。可以通过测定不同时刻溶液电导率的大小，监测反应进行的程度。反应体系中电导率的变化体现了溶液中离子浓度的变化，可反映乙酸乙酯水解反应速率的大小。由于乙酸乙酯水解是在稀氢氧化钠溶液或稀硫酸溶液中进行的，随着反应的进行，体系中OH^-或H^+浓度会发生变化，所以，还可以通过测定反应体系pH的变化，监测反应的进行。

三、实验装备

1. 实验器材：恒温磁力搅拌器、搅拌磁子、100 mL烧杯、50 mL量筒、胶头滴管、电导率传感器、pH传感器、数据采集器、计算机及相应软件。

2. 实验药品：乙酸乙酯（分析纯），0.01 mol / L、0.02 mol / L、0.03 mol / L氢氧化钠溶液，0.01 mol / L硫酸溶液，去离子水。

3. 实验装置：

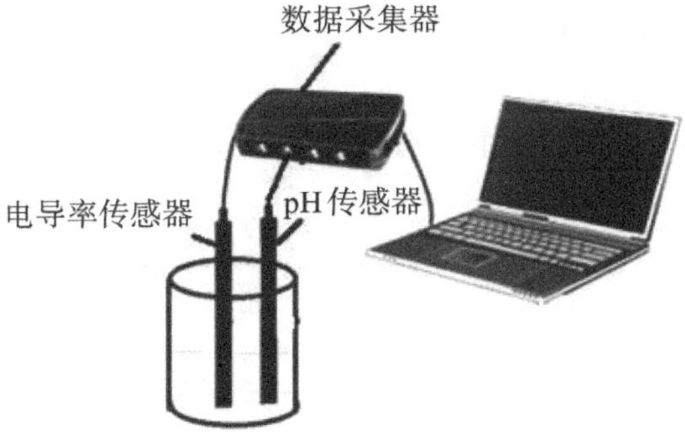

图2.10.1　实验装置示意

四、实验步骤

1. 按图2.10.1所示，将计算机、数据采集器、pH传感器、电导率传感器、恒温磁力搅拌器连接好。

2. 在3只100 mL烧杯中分别加入50 mL 0.01mol/L、0.02mol/L、0.03 mol/L氢氧化钠溶液和1粒搅拌磁子。

3. 把盛有氢氧化钠溶液的烧杯放在恒温磁力搅拌器上，调节温度旋钮，启动恒温磁力搅拌器，加热至65℃。

4. 将电导率传感器插入氢氧化钠溶液中，调节调速旋钮，使搅拌磁子转速均匀。启动数据采集器和系统软件，开始检测氢氧化钠溶液的电导率。

5. 用胶头滴管向氢氧化钠溶液中逐滴滴入10滴乙酸乙酯，观察曲线变化。

6. 当电导率数值无明显变化时，停止数据采集。

7. 65℃时，向50 mL去离子水、50 mL 0.01 mol / L硫酸溶液和50 mL 0.01 mol / L氢氧化钠溶液中分别滴入10滴乙酸乙酯，测定乙酸乙酯在中性、酸性和碱性条件下发生水解反应的电导率和pH随时间的变化。

8. 整理数据与图形，并进行相关处理。

五、实验数据分析及结论

图2.10.2表明，其他条件相同时，氢氧化钠溶液浓度越高，水解反应速率越快。

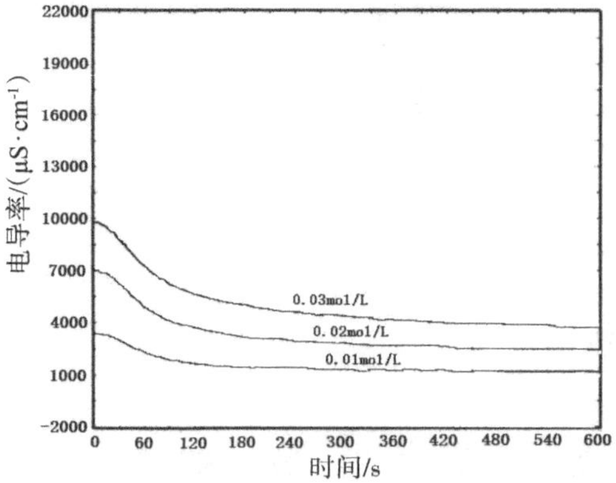

图2.10.2　65℃时乙酸乙酯与不同浓度氢氧化钠溶液水解反应电导率随时间变化曲线

由于乙酸乙酯在酸性条件下水解是可逆反应，在反应体系中，乙酸乙酯和乙醇没有明显的导电性，生成的乙酸为弱酸，部分电离。因此，反应体系中参与导电的离子主要有H^+、SO_4^{2-}和CH_3COO^-，而SO_4^{2-}在反应前后浓度不变，它对体系电导率有固定贡献，因而与电导率变化无关。由于有弱电解质乙酸生成，使体系中H^+浓度降低，虽然有部分电离出来的CH_3COO^-，但CH_3COO^-的导电能力远小于H^+，因此，体系的电导率逐渐减小，但下降较为缓慢，变化趋势不如碱性水解明显，反应结束所需时间较碱性水解长。而在中性条件下，5 min内体系的电导率没有变化，说明酸或碱可以加速水解反应的进行。因此，乙酸乙酯在碱性条件下水解速率最快，而在酸性条件下水解，体系电导率变化不如碱性水解明显，水解速率较碱性水解缓慢、耗时较长。

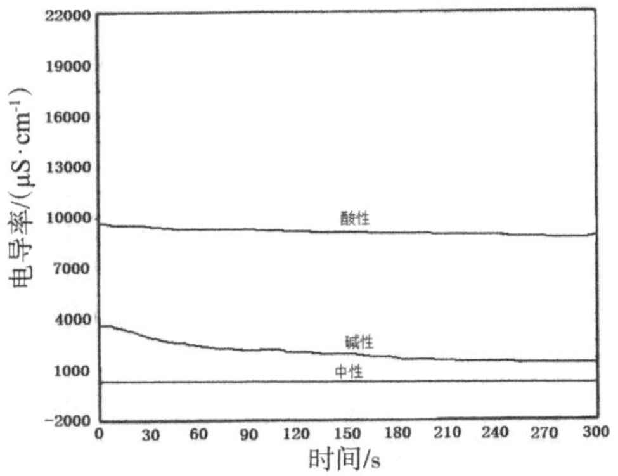

图2.10.3　65℃时不同酸碱性条件下乙酸乙酯水解反应电导率随时间变化曲线

使用电导率传感器和pH传感器同时检测乙酸乙酯水解过程中电导率和pH的变化。

图2.10.4表明，乙酸乙酯碱性水解，体系的电导率逐渐减小。由于碱性水解产物乙酸与氢氧化钠反应生成乙酸钠，使OH^-浓度降低，因此，反应体系的pH逐渐减小。

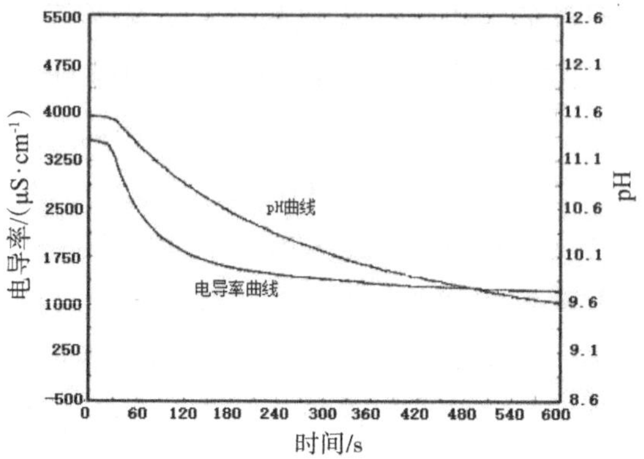

图 2.10.4　65℃时乙酸乙酯碱性水解电导率和pH随时间变化曲线

图2.10.5表明，乙酸乙酯酸性水解，体系的电导率逐渐减小。由于酸性水解有乙酸生成，使H^+浓度降低，因此，反应体系的pH逐渐增大。

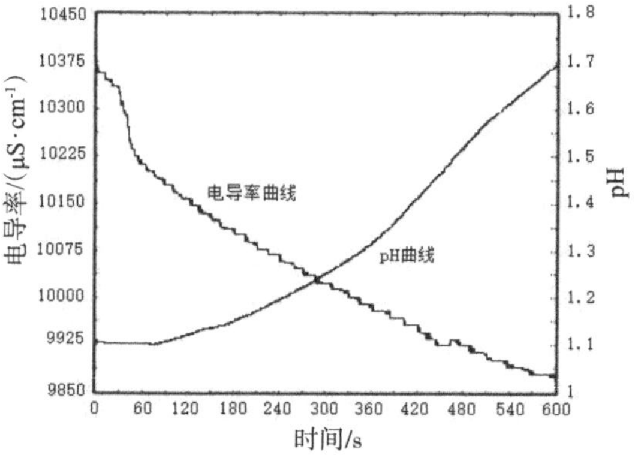

图 2.10.5　65℃时乙酸乙酯酸性水解电导率和pH随时间变化曲线

六、讨论与研究

高中化学习题常涉及“乙酸乙酯使含酚酞的氢氧化钠溶液褪色”这一实验现象，许多教师把溶液褪色的原因解释为：加入的乙酸乙酯与氢氧化钠溶液发生水解反应，生成乙酸钠和乙醇。但实际上，乙酸钠水溶液显碱性，仍然可能使酚酞变红（pH>8.2，酚酞由无色变为浅红色）。所以乙酸乙酯的水解反应可能不是使含酚酞的氢氧化钠溶液褪色的原因。

探究实验1：乙酸乙酯使含酚酞的氢氧化钠溶液褪色情况

1. 配制0.10 mol/L的氢氧化钠溶液，滴加几滴酚酞溶液，溶液变红。

2. 取2 mL上述溶液于试管中，再向溶液中加入2 mL乙酸乙酯，轻轻振荡试管，不需加热，酚酞很快（<1 min）褪色。

从酚酞褪色时间和反应条件来看，乙酸乙酯使酚酞褪色的原因不可能是乙酸乙酯的水解。因为过量的乙酸乙酯在不加热的条件下与氢氧化钠完全反应，需要一段较长的时间。理论上，随着反应进行，氢氧化钠浓度越来越小，碱性水解速率越来越慢，氢氧化钠不会在短时间内完全反应。

探究实验2：酚酞使0.10mo1/L乙酸钠溶液变色情况

乙酸乙酯遇氢氧化钠溶液发生水解，水相中氢氧化钠剩余越少，其碱性就越小。假设氢氧化钠完全反应，此时溶液为0.10 mol/L乙酸钠溶液。

乙酸钠溶液的水解平衡常数$K_h=K_w/K_a=10^{-14}/(1.76\times10^{-5})=5.68\times10^{-10}$。

理论上0.10 mol/L乙酸钠溶液$c(OH^-)=7.5\times10^{-6}$ mol/L，pH=8.8，可以使酚酞变红。

我们配制了0.10mol/L乙酸钠溶液，测定其pH为8.41，此时滴加酚酞可以观察到溶液变红。这证明即使氢氧化钠全部参与反应生成乙酸钠溶液，也能使酚酞变红。所以，我们认为含酚酞的氢氧化钠溶液加入乙酸乙酯后，水相中已经没有酚酞，酚酞从水相转移到了乙酸乙酯中。

探究实验3：乙酸乙酯使含酚酞的氢氧化钠溶液褪色的原因

1. 取5.0 mL含酚酞的0.10 mol/L氢氧化钠溶液于分液漏斗中，向分液漏斗中加入5.0 mL乙酸乙酯，充分振荡后将溶液静置，分层。

2. 取少许下层水溶液，滴加几滴0.10 mol/L的氢氧化钠溶液，溶液仍然保持无色；另取少许下层水溶液，滴加几滴酚酞，溶液变红。

假设乙酸乙酯使含酚酞的氢氧化钠溶液褪色仅仅是因为乙酸乙酯的水解，那么酚酞应留在水层。此时，若向水溶液中滴加氢氧化钠溶液，理论上溶液应由无色变为红色；若向水溶液中滴加酚酞，理论上溶液应该依然保持无色。而实验结果恰恰与假设相反。这再次说明酚酞已经由水层转移到酯层。换句话说，乙酸乙酯萃取了水相中的酚酞。酚酞和乙酸乙酯一样，是一种酯类化合物（图 2.10.6）。相似的结构导致酚酞在乙酸乙酯中的溶解度较大，所以水层中具有内酯结构的酚酞逐渐被萃取到酯层中。水层中酚酞浓度下降会导致红色转化为无色，我们就观察到了溶液褪色。

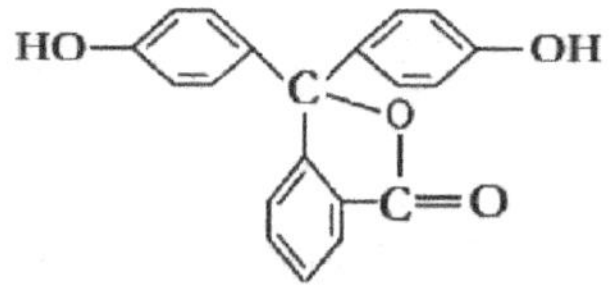

图 2.10.6　酚酞结构式

总之，乙酸乙酯之所以使含酚酞的氢氧化钠溶液褪色，是因为萃取而不是水解。

实验 11　化合物是离子型还是共价型的探究

一、实验目的

1. 掌握电流传感器的实时检测功能，并借助数据采集器和计算机直接生成数据曲线，检测物质是否导电。

2. 通过熔融状态下是否导电来判断化合物是离子化合物还是共价化合物。

二、实验原理

通过电流传感器实时检测熔融状态下的硝酸钾和冰醋酸随温度变化的电流值，并由计算机直接绘制出电流值随时间变化的曲线，即可便捷、直观地反映出不同状态下化合物是否能导电，进而为区分是离子型化合物还是共价型化合物提供依据。

硝酸钾固体是由K^+和NO_3^-构成的，固态时K^+和NO_3^-因为离子键的束缚不能自由移动，所以不能导电。随着温度的升高，硝酸钾固体逐渐变成熔融状态的液体，K^+和NO_3^-之间的离子键逐渐被破坏，形成了可以自由移动的阴、阳离子。因此，在外加电场作用下就可定向移动了，即能导电了。液态的醋酸（即冰醋酸的熔融状态）不能导电，是因为冰醋酸是由醋酸分子构成的，醋酸中没有导电的介质，所以熔融状态下的醋酸不能导电。

三、实验装备

1. 实验器材：坩埚、酒精灯、石墨电极、导线、学生电源、多量程电流传感器、数据采集器、计算机及相应软件等。

2. 实验药品：硝酸钾固体、冰醋酸。

3. 实验装置：

图 2.11.1　实验装置示意

四、实验步骤

1. 按图2.11.1所示组装实验装置，将硝酸钾粉末置于坩埚中，石墨电极的前端插入硝酸钾粉末中。连接计算机、数据采集器、多量程电流传感器（注意：量程调到2.00 A）及学生电源（注意：整个电路应该处于串联状态）。

2. 打开学生电源开关，调整至4 V（注意：电压不能太小或太大。太小，则电流过小，不便于测量；太大，则超过多量程电流传感器量程）。打开实验软件系统，系统自动识别所接入的传感器并显示电流值（发现此时电流值为0）。

3. 点燃酒精灯，对坩埚底部加热，随着温度的升高，系统开始检测到电流信号。待电流值稳定后，停止加热。

4. 当电流值重新为0时，点击“结束”。

5. 保存实验得到的曲线图像。

6. 将上述硝酸钾换成冰醋酸，不用酒精灯加热，其余的操作和上面相同。

五、实验数据分析及结论

由图2.11.2分析可知，固态时的硝酸钾不能导电，这是因为固体硝酸钾虽然是由K^+和NO_3^-构成的，但K^+和NO_3^-因为离子键的束缚不能自由移动，所以不能导电。随着温度的升高，KNO_3固体逐渐变成熔融状态，K^+和NO_3^-之间的离子键逐渐被破坏，形成了可以自由移动的阴、阳离子，因此，在外加电场作用下就可定向移动了。在0.3 A左右出现一个平台，说明此时硝酸钾中的离子键几乎全部被破坏，离子导电性达到最大。随着温度的下降，KNO_3又逐渐由熔融状态变成固体，自由移动的阴、阳离子数目逐渐减少，导电性逐渐减弱，直至电流又重新归零。

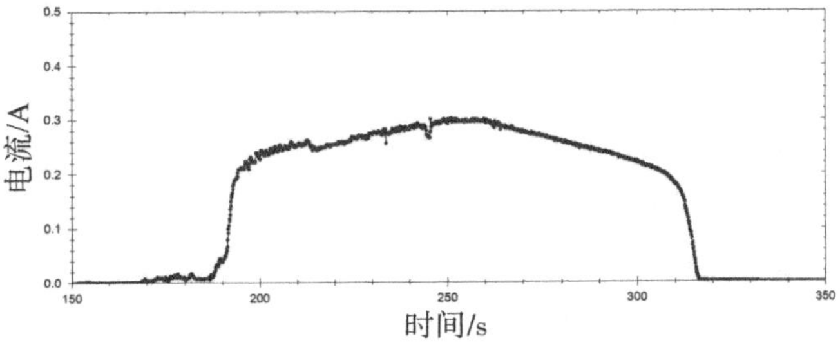

图2.11.2　硝酸钾作为介质电流随时间变化曲线

由图2.11.3分析可知，液态的醋酸（即冰醋酸的熔融状态）不能导电，这是因为冰醋酸是由醋酸分子构成的，醋酸分子又是由C、H、O三种原子构成的，因为醋酸中没有导电的介质，所以熔融状态下的醋酸不能导电。

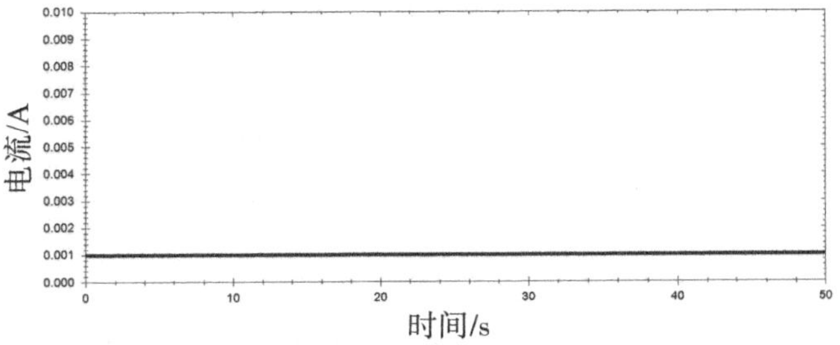

图2.11.3　冰醋酸作为介质电流随时间变化曲线

通过以上的实验事实和理论分析，可以得出这样的结论：化合物在熔融状态下能导电的为离子化合物，不能导电的为共价化合物。

六、讨论与研究

由于离子化合物如氯化钠其自身就含有离子，不论在熔融状态还是在水溶液中都能产生自由移动的离子，这些自由离子在外加电场的作用下能定向移动，因而能导电。液态氯化氢由于自身没有离子的存在故不能导电，只有在水溶液中才能产生自由离子而导电。因此，人们常误认为共价化合物其液态一定不能导电。更有甚者，在习题分析时一提到不导电的化合物就立马指出：液态共价化合物都不能导电，一定要把纯硫酸、纯硝酸连同液态氯化氢一起排除掉，并反复强调这是“题眼”。然而，所有纯液态共价化合物一定不能导电吗？或者说能导电的液态化合物一定不是共价化合物吗？

实际上，液态纯硫酸和纯硝酸都表现出强烈的自电离作用，结果产生很高的导电性，即液态纯硫酸和纯硝酸都具有较强导电性能。

1.纯硫酸导电的原因。

尽管H_2SO_4是共价型分子，在其纯晶态中，具有S—O之间的距离为0.142、0.143、0.152和0.155 nm的H_2SO_4四面体，它们以强的氢键相连接。但液态纯H_2SO_4却表现出强烈的自电离作用，结果产生很高的导电性，即纯H_2SO_4是具有较强导电性能的。原因可用下列平衡式表示：

$$2H_2SO_4 \rightleftharpoons H_3SO_4^+ + HSO_4^-$$

上式只是一个因素，由于脱水作用，因而还有几个附加的平衡存在：

$$2H_2SO_4 \rightleftharpoons H_3O^+ + HS_2O_7^-$$

$$H_2O + H_2SO_4 \rightleftharpoons H_3O^+ + HSO_4^-$$

$$H_2S_2O_7 + H_2SO_4 \rightleftharpoons H_3SO_4^+ + HS_2O_7^-$$

从而能推出在100% H_2SO_4中存在H_3O^+、HSO_4^-、$H_3SO_4^+$、$HS_2O_7^-$和$H_2S_2O_7$。有报道称，在25℃时，$c(HSO_4^-)$为0.023 mo1·L^{-1}。因此，液态纯硫酸能导电，实验中也能明显观察到这种导电现象。

2.纯硝酸导电的原因。

纯硝酸是无色液体或白色晶态固体。在0℃时用100% H_2SO_4处理KNO_3，用真空蒸馏法抽走HNO_3能制得纯硝酸。HNO_3是共价化合物，但实验中也能观察到纯硝酸的导电现象。这是什么原因呢？

事实上，纯硝酸是液体纯酸中自电离最高的酸，其起始质子迁移作用为：$2HNO_3 \rightleftharpoons H_2NO_3^+ + NO_3^-$，随之快速失水：$H_2NO_3^+ \rightleftharpoons H_2O + NO_2^+$，整个自电离过程为：$2HNO_3 \rightleftharpoons H_2O + NO_2^+ + NO_3^-$。由于强烈自电离的存在，纯硝酸能导电。

实验12　浓硫酸吸水性的探究

一、实验目的

1.掌握相对湿度传感器的实时检测功能，并借助数据采集器和计算机直接生成数据曲线，检测浓 H_2SO_4 环境下空气相对湿度的变化。

2.认识浓硫酸的吸水性。

二、实验原理

相对湿度，指空气中水汽压与饱和水汽压的百分比，湿空气的绝对湿度与相同温度下可能达到的最大绝对湿度之比，也可表示为湿空气中水蒸气分压力与相同温度下水的饱和压力之比。相对湿度越低，水蒸气含量越低。测定浓硫酸环境下空气相对湿度的变化，观察数据变化曲线。

三、实验装备

1.实验器材：2只100 mL锥形瓶、相对湿度传感器、数据采集器、计算机及相应软件。

2.实验药品：98%浓硫酸。

3.实验装置：

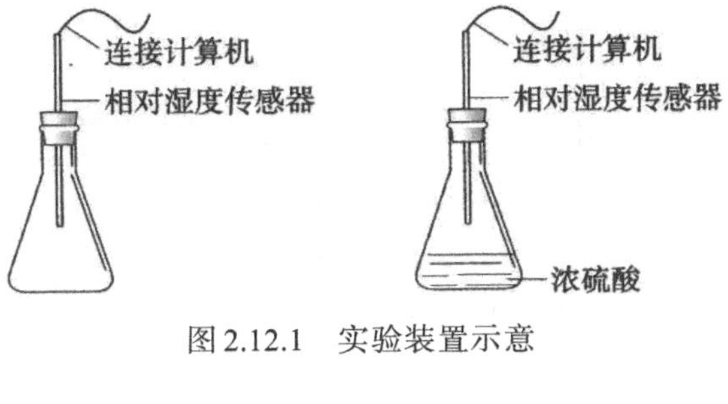

图2.12.1　实验装置示意

四、实验步骤

1. 将相对湿度传感器通过大小合适的橡皮塞，与锥形瓶组成一个相对密闭的容器。

2. 接通数据采集器电源，将相对湿度传感器、数据采集器和计算机连接。

3. 将2只锥形瓶瓶塞打开，往其中一只锥形瓶中注入约60 mL 98%的浓硫酸，用带相对湿度传感器的橡皮塞塞好。

4. 单击应用程序主菜单上的“开始采集”按钮，开始采集数据。

5. 一边采集数据，一边轻轻摇动装有浓硫酸的锥形瓶，直至出现明显效果或用完设置的时间，单击应用程序主菜单上的“停止”按钮，结束实验。

五、实验数据分析及结论

通过对比，可以清晰地看到，相同条件下获取的空气分别在没有浓硫酸存在和有浓硫酸存在条件下，相对湿度的变化情况。从图2.12.2中可以非常直观地看到，没有浓硫酸存在的条件下，空气的湿度基本不变；有浓硫酸存在的条件下，摇动锥形瓶后空气的湿度急剧减小。实验表明，浓硫酸将空气中大部分水吸收了，从而得出浓硫酸具有吸水性的结论。

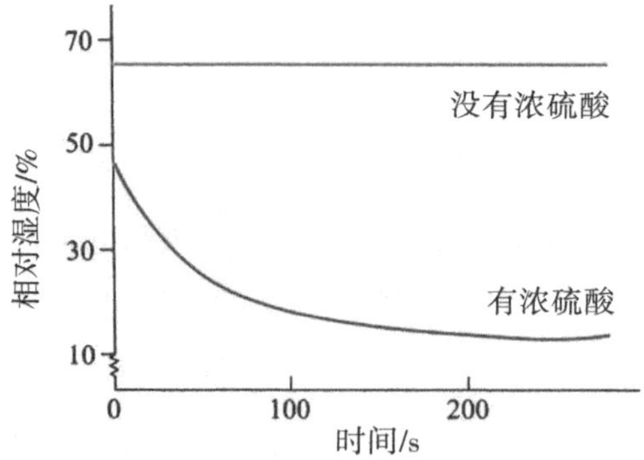

图2.12.2　浓硫酸吸水性实验效果

六、讨论与研究

由于浓硫酸中含有大量未解离的硫酸分子，所以浓硫酸具有四大特性，即吸水性、脱水性、强氧化性和钝化性。

1.探究硫酸具有吸水性的最小浓度。

浓硫酸的吸水性是指浓硫酸能够吸收空气中或一些结晶水合物中的水分子。硫酸具有吸水性的最小浓度可以通过以下实验确定。

在各试管中加入0.5 g胆矾（最好是颗粒状），然后分别加入3 mL不同浓度的硫酸，30 min后若胆矾的颜色由蓝色变为白色，说明硫酸具有吸水性。实验结果见表2.12.1。

表2.12.1　硫酸吸水性实验结果

	H_2SO_4浓度/(mol·L−1)								
	18.4	16	15	14	13	12	11	10	9
实验现象	蓝→白	蓝→白	蓝→白	蓝→白	蓝→白	蓝→白	蓝→白	蓝	蓝

实验结果表明，浓度大于11 $mol \cdot L^{-1}$(68%)的硫酸均具有吸水性。若用是否具有吸水性作为浓稀硫酸的判断标准，那么，浓度大于11 $mol \cdot L^{-1}$的硫酸都为浓硫酸。

2.浓度对硫酸脱水性的影响实验。

浓硫酸的脱水性是指浓硫酸能将有机化合物中的氢元素和氧元素按照2:1（水的组成比例）脱去。硫酸具有脱水性的最小浓度可以通过硫酸使火柴梗或蔗糖脱水的实验确定。

在各试管中放入1根折断成4截的去掉火柴头的火柴梗，然后分别加入1 mL不同浓度的硫酸，振荡，观察实验现象，若火柴梗变黑，说明硫酸具有脱水性。实验结果见表2.12.2。

表2.12.2 硫酸脱水性实验结果

	H_2SO_4浓度/($mol \cdot L^{-1}$)								
	18.4	16	15	11	9	8	7	6	1 ~ 4
实验现象	变黑	变黑	变黑	变黑	变黑	变黑	变黑	变黑	不变

实验表明，浓度大于6 $mol \cdot L^{-1}$（45.3%）的硫酸均具有脱水性。若用是否具有脱水性作为浓稀硫酸的判断标准，浓度大于6 $mol \cdot L^{-1}$的硫酸都是浓硫酸。值得注意的是，实验过程中还发现把火柴梗放在5 $mol \cdot L^{-1}$的硫酸中，2天后火柴梗仍可变黄发黑。

3.浓度对硫酸强氧化性的影响实验。

硫酸具有强氧化性的最小浓度可以通过硫酸与铜能否反应生成硫酸铜和二氧化硫的实验确定。

在各试管中加入1小块铜片，再向试管中分别加入2 mL不同浓度的硫酸，用带有导管的橡胶塞塞紧，检查装置气密性防止气体泄漏；然后将导管通入盛有紫色石蕊溶液的试管中，加热盛放硫酸与铜片的试管，观察实验现象。若铜片与硫酸反应且石蕊溶液由紫色变为红色，反应的产物用水稀释后溶液呈蓝色，说明硫酸具有强氧化性。实验结果见表2.12.3。

表2.12.3 硫酸强氧化性实验结果

	H_2SO_4浓度/($mol \cdot L^{-1}$)								
	18.4	16	15	11	9	8	7	6	1 ~ 4
反应产物稀释后颜色	蓝	蓝	蓝	蓝	蓝	蓝	蓝	蓝	无蓝色
石蕊溶液的颜色	红	红	红	红	红	红	红	红	无红色

实验结果表明，浓度大于6 $mol \cdot L^{-1}$(45.3%)的硫酸均具有强氧化性。若用是否具有强氧化性作为浓稀硫酸的判断标准，浓度大于6 $mol \cdot L^{-1}$的硫酸都是浓硫酸。需要说明的是，实验过程中观察到用5 $mol \cdot L^{-1}$的硫酸与铜片反应，持续加热15 min，硫酸仍然可以与铜片反应，生成硫酸铜

和二氧化硫，这可能是在持续加热过程中溶液中部分水蒸发，使硫酸浓度增大的缘故。4 $mol \cdot L^{-1}$以下的硫酸与铜片持续加热15 min仍然无明显反应现象。

4.浓度对硫酸钝化性的影响实验。

浓硫酸在常温时可使铁、铝等金属表面快速氧化生成一种致密的氧化膜而发生“钝化”。硫酸是否能使铁、铝等金属钝化，通过硫酸在常温下能否与铁或铝发生反应确定。

在2支试管中分别放入大约1 cm用砂纸打磨过的铁丝和铝丝，再向试管中加入3 mL不同浓度的硫酸，观察现象。若铁丝或铝丝表面没有气泡，说明硫酸能使铁丝或铝丝钝化。实验结果见表2.12.4。

表2.12.4 硫酸钝化性实验结果

	H_2SO_4浓度/($mol \cdot L^{-1}$)								
	18.4	16	13	12	11	9	8	7	6
铁丝表面是否有气泡	无	无	无	无	有	有	有	有	有
铝丝表面是否有气泡	无	无	无	无	少量	有	有	有	有

实验结果表明，浓度大于12 $mol \cdot L^{-1}$（72%）的硫酸均能使铁丝、铝丝钝化。若用是否具有钝化性作为浓稀硫酸的判断标准，浓度大于12 $mol \cdot L^{-1}$的硫酸都为浓硫酸。

根据以上实验结果，浓度大于等于12 $mol \cdot L^{-1}$的硫酸具有明显的吸水性、脱水性、强氧化性，以及能使铁、铝钝化。

实验13 不同方法收集氧气纯度的对比

一、实验目的

1.利用氧气传感器的监测功能，通过数据采集器实时将氧气浓度的测定数据传达到计算机，在屏幕上直接生成数据曲线，展示容器内氧气浓度的变化过程或最终数值。

2. 通过真实数据比对分析，直观说明收集方法差异或操作规范性差异对收集氧气纯度的影响。

二、实验原理

不同方法收集的氧气纯度不同，通过氧气传感器测量收集的氧气的浓度。

三、实验装备

1. 实验器材：铁架台、试管、导管、橡皮塞、集气瓶、毛玻璃片、棉花、酒精灯、水槽、氧气传感器、数据采集器、计算机及相应软件。

2. 实验药品：高锰酸钾、水。

3. 实验装置：

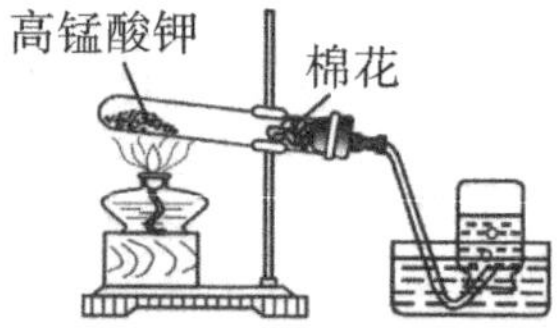

图 2.13.1　用排水法收集氧气

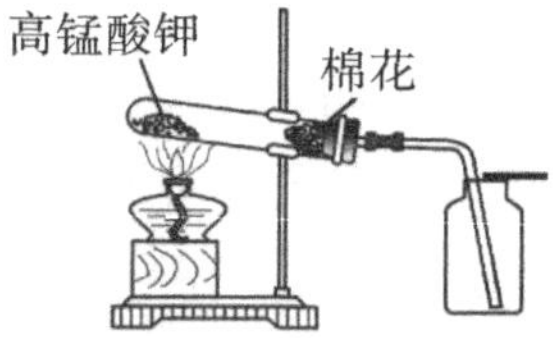

图 2.13.2　用向上排空气法收集氧气

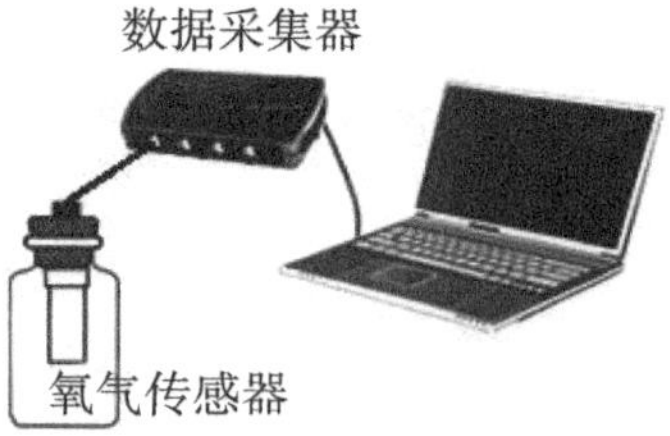

图 2.13.3　氧气浓度测定装置示意

四、实验步骤

1. 用加热高锰酸钾分解制氧气（如图2.13.1所示），按照排水法规范操作要求，待集气瓶口向外冒出第一个大气泡后立即停止收集。重复实验，收集3瓶氧气。将氧气传感器探头伸入集气瓶中测定氧气的含量，数据记录于表2.13.1中。

表2.13.1　不同方法收集氧气纯度实验探究数据

收集方法	排水法			向上排空气法(木条复燃停止收集)			向上排空气法(木条复燃后再收集40 s)		
氧气浓度/%	90.0	89.8	89.3	79.7	79.6	79.9	88.4	89.0	87.9
氧气平均浓度/%	89.7			79.7			88.4		

注：氧气传感器探头校准值为21%。

2. 用加热高锰酸钾分解制氧气（如图2.13.2所示），按照向上排空气法规范操作要求，以能使放置在集气瓶口带火星木条复燃为氧气集满的标准，收集3瓶氧气。将氧气传感器探头伸入集气瓶中测定氧气的含量，数据记录于表2.13.1中。

3. 重复步骤2，将氧气集满标准改为以能使放置在集气瓶口带火星木条复燃后再收集40 s，收集3瓶氧气。将氧气传感器探头伸入集气瓶中测定氧气的含量，数据记录于表2.13.1中。

五、实验数据分析及结论

对比分析表2.13.1数据发现，用加热高锰酸钾分解制取氧气，按照课堂常规演示实验操作，氧气未经过除杂干燥，排水法收集氧气纯度明显大于向上排空气法（木条复燃停止收集）收集到氧气的纯度。用加热高锰酸钾分解制取氧气，氧气未经过除杂干燥，均用向上排空气法收集，木条复燃后再收集40 s获得氧气纯度明显大于木条复燃立即停止收集的氧气纯度，且几乎接近用排水法收集到氧气的纯度。

氧气密度与液态水密度相差较大，虽因水蒸气的存在，不可能收集到100%氧气，但相较于排空气法（常规验满标准），排水法收集到氧气纯度较高。故排水法收集气体纯度高的优势理论成立。氧气的密度与空气相差不大以及收集时气体对流因素造成向上排空气法收集气体纯度不高，但若将验满标准改为木条复燃后再收集40 s，收集到氧气纯度明显增大，甚至接近排水法收集的纯度。若实验需要纯度高又干燥的氧气进行实验，如铁丝燃烧实验，可选择向上排空气并延长收集时间的方法收集氧气。

六、讨论与研究

探究实验：收集规范性差异对收集氧气纯度的影响

1.加热高锰酸钾用排水法收集氧气，按照排水法规范操作要求，待导管口冒出连续均匀气泡后，将导管伸入集气瓶口，重复收集3瓶氧气，将氧气传感器探头伸入集气瓶中测定氧气的含量（本研究中利用上述实验步骤1的数据），数据记录于表2.13.2中。

2.加热高锰酸钾用排水法收集氧气，未按照排水法规范操作要求，导管口一冒出气泡立即收集，重复收集3瓶氧气，将氧气传感器探头伸入集气瓶中测定氧气的含量，数据记录于表2.13.2中。

3.用向上排空气法收集氧气，按照向上排空气法规范操作要求，将导管接近集气瓶底部，以能使放置在集气瓶口带火星木条复燃为氧气集满的标准，重复收集3瓶氧气。将氧气传感器探头伸入集气瓶中测定氧气的含量（本研究利用上述实验里面步骤2的数据），记录数据于表中2.13.3。

4.用向上排空气法收集氧气，未按照向上排空气法规范操作要求，将导管伸入集气瓶中部，以能使放置在集气瓶口带火星木条复燃为氧气集满的标准，重复收集3瓶氧气。将氧气传感器探头伸入集气瓶中测定氧气的含量，记录数据于表2.13.3中。

表2.13.2　排水法收集规范性差异对氧气纯度的影响实验数据

收集方法	排水法(导管口冒出连续均匀气泡后收集)			排水法(导管口一冒出气泡后收集)		
氧气浓度/%	90.0	89.8	89.3	63.0	64,4	63.8
氧气平均浓度/%	89.7			63.7		

注：氧气传感器探头校准值为21%。

均用排水法进行收集，导管口一冒出气泡后立即收集的氧气的纯度明显小于导管口冒出连续均匀气泡后收集的氧气纯度。实验时通过观察到导管口冒出连续均匀气泡，说明此时排出氧气较纯净的理论成立。实验操作时应注意收集时机的把握，规范操作。

表2.13.3　向上排空气法收集规范性差异对氧气纯度的影响实验数据

收集方法	向上排空气法(导管接近瓶底)			向上排空气法(导管伸至瓶中部)		
氧气浓度/%	79.7	79.6	79.9	68.4	65.0	67.7
氧气平均浓度/%	79.7			67.0		

注：氧气传感器探头校准值为21%。

用向上排空气法收集氧气，将导管伸入集气瓶中部，以放置在集气瓶口带火星木条复燃为氧气集满的标准，用氧气传感器测定氧气纯度时若瓶中空气与氧气未均匀混合，会影响测定结果的准确性，故该实验应在气体收集完成后将集气瓶上下颠倒数次，再测氧气纯度。均用向上排空气法收集氧气，将导管接近集气瓶底部收集到氧气的纯度明显大于导管伸至瓶中收集到氧气纯度。向上排空气法收集气体时，将导管尽可能接近瓶底，提高收集气体的纯度。

实验14　几种干燥剂干燥效果的探究

一、实验目的

通过湿度传感器测定空气湿度的变化，研究几种不同成分的除湿剂吸水情况。

二、实验原理

本案例选用几种常见的干燥剂作为研究对象，干燥剂表面的水蒸气分压力低于空气中水蒸气分压力，从而吸收空气中的水分，达到空气除湿的目的。

三、实验装备

1. 实验器材：25 mL烧杯、湿度传感器、生化密闭实验器、数据采集器、计算机及相应软件。

2. 实验药品：温热水、氯化钙、浓硫酸、橙色硅胶。

3. 实验装置：

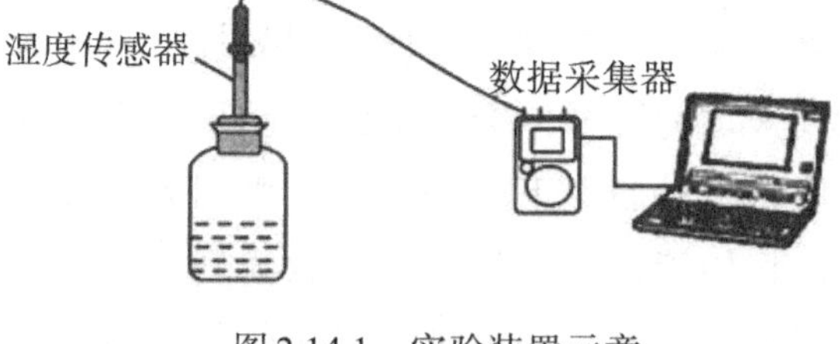

图2.14.1　实验装置示意

四、实验步骤

1. 用25 mL烧杯盛放等体积、等温度的两杯水，分别放在生化密闭实验器中，其中一个实验器中加有氯化钙为主的除湿剂20 g。将两个湿度传感器插入密闭实验器中，连接数据采集器和计算机，打开数字化实验软件，用软件分析实验器中的湿度。密封后开始采集（采集5 min），观察曲线的变化情况。

2. 组装三套生化密闭实验器，在相同的环境下，分别加入浓硫酸、橙色硅胶和氯化钙，将湿度传感器分别放入三个密封实验器中，连接数据采集器和计算机，打开数字化实验软件，用软件分析实验器中的湿度。密封后开始采集（采集8 000 s），观察曲线的变化情况。

五、实验数据分析及结论

由图2.14.2可知，烧杯中水蒸发，肉眼短时间很难看到，通过湿度传感器可以测出湿度的变化，容器中湿度增加，即水蒸气增多，从而可知水分子在不断地运动。加入除湿剂后，曲线上升幅度减小，甚至下降，这不仅说明除湿剂吸水，也从微观角度说明水分子不仅进入容器，也有水分子进入除湿剂。

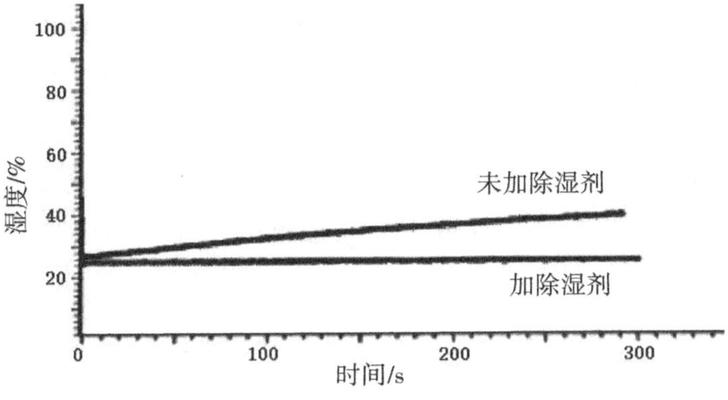

图2.14.2　加除湿剂（氯化钙）和不加除湿剂湿度变化曲线

由图2.14.3可知，三种不同成分的干燥剂，在密闭容器中，橙色硅胶的除湿效果最好，其次是氯化钙、浓硫酸。通过分析密闭实验器中空气的干燥情况，几种干燥剂都能起到干燥效果，但都不能完全干燥。

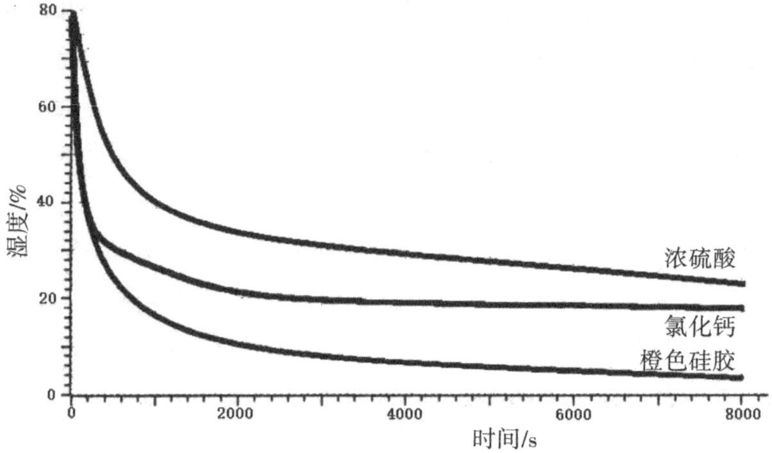

图2.14.3　分别用浓硫酸、橙色硅胶和氯化钙干燥密闭实验器中空气湿度变化曲线

六、讨论与研究

探究实验：制取氧气并通入不同干燥剂观察湿度变化情况

组装四套用过氧化氢分解制取氧气的实验装置，将其中三个装置中产生的氧气分别通过变色硅胶、浓硫酸和氯化钙，还有一个装置产生的氧气直接收集（对照）；将湿度传感器分别放入收集氧气的四个密封保鲜袋内，连接数据采集器和计算机，打开数字化实验软件，用软件分析塑料袋内的湿度（采集5 min），观察曲线的变化情况。

由图2.14.4可知，不同成分的干燥剂对流动的氧气都有干燥效果，变色硅胶的干燥效果最好。实际上，干燥剂的干燥效果还受气体的流速影响。

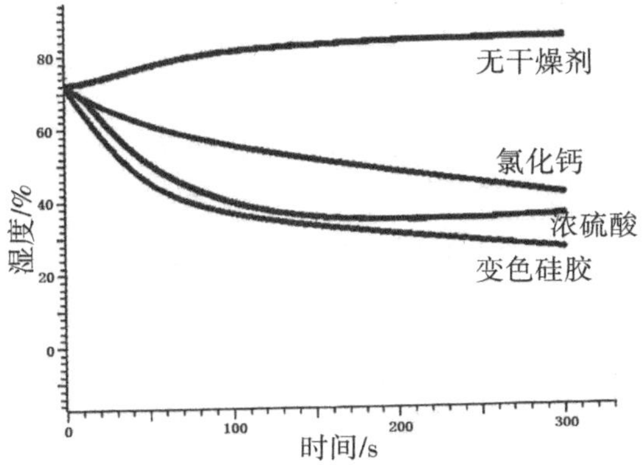

图2.14.4　氧气通过除湿剂、对照组温度变化曲线

衡量一种干燥剂的优劣，首先要关注它的干燥性能，即该物质达到相平衡时被干燥物质干燥的程度，可通过比较干燥后体系的水蒸气含量与同温下空气中的水蒸气含量获知。对比同温下空气中水蒸气含量，若干燥后体系中水蒸气含量越小，则干燥性能越好。常见干燥剂的干燥性能具体可参见表2.14.1。

表2.14.1　几种常用干燥剂的干燥性能比较

序号	干燥剂	干燥能力			再生方法
		20℃干燥后空气中残存水分/($mg\cdot L^{-1}$)	干燥速度	吸水量	
1	CaO	0.2	慢	大	不可再生
2	NaOH	0.16	快	大	不可再生
3	P_2O_5	0.000 02	快	大	不可再生
4	98%H_2SO_4	0.003	快	大	不可再生
5	$CaSO_4$	0.004	快	大	250℃烘干
6	$CaCl_2$	0.14 ~ 0.25	慢	大	800℃烘干
7	$CuSO_4$	1.4	中	小	200℃烘干
8	Na_2SO_4	1.92	中	大	230℃烘干

续表

序号	干燥剂	干燥能力			再生方法
		20℃干燥后空气中残存水分/($mg \cdot L^{-1}$)	干燥速度	吸水量	
9	硅胶	0.002 ~ 0.07	慢	大	200 ~ 350℃烘干
10	活性 Al_2O_3	0.003	中	大	175℃烘干
11	分子筛	0.001	快	大	250℃烘干
12	$Mg(ClO_4)_2$	0.000 5 ~ 0.002	快	中	250℃烘干

实验15　氯水见光分解实验

一、实验目的

利用pH传感器和氧气传感器探究次氯酸光照分解的产物。

二、实验原理

氯水中的次氯酸不稳定，容易分解生成氧气和盐酸，但是速度很慢。在阳光的照射下，次氯酸分解速度加快。随着反应的进行，容器内的氧气浓度和溶液的酸性都会增大，分别用氧气传感器和pH传感器进行测定。

三、实验装备

1.实验器材：三颈烧瓶、台灯、氧气传感器、pH传感器、数据采集器、计算机及相应软件。

2.实验药品：氯水。

3. 实验装置：

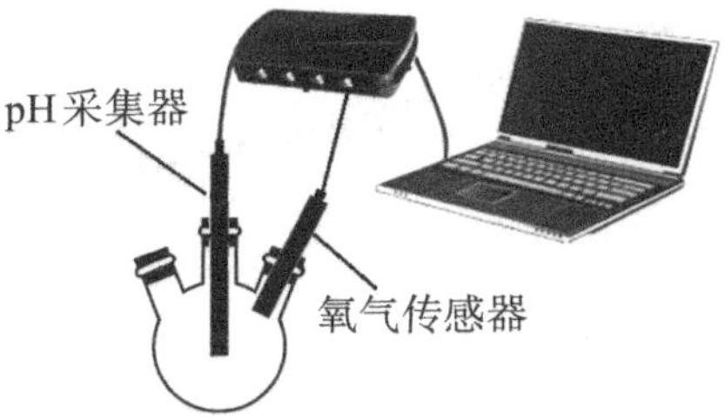

图 2.15.1　实验装置示意

四、实验步骤

1. 按图 2.15.1 组装实验装置，将 pH 传感器、氧气传感器、三颈烧瓶、数据采集器、计算机相连接，打开实验系统软件。

2. 向三颈烧瓶中加入 50 mL 氯水，将单孔塞塞入瓶口，打开台灯，用台灯的光线照射氯水，用传感器测定容器内的氧气浓度和溶液的酸性。

【注意事项】

新制的饱和氯水不适合做氯水的光分解实验，因为新制的氯水中，氯气和水的反应并不充分，次氯酸的浓度低。可以把新制的饱和氯水在暗处放置 1 ~ 2 周之后再使用，其目的是减小氯气的过饱和度，减少光照实验后气体中氯气的含量，同时也能提高氯水中溶解氧含量。实验前氯水中氧气是否处于饱和状态是能否产生气体的关键。

五、实验数据分析及结论

由图 2.15.2 和图 2.15.3 可知，氯水光照的过程中，pH 不断降低，氧气的含量逐渐增大，说明次氯酸见光分解生成了 HCl 与 O_2。实验起始时 pH 变化较快，后来较慢，这与次氯酸的浓度变化有关。随着次氯酸的分解，次氯酸的浓度不断降低，分解速率就不断减慢。

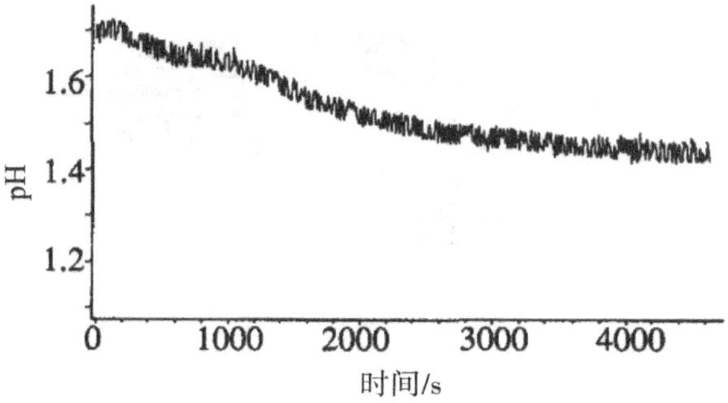

图 2.15.2　反应过程中的 pH 变化曲线

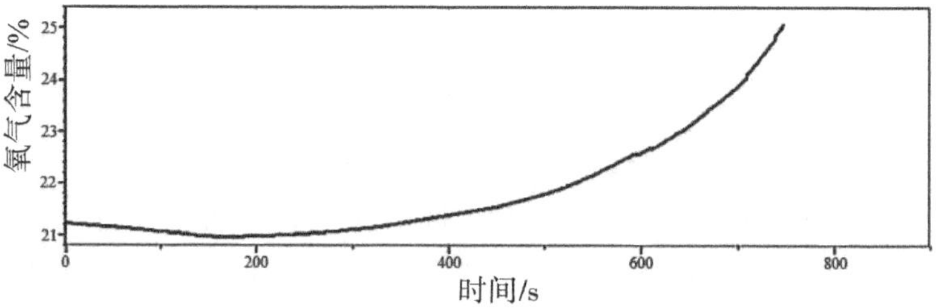

图 2.15.3　反应过程中氧气含量变化曲线

六、讨论与研究

氯气溶于水，1 L 水溶解 2 L 氯气达到饱和，粗略计算氯水的物质的量浓度是 0.0921 mol/L。但是氯气溶于水会跟水发生反应，并很快达到平衡：$Cl_2+H_2O \rightleftharpoons HCl+HClO$。此反应的平衡常数为 $K=4.2\times10^{-4}$，由此计算各物质的平衡浓度：

$c(Cl_2)=0.062$ mol/L　$c(HClO)=0.030$ mol/L　$c(HCl)=0.030$ mol/L

考虑到 HClO 的电离平衡常数较小（查阅文献为 3.0×10^{-8}），所以 HClO 电离出的 H^+ 可以忽略，由此可以求出饱和氯水的 pH 为 1.52。但是，氯气溶于水需要较长的时间才能达到饱和，而且浓度越大的氯水，氯气的扩散越慢，氯气的溶解能力越差。因此，通常所用的氯水实际上是不饱和的，各成分的实际浓度比理论值要低。比如，图2.15.2显示，实验前氯水的pH约为1.72左右。

通过采集的数据可以估算出次氯酸的分解率。实验开始时氯水的pH为1.72，$c(H^+)$=0.019 05 mo1/L，忽略HClO的电离，c(HCl)=0.019 05 mo1/L，则此时的c(HClO) = 0.019 05 mo1/L；实验开始后，pH减小，$c(H^+)$增大，新增的H^+就是HClO分解产生的。由此可以计算出次氯酸的分解率（见表2.15.1）。可以清楚地发现，光照少量的氯水，40 min就能分解一大半，80 min后次氯酸几乎全部分解，在图像上能清楚地看到pH的变化，可用于课堂演示使用。

表2.15.1　次氯酸的分解率

时间/s	pH	$c(H^+)/(mol\cdot L^{-1})$	分解率
0	1.72	0.019 05	0.00%
1 200	1.62	0.023 99	25.92%
2 400	1.49	0.032 36	69.87%
3 600	1.44	0.036 31	90.59%
4 200	1.43	0.037 15	95.03%
4 800	1.42	0.038 02	99.57%

第三章　化学反应与能量

化学反应过程中，不仅有物质的变化，同时还伴随有能量的变化，并可以热能、电能或光能等形式表现出来。当能量变化以热的形式表现时，我们把反应分为放热反应和吸热反应，大家比较熟悉放热反应，如燃料的燃烧反应、酸碱中和反应，等等。我们接触过的吸热反应其实也不少，但是由于吸热过程往往不是很直观，容易被我们忽略。实际上，有些金属氧化物的还原反应（如用氢气还原三氧化钨来制取钨）和许多分解反应（如用石灰石烧制石灰）都是吸热反应，只是有时放热反应也要先加热才能发生，而吸热过程又无法直接观察到，再加上我们的注意力主要放在反应产物上，所以常常忽略了与反应伴生的吸热过程。

既然化学反应过程中同时存在着物质和能量的变化，而且我们也已经知道质量守恒和能量守恒是两条基本定律，那么它们在化学反应体系及其变化中是如何体现的呢？质量和能量虽然属于两个不同的范畴，但是它们是密切相关的。因为在化学反应中，能量的释放或吸收是以发生变化的物质为基础的，二者密不可分，但以物质为主。这是我们研究化学反应与能量关系时必须把握的一个基本思想。

实验16　感知化学反应过程中能量的变化

一、实验目的

1. 了解温度传感器的工作原理及工作方法。

2. 在实验操作中认识数据采集器、温度传感器及软件的应用。

3. 通过数字化实验曲线变化更直观地感受化学反应中能量的变化。

二、实验原理

镁和酸反应是放热反应，在稀硫酸足量时，镁条越长反应越剧烈，放出的热量越多，溶液的温度升高越快。

三、实验装备

1. 实验器材：烧杯、洗瓶、量筒、不锈钢温度传感器、磁力搅拌器、数据采集器、计算机及相应软件。

2. 实验药品：稀硫酸，长度为1 cm、3 cm、5 cm、7 cm、9 cm的镁条，蒸馏水。

3. 实验装置：

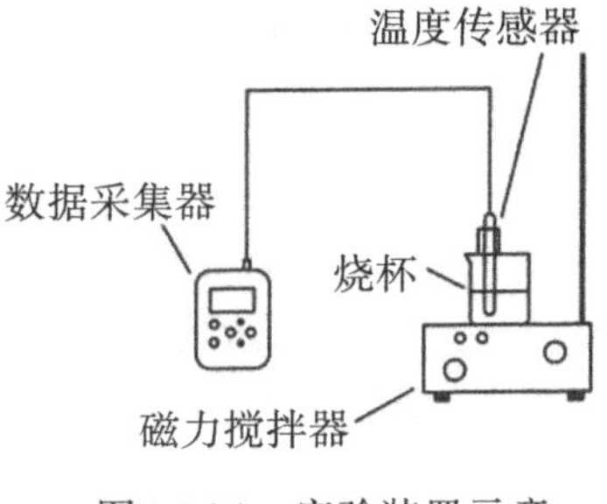

图3.16.1　实验装置示意

四、实验步骤

1. 按照图3.16.1搭建实验装置，开启数据采集器，打开磁力搅拌器。

2. 向烧杯中加入稀硫酸，依次将不同长度的镁条放入烧杯中反应，观察反应现象。

3. 反应结束后，停止数据采集，比较不同长度镁条与稀硫酸发生反应时温度的变化。

【注意事项】

1. 不锈钢温度传感器的测量温度范围为−25℃至125℃，温度超过150℃会对不锈钢温度传感器产生不可逆的损害，请在测量温度范围内实验操作。

2. 不锈钢温度传感器上半部分是一种塑料材料，不能接触高腐蚀的溶液，因此只能将不锈钢部分置于溶液中进行实验，并且在实验结束后认真清洗。

3. 不锈钢温度传感器不能在强酸、强碱以及部分有机溶液中放置24小时以上，否则会使其表面脱色，影响实验测量精度，造成损害。

五、实验数据分析及结论

由图3.16.2可知，镁条越长反应越剧烈，放出的热量越多，溶液的温度升高越快。

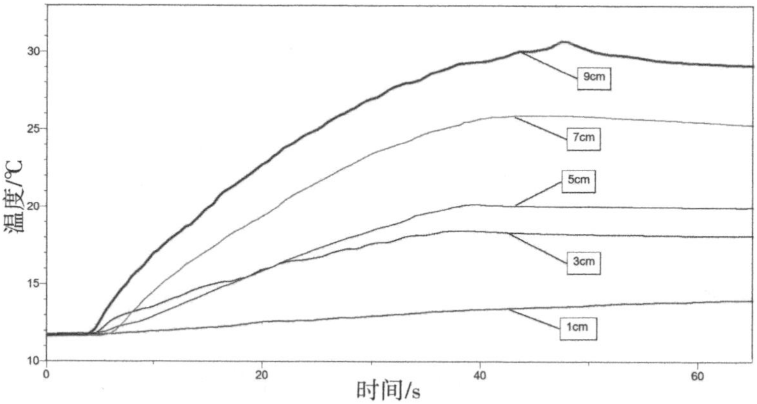

图3.16.2　不同长度镁条与稀硫酸发生反应时溶液温度变化曲线

六、讨论与研究

探究实验：金属镁和水反应

金属和水反应的实质是金属原子和水电离出的极少量H^+发生反应，从而促进水的电离，使得溶液中OH^-浓度增大。金属镁和水反应速率较慢，学生能够观察到镁片表面有气泡放出，但是由于离子浓度过低，形成的氢氧化镁不能以沉淀的形式析出，通过肉眼无法观察到产物的形成。本实验利用pH传感器和浊度传感器监测溶液中各组分的变化情况。pH传感器监测到的是溶液中OH^-浓度的变化情况，随着反应的进行，OH^-浓度增大，溶液的pH变大，说明金属镁不断地和溶液中的H^+反应。浊度传感器监测到溶液中氢氧化镁粒子的增长情况，随着反应的进行，溶液的浊度呈现出递增的趋势。

将打磨后的镁条放入滴加了酚酞试剂的约50 mL蒸馏水中，用pH传感器监测溶液中pH的变化，利用计算机记录数据。

如图3.16.3所示，随着反应进行，pH逐渐升高，溶液的碱性增强。因为镁和水中的H^+不断发生反应，使得OH^-浓度逐渐增大。反应刚刚开始的变化比较明显，等pH大概到9的时候，变化就不是特别明显了。

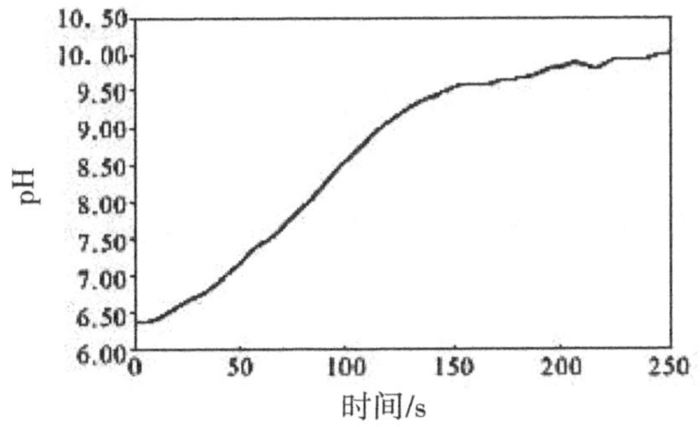

图3.16.3　镁和蒸馏水反应的pH变化曲线

利用浊度传感器测量出不同pH情况下反应液的浊度，结果见表3.16.1。将所得数据绘制成曲线图，观察其变化趋势，见图3.16.4。

表3.16.1　不同情况下的反应液浊度

序号	t/s	pH	浊度/NTU
1	0	6.42	461.2
2	45	7.08	472.5
3	80	7.97	480.5
4	120	9.09	482.1
5	265	10	422.7

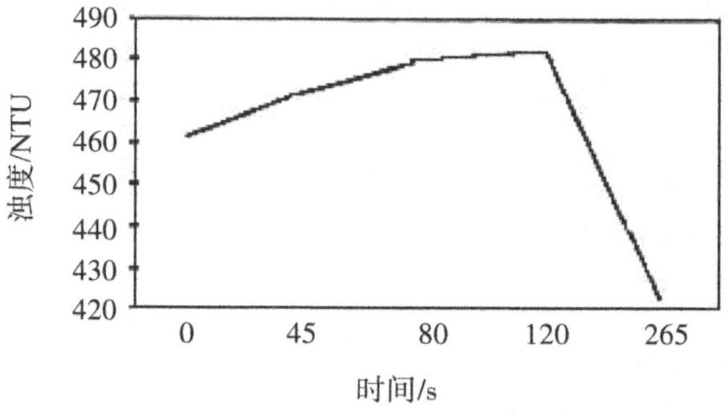

图3.16.4　不同情况下反应液的浊度变化曲线

开始时，溶液的浊度逐渐增大，因为氢氧化镁不溶，越来越多。当pH在9以后，浊度出现了骤减。可见，随着反应的进行，越来越多的氢氧化镁沉淀吸附在了金属镁表面，而不是悬浮在溶液中。

实验17　碳酸钠和碳酸氢钠与盐酸反应的热效应

一、实验目的

1. 掌握温度传感器的使用方法，并借助数据采集器和计算机直接生成数据曲线，便捷、直观地反映化学反应中热量的变化。

2.测定盐酸与碳酸氢钠和碳酸钠反应的温度变化，体验化学反应的热效应。

二、实验原理

碳酸钠和碳酸氢钠固体与盐酸反应的焓变：

$Na_2CO_3(s)+2HCl(aq) = 2NaCl(aq)+H_2O(l)+CO_2(g)\quad \Delta_r H_m^\ominus = -28.9\ kJ/mol$

$NaHCO_3(s)+HCl(aq) = NaCl+H_2O(l)+CO_2(g)\quad \Delta_r H_m^\ominus = +31.4\ kJ/mol$

通过理论计算可知，碳酸钠固体与稀盐酸反应，其反应焓变小于0，因此反应放出热量；碳酸氢钠固体与稀盐酸反应，其焓变大于0，因此反应为吸热反应。

三、实验装备

1.实验器材：烧杯、磁力搅拌器、温度传感器、数据采集器、计算机及相应软件。

2.实验药品：碳酸钠固体、碳酸氢钠固体、1.0 mol/L的盐酸、1.0 mol/L碳酸氢钠溶液、1.0 mol/L碳酸钠溶液、蒸馏水。

3.实验装置：

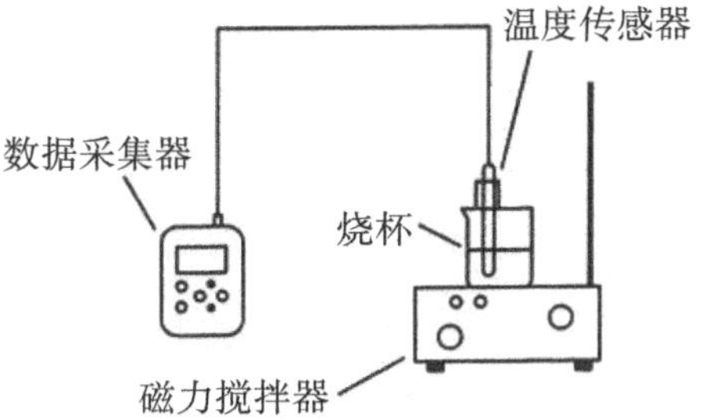

图3.17.1　实验装置示意

四、实验步骤

1.称取1.68 g碳酸氢钠和2.12 g碳酸钠固体（等物质的量），分别溶于

20 mL水，利用温度传感器测定其温度变化。

2. 称取1.68 g碳酸氢钠和2.12 g碳酸钠固体（等物质的量），分别与20 mL 1.0 mol/L盐酸反应，利用温度传感器测定其温度变化。

3. 将10 mL 1.0 mol/L碳酸氢钠和碳酸钠溶液分别和10 mL 1.0 mol/ L的盐酸反应，利用温度传感器测定其温度变化。

五、实验数据分析及结论

经过三组实验，碳酸钠和碳酸氢钠固体溶解、碳酸钠和碳酸氢钠固体与稀盐酸反应、碳酸钠和碳酸氢钠溶液与稀盐酸反应过程中的温度变化如图3.17.2 ~ 图3.17.7所示；经过数据处理，反应温度变化如表3.17.1所示。

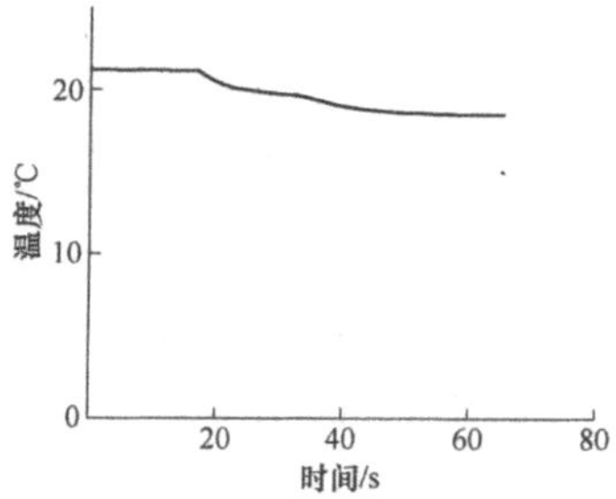

图3.17.2　碳酸氢钠固体溶于水反应温度变化曲线

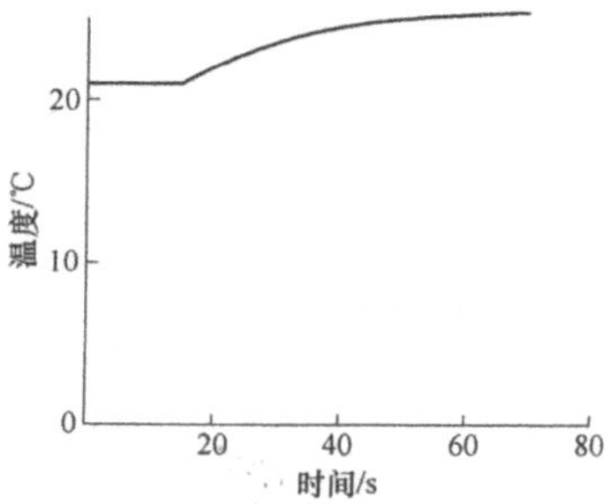

图3.17.3　碳酸钠固体溶于水反应温度变化曲线

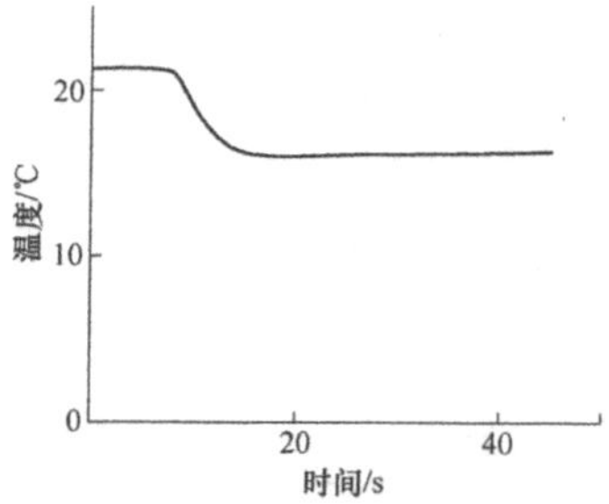

图3.17.4　碳酸氢钠固体和盐酸反应温度变化曲线

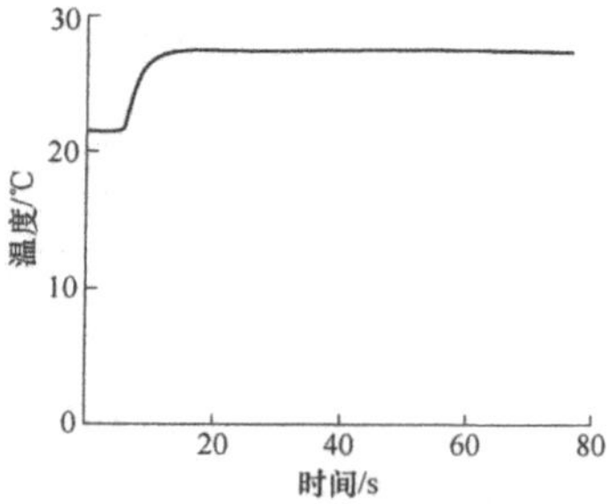

图3.17.5　碳酸钠固体和盐酸反应温度变化曲线

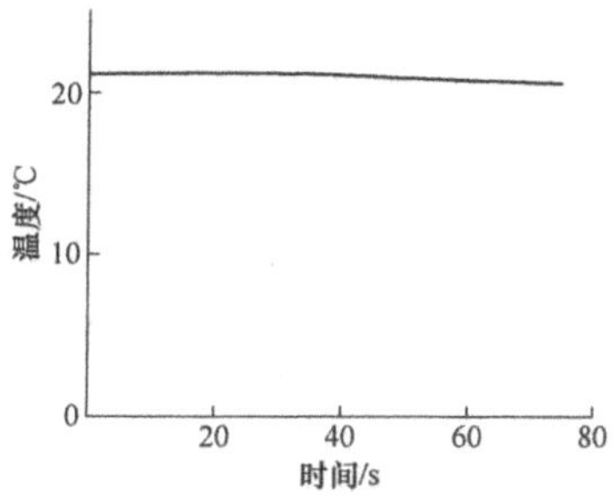

图 3.17.6　碳酸氢钠溶液和盐酸反应温度变化曲线

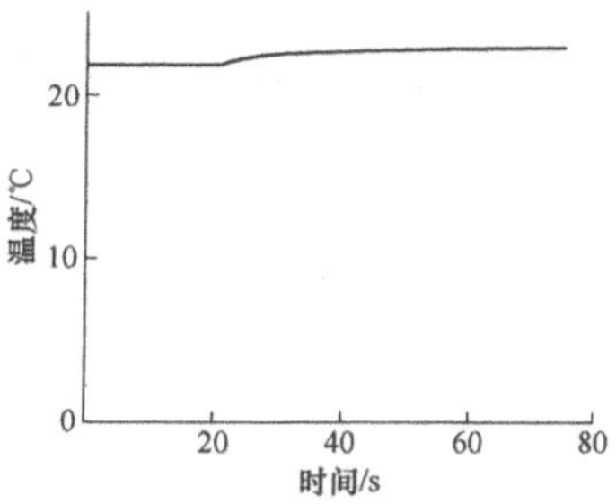

图 3.17.7　碳酸钠溶液和盐酸反应温度变化曲线

表 3.17.1　温度变化数据

实验编号	实验操作	$T_{前}$/℃	$T_{后}$/℃	ΔT/℃
1	碳酸氢钠粉末溶于水	21.2	18.5	-2.7
	碳酸钠粉末溶于水	21.1	25.5	+4.4
2	碳酸氢钠粉末和盐酸反应	21.3	16.3	-5.0
	碳酸钠粉末和盐酸反应	21.5	26.3	+4.8
3	碳酸氢钠溶液和盐酸反应	21.2	20.6	-0.6
	碳酸钠溶液和盐酸反应	21.8	22.9	+1.1

实验证明，碳酸氢钠固体溶解时温度降低，因此其溶解是吸热过程；碳酸氢钠溶液与盐酸反应温度也降低，因此其与盐酸反应也是吸热反应。碳酸氢钠固体和盐酸反应吸热是由于上述两个过程的综合作用，其中，碳酸氢钠粉末溶解于水的热效应贡献占主要部分。碳酸钠固体溶解时温度升高，因此其溶解是放热过程；碳酸钠溶液与盐酸反应温度升高，因此其与盐酸反应也是放热反应。碳酸钠固体和盐酸反应放热是由于上述两个过程的综合作用，其中，碳酸钠粉末溶解于水的热效应贡献占主要部分。

六、讨论与研究

碳酸钠和碳酸氢钠与盐酸反应时会产生热量的变化，从理论角度来看，热量的变化来自固体溶解、溶液之间稀释和反应过程。

1.可以从热力学原理来分析碳酸钠和碳酸氢钠的溶解热效应。为探讨两种物质溶解过程热效应不同的原因，设计如下热力学循环：

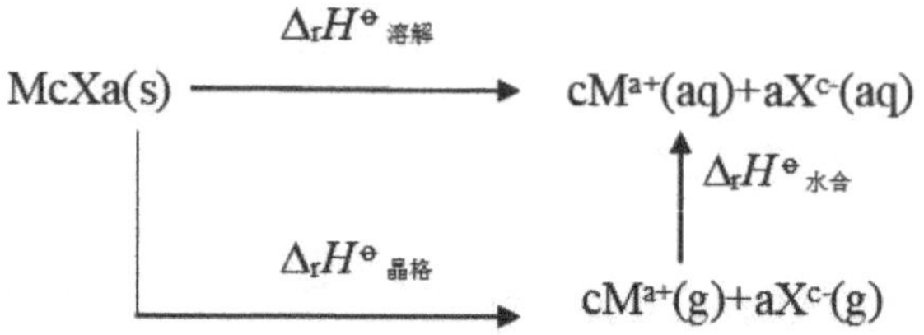

$$\Delta_r H^\ominus_{溶解}=\Delta_r H^\ominus_{晶格}+\Delta_r H^\ominus_{水合}$$

表 3.17.2　相关物质的热力学数据

物质	状态	$\Delta_f H^\ominus_m$(kJ/mol)	物质	状态	$\Delta_f H^\ominus_m$(kJ/mol)
Na_2CO_3	s	−113 0.8	HCO_3^-	aq	−691.99
$NaHCO_3$	s	−950.80	CO_3^{2-}	aq	−667.14
H_2O	l	−285.83	H_2CO_3	aq	−699.0
CO_2	g	393.51	OH^-	aq	−230.0
H^+	aq	0	Na^+	g	+609.0
Na^+	aq	−240.30	CO_3^{2-}	g	−230.6
Cl^-	aq	−167.08	HCO_3^-	g	−745.7

Na_2CO_3溶解过程：$H^\ominus_{溶解}$

$Na_2CO_3(s) = 2Na^+(g)+CO_3^{2-}(g)$　　$\Delta_r H^\ominus_{晶格} = +2118.10\ kJ/mol$

$2Na^+(g)+CO_3^{2-}(g) = 2Na^+(aq)+CO_3^{2-}(aq)$　　$\Delta_r H^\ominus_{水合} = -2134.54\ kJ/mol$

$Na_2CO_3(s) = 2Na^+(aq)+CO_3^{2-}(aq)$　　$\Delta_r H^\ominus_{溶解} = -18.81\ kJ/mol$

$\Delta_r H^\ominus_{溶解} = \Delta_r H^\ominus_{晶格}+\Delta_r H^\ominus_{水合}$

$NaHCO_3$溶解过程：

$NaHCO_3(s) = Na^+(g)+HCO_3^-(g)$　　$\Delta_r H^\ominus_{晶格} = +814.10\ kJ/mol$

$Na^+(g)+HCO_3^-(g) = Na^+(aq)+HCO_3^-(aq)$　　$\Delta_r H^\ominus_{水合} = -795.29\ kJ/mol$

$NaHCO_3(s) = Na^+(aq)+HCO_3^-(aq)$　　$\Delta_r H^\ominus_{溶解} = +18.81\ kJ/mol$

$\Delta_r H^\ominus_{溶解} = \Delta_r H^\ominus_{晶格}+\Delta_r H^\ominus_{水合}$

热力学数据计算结果表明，碳酸钠的溶解焓小于0，其溶解过程放热；碳酸氢钠的溶解焓大于0，其溶解过程吸热。就碳酸钠而言，对溶解热效应影响较大的应该是水合焓；就碳酸氢钠而言，对溶解热效应影响较大的则是晶格焓。

2. 碳酸钠和碳酸氢钠固体与盐酸反应的焓变：

$$Na_2CO_3(s)+2H^+(aq) = 2Na^+(aq)+H_2O(l)+CO_2(g) \quad \Delta_rH_m^\ominus = -28.9\ kJ/mol$$

$$NaHCO_3(s)+H^+(aq) = Na^+(aq)+H_2O(l)+CO_2(g) \quad \Delta_rH_m^\ominus = +31.4\ kJ/mol$$

3. 碳酸钠和碳酸氢钠溶液与盐酸反应的焓变：

$$CO_3^{2-}(aq)+2H^+(aq) = H_2O(l)+CO_2(g) \quad \Delta_rH_m^\ominus = -12.2\ kJ/mol$$

$$HCO_3^-(aq)+H^+(aq) = H_2O(l)+CO_2(g) \quad \Delta_rH_m^\ominus = +12.5\ kJ/mol$$

通过理论计算可知，碳酸钠无论是固体的溶解过程，还是固体、液体与稀盐酸反应，其焓变都是小于0，因此，碳酸钠的溶解过程是放热过程，其与盐酸反应为放热反应。而碳酸氢钠无论是固体的溶解过程，还是固体、液体与稀盐酸反应，其焓变都是大于0，因此，碳酸氢钠的溶解过程是吸热过程，其与盐酸反应为吸热反应。

实验18　利用数字化实验探究分子间作用力

一、实验目的

利用温度传感器探究分子间作用力。

二、实验原理

化学键可以将原子结合在一起形成分子，而将分子聚集在一起形成液体或固体的作用力则为分子间作用力。一杯液体，敞口放置相当长一段时间后，其体积将减小。液体的这种性质称为挥发性。这种液体变成气体的过程就是蒸发。即当一个液体分子运动到接近液体表面并且具有适当的运动方向和足够大的动能时，它可以挣脱邻近分子的引力逸到液体上方的空间变为气体分子。显然，液体的挥发性强弱与其分子间作用力存在着一定的联系。而随着液体蒸发过程的进行，由于失掉了高能量的分子而使余下分子的平均动能逐渐降低，温度逐渐降低，挥发速率也随之减慢。分子间的作用力越弱，液体挥发得越快，宏观表现为液体温度下降越多。因此，我们可以通过测量不同液体挥发过程的温度变化来间接比较液体分子间作用力的强弱。

三、实验装备

1. 实验器材：试管、温度传感器、数据采集器、计算机及相应软件。
2. 实验药品：甲醇、乙醇、正丙醇、正丁醇。
3. 实验装置：

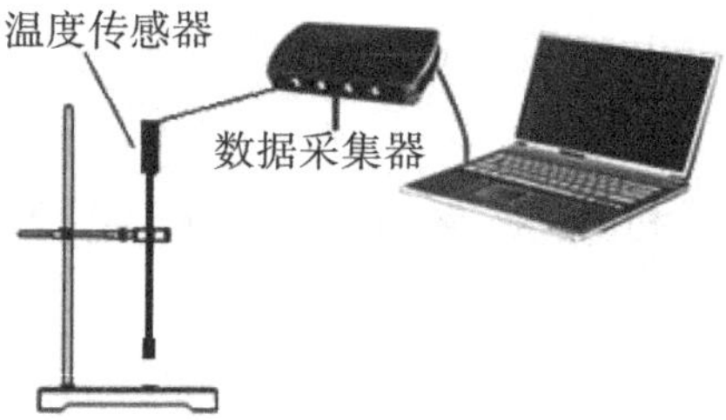

图3.18.1　实验装置示意

四、实验步骤

1. 用方块滤纸作滚筒状包裹温度传感器探头的头部并用橡皮筋扎紧固定（如图3.18.1所示），待用。

2. 组装实验仪器：将计算机、数据采集器、温度传感器三者相连接，打开软件。

3. 将包裹滤纸的探头按要求分别竖直插入盛有甲醇、乙醇、正丙醇、正丁醇的试管中，注意滤纸要完全浸没。

4. 待软件显示温度示数稳定后点击“开始”，检测20 s以上，确保液体初始温度平稳后取出探头，将温度传感器固定在铁架台上（如图3.18.1所示），观察软件中所呈现的温度变化曲线。

五、实验数据分析及结论

由图3.18.2可以清晰看到，不同的醇在挥发时温度下降幅度并不一致。显然，物质在单位时间内挥发得越快，温度下降得也越快，也就是说挥发时温度下降得越快的醇越容易挥发，挥发越容易说明分子间作用力越小。对比甲醇、乙醇、正丙醇、正丁醇这四种醇的分子结构，得出结论：组成和结构相似的分子，随着相对分子质量的增加，挥发变得越来越困难，也就是说相对分子质量增加，分子间的作用力增大。

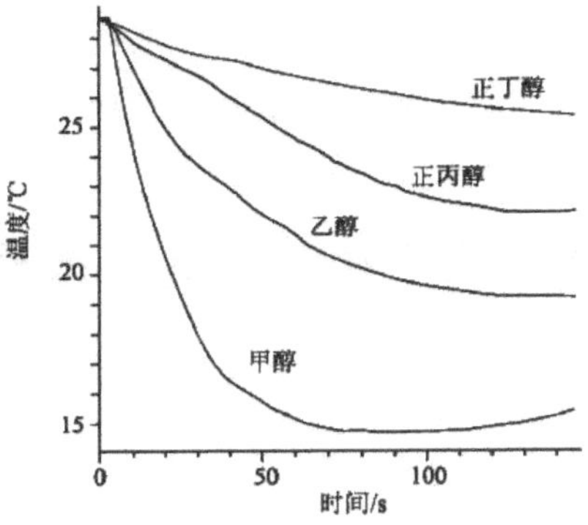

图3.18.2　几种醇挥发温度变化曲线

六、讨论与研究

探究实验：利用数字化实验揭示特殊分子间作用力——氢键的存在

取2支温度传感器探头分别浸没于正丁醇与正己烷中，同时取出后采用与上述同样的方法观察正丁醇与正己烷挥发时温度的变化差异。

图3.18.3中正丁醇和正己烷挥发时温度变化曲线差异极大，分别计算正己烷与正丁醇的相对分子质量，M_r（正丁醇）=74，M_r（正己烷）=86，按照之前所讨论的结果，正己烷的相对分子质量大，故分子间作用力大，理应挥发得慢，但实验的结果却恰恰相反。对比正己烷与正丁醇的分子结构差异，可以推出正丁醇分子结构中有氢键存在。

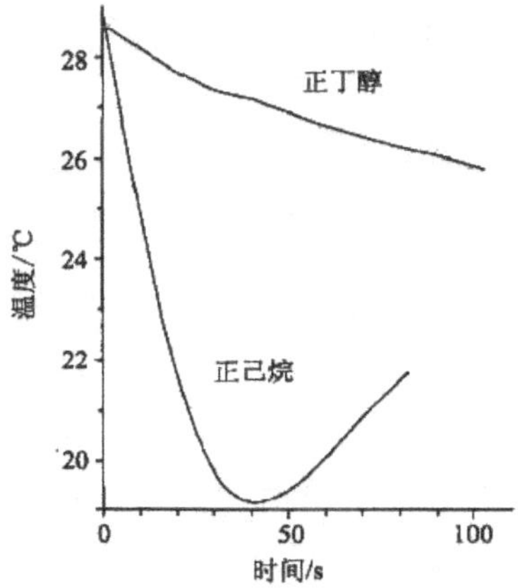

图3.18.3　正丁醇、正己烷挥发时温度变化曲线

实验19　无水硫酸铜水化热的测量

一、实验目的

通过数字化实验测量无水硫酸铜形成结晶水过程中的水化热。

二、实验原理

无水硫酸铜在形成结晶水的过程中，会放出大量的热量，利用温度传感器可以监测其温度的变化。

三、实验装备

1.实验器材：USB连接线、铁架台、坩埚、大试管、胶头滴管、玻璃棒、温度传感器、数据采集器、计算机及相应软件。

2.实验药品：$CuSO_4 \cdot 5H_2O$固体。

3.实验装置：

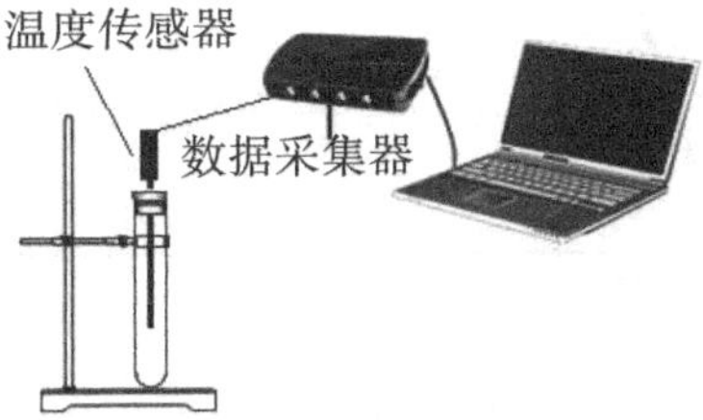

图3.19.1　实验装置示意

四、实验步骤

1.无水硫酸铜的制备：用天平称取约5 g $CuSO_4 \cdot 5H_2O$固体，研成粉末，然后在坩埚中用酒精灯加热，并用玻璃棒不断搅拌，当蓝色的$CuSO_4 \cdot 5H_2O$固体完全变为白色时停止加热，置于干燥、密闭容器内冷却待用。

2.待白色的无水硫酸铜冷却后，取出2 g左右加入一只干燥的小试管中，将试管垂直固定在铁架台上，把温度传感器固定在无水硫酸铜试管中。

3.启动软件，开始温度数据的采集，待读数稳定后，用滴管向试管中加入5～6滴水，注意观察实验现象和温度传感器的读数变化。

4.等温度不再升高后停止数据采集，结束实验。

五、实验数据分析及结论

在装有白色无水硫酸铜的试管中加入5～6滴水，白色无水硫酸铜立即由白色粉末变成蓝色晶体状，同时温度快速升高，可以说明无水硫酸铜水合生成晶体的过程是放热的。

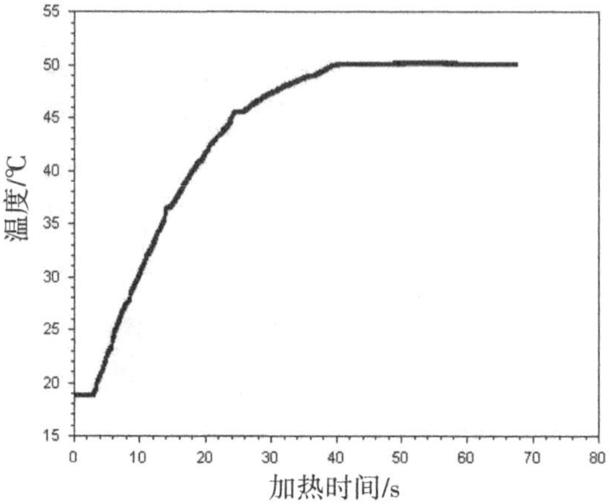

图 3.19.2　无水硫酸铜水化热测量过程中的温度变化曲线

六、讨论与研究

硫酸铜有3种水合物：$CuSO_4 \cdot 5H_2O$、$CuSO_4 \cdot 3H_2O$和$CuSO_4 \cdot H_2O$。加热$CuSO_4 \cdot 5H_2O$，先失去两分子水生成$CuSO_4 \cdot 3H_2O$；温度继续升高，再失去两分子水生成$CuSO_4 \cdot H_2O$；在更高的温度下，失去最后一分子水成为无水$CuSO_4$；温度再升高，$CuSO_4$会分解生成CuO和SO_3，SO_3有部分分解为SO_2和O_2。关于$CuSO_4 \cdot 5H_2O$的失水温度，文献提供的数据多不一致。

为何没有硫酸铜的二水合物$CuSO_4 \cdot 2H_2O$和四水合物$CuSO_4 \cdot 4H_2O$？

硫酸铜仅能生成3种结晶水合物，其中每一种晶体失水，都是在一定温度下，都有对应的完全确定的水蒸气压力：

①$CuSO_4 \cdot 5H_2O \rightleftharpoons CuSO_4 \cdot 3H_2O + 2H_2O(g)$　25℃，7.8 mmHg；50℃，45 mmHg

②$CuSO_4 \cdot 3H_2O \rightleftharpoons CuSO_4 \cdot H_2O + 2H_2O(g)$　25℃，4.7 mmHg；50℃，31 mmHg

③$CuSO_4 \cdot H_2O \rightleftharpoons CuSO_4 + H_2O(g)$　25℃，0.8 mmHg；50℃，4.5 mmHg

从图3.19.3可见，硫酸铜仅存在3种水合物。当结晶水合物脱水时，水蒸气压的变化不是连续的，而是跳跃的。比如，令$CuSO_4\cdot5H_2O$在50℃时脱水，只要还有五水合物没有分解，压力还将保持在45 mm Hg，而在五水合物完全分解之后，压力就立即降到31 mm Hg，其余依此类推。

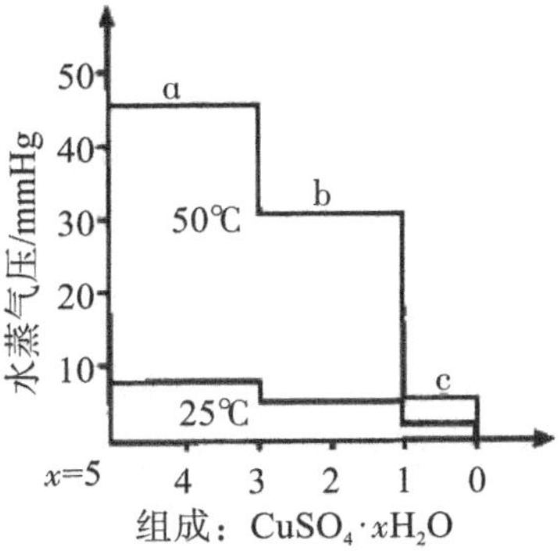

图3.19.3 $CuSO_4$的结晶水合物"组成—蒸气压"关系

实验证明，$CuSO_4\cdot5H_2O$中的各个水分子的结合力不是完全一样的。4个水分子与Cu^{2+}以配位价键结合，第5个水分子以氢键与两个配位水分子和SO_4^{2-}结合。$CuSO_4\cdot5H_2O$可以写成$Cu(H_2O)_4SO_4\cdot H_2O$。简单的平面结构式如图3.19.4所示。

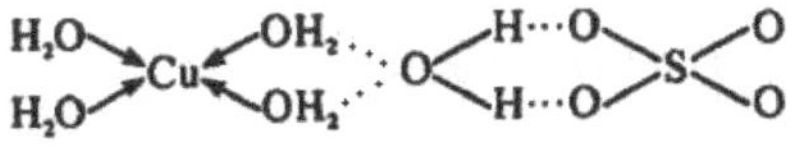

图3.19.4 $CuSO_4\cdot5H_2O$的平面结构式

加热失水时，先失去Cu^{2+}左边的两个非氢键水，再失去Cu^{2+}右边的两个水分子，最后失去以氢键与SO_4^{2-}结合的水分子。

实验 20　晶体结晶过程中能量变化的探究

一、实验目的

通过数字化实验探究硫代硫酸钠结晶过程中的能量变化。

二、实验原理

将固体溶质的水溶液放在敞口的容器中让水慢慢地蒸发，或改变溶液的温度，都可使晶态溶质从溶液中析出，这个过程称为结晶。物质结晶的过程会伴有能量的变化，采用温度传感器可以探究其能量的变化。

三、实验装备

1. 实验器材：铁架台、大试管、酒精灯、石棉网、温度传感器、数据采集器、计算机及相应软件。

2. 实验药品：$Na_2S_2O_3 \cdot 5H_2O$ 固体。

3. 实验装置：

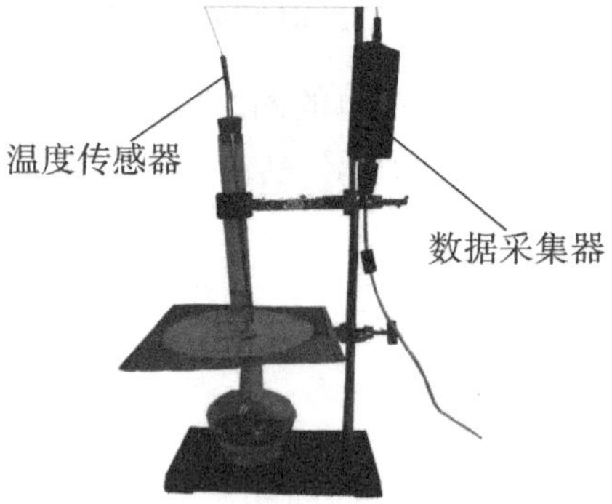

图 3.20.1　实验装置示意

四、实验步骤

1. 在一只大试管中加入约20 g $Na_2S_2O_3 \cdot 5H_2O$固体，将试管垂直固定于铁架台上（如图3.20.1），将温度传感器插入$Na_2S_2O_3 \cdot 5H_2O$固体中。

2. 用酒精灯加热$Na_2S_2O_3 \cdot 5H_2O$固体，让其全部溶解在自己所含的结晶水中，形成$Na_2S_2O_3 \cdot 5H_2O$饱和溶液，停止加热。

3. 启动软件，开始采集数据。

4. 当温度降到45℃左右时，向试管中投入1～3粒$Na_2S_2O_3 \cdot 5H_2O$固体，观察实验现象。

5. 当温度不再变化时，停止数据采集，保存实验数据。

五、实验数据分析及结论

当溶液温度下降到45℃左右时，向试管中投入1～3粒$Na_2S_2O_3 \cdot 5H_2O$固体，看到有大量晶体析出，同时溶液的温度停止下降，开始升高，可以说明结晶是放热过程。

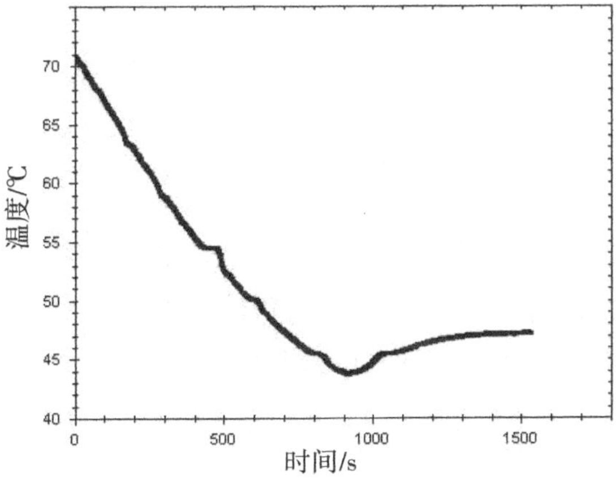

图3.20.2　硫代硫酸钠结晶过程中的温度变化曲线

六、讨论与研究

市售$Na_2S_2O_3 \cdot 5H_2O$俗称海波或大苏打，它是无色透明的晶体，易溶于水，其水溶液是弱碱性。

1.遇酸不稳定。

$Na_2S_2O_3$在中性溶液或碱性溶液中稳定，在酸性溶液中因为生成的硫代硫酸不稳定而分解为单质S，放出SO_2气体，例如：

$Na_2S_2O_3+2HCl = 2NaCl+S\downarrow+SO_2\uparrow+H_2O$

用此反应可鉴定$S_2O_3^{2-}$的存在。

2.具有还原性。

硫代硫酸钠是中等强度的还原剂。

$S_4O_6^{2-}+2e^- = 2S_2O_3^{2-}\quad E=0.08\ V$

碘可将硫代硫酸钠氧化成连四硫酸钠（$Na_2S_4O_6$），它是连四硫酸的钠盐，其中硫的氧化数为2.5。

$2Na_2S_2O_3+I_2 = Na_2S_4O_6+2NaI$

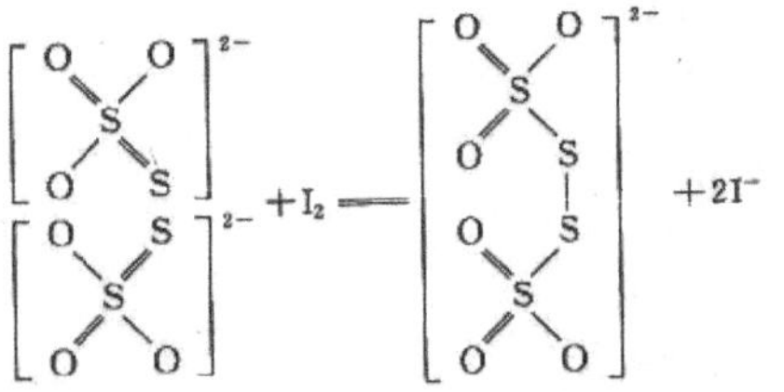

这是分析化学中“碘量法”定量测定碘的重要反应。

较强的氧化剂如氯、溴等，可将硫代硫酸钠氧化为硫酸钠：

$Na_2S_2O_3+4Cl_2+5H_2O = Na_2SO_4+H_2SO_4+8HCl$

实验21　中和热的测定

一、实验目的

利用温度传感器连续采集数据，可以通过直观、准确、实时的图像数据来观察温度的变化，进而准确求算出中和热。

二、实验原理

在298 K的稀溶液情况下，1 mol OH^-与1 mol H^+中和，可放出57.3 kJ的热量，即

$$H^+(aq)+OH^-(aq)=\!=\!=H_2O(aq) \qquad \Delta_r H_m^\ominus = -57.3\ \text{kJ/mol}$$

在水溶液中，强酸和强碱几乎全部解离出H^+和OH^-，故各种一元强酸和强碱的中和热数值是相同的。实验利用温度传感器，测量反应前后温度的变化，再根据公式：$Q=cm\Delta T$，可求算出反应释放的热量。式中：c为量热计的各个部件及研究体系本身的总热容，在实验中，我们忽略量热计对测量的影响，将其近似看作水的比热容[4.18 J/(g·℃)]；m为混合溶液的质量（混合溶液的密度看作1 g/cm^3），50 mL 0.5 mol/L HCl溶液和50 mL 0.5 mol/L NaOH混合后，生成0.025 mol水时放出的热量$Q=0.418(t_2-t_1)$kJ，根据中和热定义，计算得出H（kJ/mol）：

$$\Delta H = \frac{0.418(t_2 - t_1)}{0.025}$$

三、实验装备

1.实验器材：烧杯、量筒、塑料泡沫、环形玻璃搅拌棒、温度传感器、数据采集器、计算机及相应软件。

2. 实验药品：0.5 mol/L HCl 溶液、0.5 mol/L NaOH 溶液。

3. 实验装置：

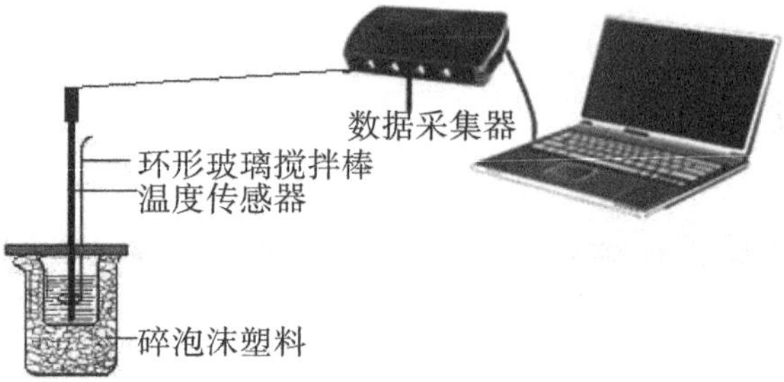

图 3.21.1　实验装置示意

四、实验步骤

1. 取两个大小不同的烧杯，将小烧杯套入大烧杯中，空隙之处填满碎泡沫塑料。另取泡沫塑料板裁剪成圆形作为烧杯盖。在泡沫烧杯盖上打两个孔，一个插入温度传感器，另一个插入环形玻璃搅拌棒，如图 3.21.1 所示。

2. 用量筒量取 50.0 mL 0. 50 mol/L 盐酸倒入小烧杯中，将温度传感器放入稀盐酸溶液中，开始采集数据，待数据稳定后停止采集，记录此时的温度为 t_{HCl}。

3. 将温度传感器从稀盐酸中取出，用蒸馏水洗净并用滤纸擦干。用量筒量取 50.0 mL 0. 50 mol/L 氢氧化钠溶液倒入另一个小烧杯中，将温度传感器放入氢氧化钠溶液中，开始采集数据，待数据稳定后停止采集，记录此时的温度为 t_{NaOH}。

4. 将烧杯中稀盐酸溶液倒入简易量热器中，插入温度传感器，采集数据，待温度稳定后，迅速倒入氢氧化钠溶液，盖上泡沫盖。

5. 观察数据变化，待温度稳定后停止采集数据，读取最高温度 t_2。重复上述步骤，平行测定三次，带入公式计算。

五、实验数据分析及结论

经三次实验，测得的温度变化曲线如图3.21.2所示，中和热测定数据如表3.21.1。

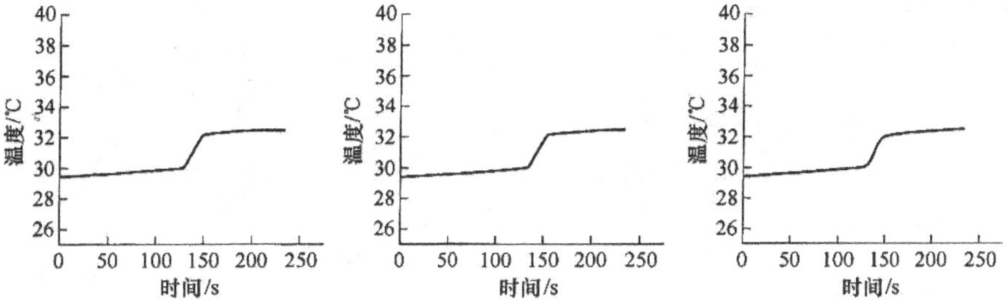

图3.21.2　中和热温度变化曲线

表3.21.1　中和热测定数据

实验次数	初始温度/℃		平均温度 t_1/℃	最高温度 t_2/℃	温度差 Δt/℃	中和热 / ($kJ \cdot mol^{-1}$)	中和热均值 / ($kJ \cdot mol^{-1}$)
	t_{HCl}	t_{NaOH}					
1	29.41	29.41	29.41	32.42	3.01	50.33	50.49
2	29.40	29.40	29.40	32.42	3.02	50.49	
3	29.39	29.39	29.39	32.42	3.03	50.66	

利用手持技术测定稀盐酸溶液与稀氢氧化钠溶液反应过程中温度的变化，当稀盐酸和氢氧化钠溶液混合后曲线会出现一个转折点，温度开始升高，表示酸碱发生中和反应，化学能逐渐转化为热能。一段时间之后温度趋于稳定，其曲线出现一个平台，表示中和反应的化学能完全转化为热能。通过三次重复实验，根据公式可以求出此反应的中和热，得到平均值为50. 49 kJ/mol，这与教师参考书中给出的理论值57. 30 kJ/mol相比，相对误差为11.9%。

六、讨论与研究

探究实验：各类酸碱中和反应反应热的测定

实验1：测量50 mL盐酸（0.5 mol/L）与50 mL氢氧化钠溶液（0.5 mol/L）混合前后的温度变化。

实验2：测量50 mL醋酸（0.5 mol/L）与50 mL氢氧化钠溶液（0.5 mol/L）混合前后的温度变化。

实验3：测量50 mL盐酸（0.5 mol/L）与50 mL氨水（0.5mol/L）混合前后的温度变化。

实验4：测量50 mL醋酸（0.5 mol/L）与50 mL氨水（0.5 mol/L）混合前后的温度变化。

实验结果如图3.21.3所示：

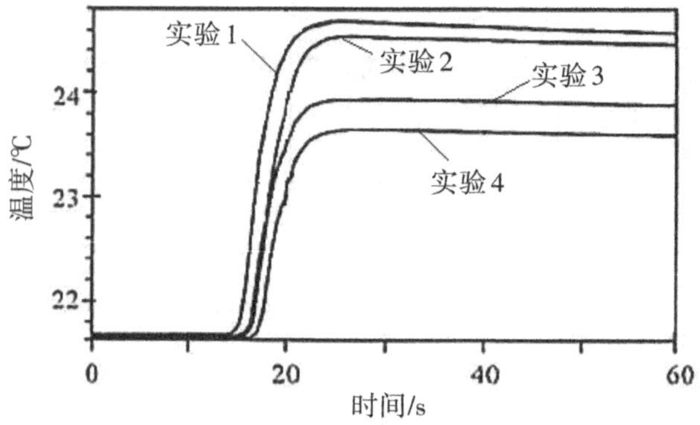

图3.21.3　盐酸、醋酸与氢氧化钠溶液、氨水中和温度变化曲线

由图3.21.3各组实验的温度变化曲线可知，盐酸与氢氧化钠溶液混合后温度升高最多，醋酸与氢氧化钠、盐酸与氨水次之，醋酸与氨水混合后温度升高最少。既然是等体积、等浓度的酸碱混合，为什么会出现这样的差别呢？查阅资料可知：醋酸与氨水是弱电解质，在水溶液中只有部分电离，在反应的过程中，醋酸与氨水会因为氢离子和氢氧根离子浓度降低而逐步电离，电离的过程会吸热，反应方程式如下：

①$CH_3COOH(aq) \rightleftharpoons CH_3COO^-(aq)+H^+(aq)$　$\Delta H>0$

②$NH_3\cdot H_2O(aq) \rightleftharpoons NH_4^+(aq)+OH^-(aq)$　　$\Delta H>0$

从而产生如图3.21.3所示的实验结果。由此可知，在进行中和反应热的测定实验时，为了减少其他因素对中和反应热测定的影响，选择强酸强碱反应较为适合。

第四章　电化学

我们已经知道化学能与其他形式的能量可以互相转换，而且严格遵循能量守恒定律。化学能与热能通过化学反应可以直接转换，化学能与电能的相互转换则必须通过特定的装置。装置的合理性，对于能量的转换效率至关重要（不同品牌的电池质量差别很大就是一例）。研究化学能与电能相互转换的装置、过程和效率的科学，叫做电化学。

从反应产物与电流的关系来区分，电化学反应过程（及其装置）可以分为两类：产生电流的反应（发生在化学电池中，是自发的，向外输送能量）和借助电流而发生的反应（发生在电解池中，由外界输入的能量推动）。电化学的应用十分广泛，在分析、合成等领域应用很广，由此形成的工业门类也很多，如电解、电镀、电冶金、电池制造等。

实验22　原电池中离子迁移的探究

一、实验目的

在铜锌原电池装置的基础上，运用氯离子传感器，分别测定锌电极、铜电极附近的氯离子浓度，以此判定原电池中氯离子移动的方向。

二、实验原理

在原电池中，阴离子带负电，移向负极，在其表面失去电子被氧化；

阳离子带正电，移向正极，在其表面得到电子被还原。铜作正极，锌作负极，盐酸作电解液时，氯离子移向负极即锌极，因此锌极附近溶液中的氯离子浓度不断增大，铜极附近溶液中氯离子的浓度不断减小。

三、实验装备

1. 实验器材：导线、塑料槽（中间带有一定高度的塑料隔板）、氯离子传感器、数据采集器、计算机及相应软件。

2. 实验药品：铜片、锌片、0.1 mol/L HCl溶液、蒸馏水。

3. 实验装置：

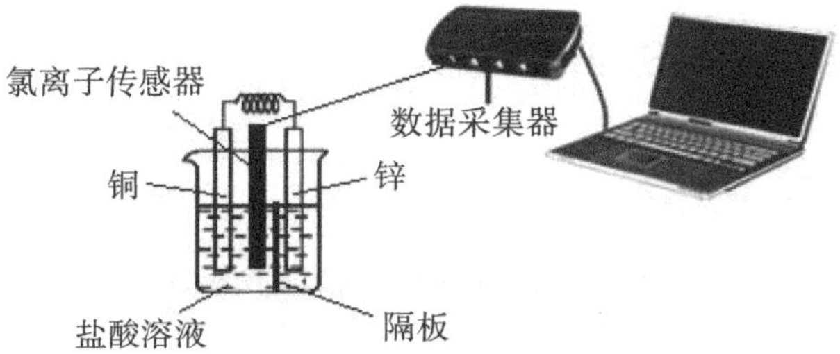

图4.22.1 实验装置示意

四、实验步骤

1. 电极的处理。

（1）铜片：用砂纸打磨后，用蒸馏水冲洗掉杂质，晾干。

（2）锌片：用砂纸打磨后，用蒸馏水冲洗掉杂质，再用0.1 mol/L HCl溶液清洗，将2/3长度的锌片浸入0.1 mol/L $HgCl_2$溶液中约20 min，取出后用HCl溶液洗净表面不溶物，发现锌片表面附有一层光亮的锌汞齐（此时电极可以直接使用，不可用纸巾擦拭表面的水珠，否则会破坏汞齐）。

2. 实验装置搭建。

在塑料槽中倒入0.1 mol/L HCl溶液，使溶液高出塑料隔板1 cm左右。

将铜片和锌片分别放入塑料隔板的两端，两电极相距约5 cm，插入液面中的电极长度约2 cm，氯离子传感器测量时底端距离液面2 cm，距离电极约2 cm ~ 2.5 cm。用氯离子传感器分别测量反应前铜电极、锌电极附近的氯离子浓度，记录下数据。

3. 数据采集。

用导线连接铜片和锌片，发现铜片表面产生小气泡。用氯离子传感器分别记录不同时间下铜电极、锌电极附近的氯离子浓度，记录下数据。

4. 结束实验。

采集数据约20 min后，停止采集，将氯离子传感器用蒸馏水洗净后擦干放回保护瓶中，清洗电极和反应装置。

五、实验数据分析及结论

1. 实验数据。

表4.22.1 不同时间电极附近氯离子浓度

锌电极		铜电极	
时间/min	浓度/(mg·L^{-1})	时间/min	浓度/(mg·L^{-1})
0	2 463.8	0	2 436.2
3	3 505.5	5	1 377.7
6	3 775.6	8	1 001.6
10	3 911.2	11	872.1
13	4 118.2	15	666.5
17	4 342.7	18	458.0
21	4 514.6	20	330.3

2. 实验图像。

从图4.22.2和图4.22.3中，我们可以看出锌电极（作负极）附近氯离子浓度随时间逐渐上升，而铜电极（作正极）附近氯离子浓度随时间逐渐降低。由此可以得出结论，在该原电池的电解质溶液中，氯离子向负极（锌极）发生了移动。通过铜极表面产生气泡（氢气），可以推断出氢离子移向了正极（铜极）。

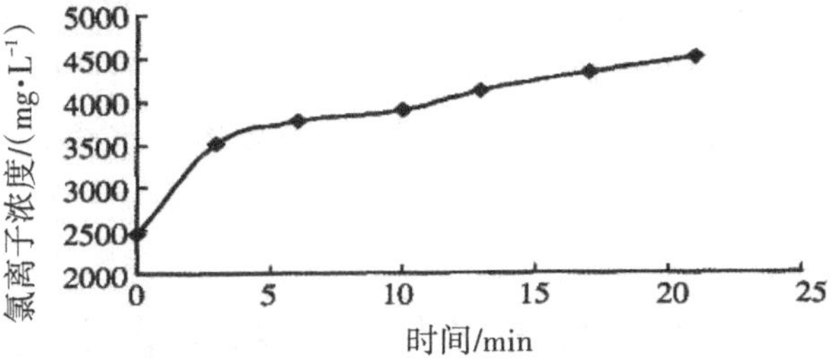

图 4.22.2　锌电极(作负极)附近氯离子浓度随时间变化曲线

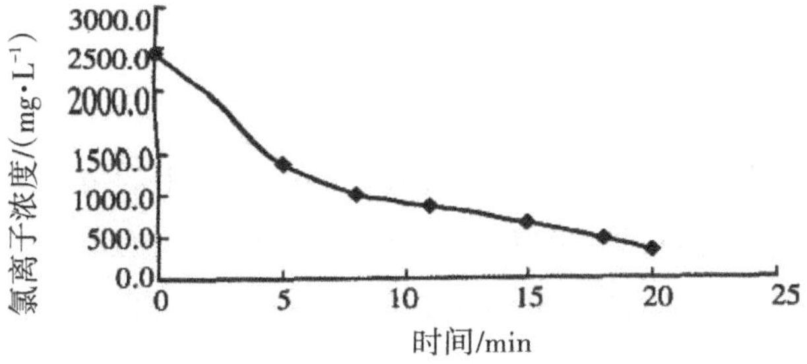

图 4.22.3　铜电极(作正极)附近氯离子浓度随时间变化曲线

六、讨论与研究

原电池中阴、阳离子定向移动的原因，主要是离子受到了电场力和扩散力的共同作用。

从电场力方面来看，锌原子失电子能力强，相比较铜电极附近溶液中的Cu^{2+}，锌电极附近溶液富集的Zn^{2+}更多，所以在电解质溶液的内部，锌电极附近的电势高于铜电极附近的电势，由于Cl^-带负电荷，所以就会受到指向锌电极的电场力而向负极（锌电极）移动。离子处于不断运动当中，按照熵增原理：体系有倾向于混乱度增加（即熵增）的自发趋势，电解质溶液中的离子会自发地从高浓度向低浓度区域扩散，从而使整个体系中的各离子浓度分布均匀，通常把这种由于浓度差而使离子定向移动的作用力叫做扩散力。随着电极反应的进行，铜电极附近的H^+不断被消耗，使得铜电极附近的H^+浓度低于溶液主体中的H^+浓度，因此H^+向铜电极（正极）移动。由此来看，“阳离子移向正极、阴离子移向负极”这一规律在理论上是有支撑的。但是要注意的是，当酸性电解质溶液中含有NO_3^-、MnO_4^-等具有氧化性的阴离子时，就要考虑这些离子会移向正极发生还原反应，与其受到的电场力方向相反。

实验23　用电流传感器探究镁铝氢氧化钠原电池

一、实验目的

1. 利用电流传感器，测量镁铝氢氧化钠原电池中的电流变化情况。

2. 根据电流变化曲线，探究镁铝氢氧化钠原电池的电极。

3. 探究镁铝氢氧化钠原电池中，随反应进行出现电极反转现象的可能原因。

二、实验原理

将化学能变为电能的装置称为原电池，原电池电极反应都可分解为两个反应——负极反应（氧化反应）和正极反应（还原反应），由于$Al+NaOH=Na[Al(OH)_4]+H_2\uparrow$，镁铝氢氧化钠原电池中，铝为负极，镁为正极。铝片向外电路放出电子，镁片从外电路得到电子，电流应从镁流向铝，在两个电极之间的电解液中，正离子向正极移动，负离子向负极移动，形成电流回路。

三、实验装备

1. 实验器材：导线、烧杯、电流传感器、数据采集器、计算机及相应软件。

2. 实验药品：镁条、铝箔、1.0 mol/L NaOH溶液。

3. 实验装置：

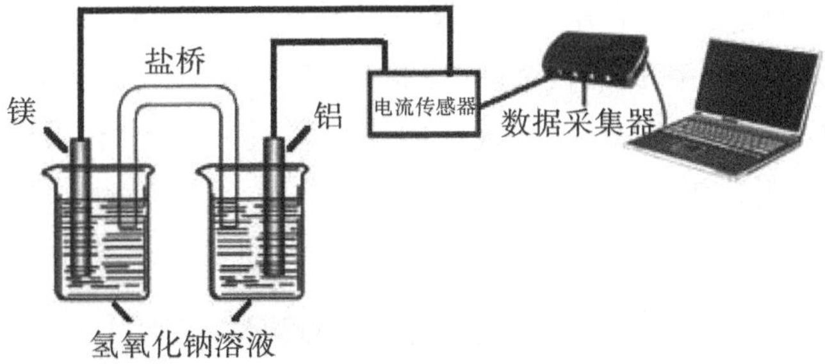

图4.23.1 实验装置示意

四、实验步骤

1. 配制1.0 mol/L NaOH溶液。
2. 用砂纸打磨镁条。
3. 将镁条和铝箔用导线分别连接电流传感器，如图4.23.1所示。
4. 点击“采集”按钮，开始采集数据。
5. 保存数据，清洗仪器，回收药品。

【注意事项】

1. 打磨镁和铝的砂纸不能共用，防止形成微原电池。
2. 打磨后的镁和铝要迅速插入溶液中。

五、实验数据分析及结论

实验开始后，铝片表面始终有气泡产生，镁条表面无明显现象。正极连接镁条，负极连接铝箔，电流先是负值，慢慢增大变为正值。Al可以和氢氧化钠溶液反应，Mg可以和水反应，反应中Mg先做负极和水反应生成$Mg(OH)_2$附着在Mg条表面，形成膜层，使得镁条表面很快钝化，Mg^{2+}转移到溶液中受到抑制，从而发生电极反转使铝转变为负极。原因是在10%的氢氧化钠溶液中，Mg的电极电势小于Al，所以Mg先做负极，生成的$Mg(OH)_2$附着在Mg条表面，阻止反应进一步进行，从而发生电极反转使铝转变为负极。

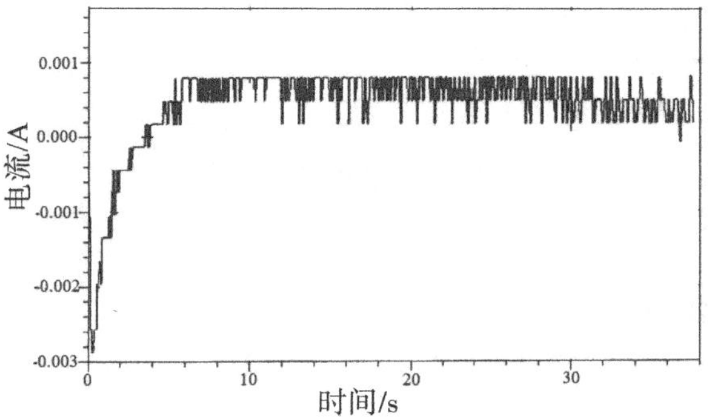

图4.23.2　镁铝氢氧化钠原电池电流变化曲线

1.镁作负极，发生吸氧腐蚀。

镁、铝在1.0 mol/L NaOH(aq)中的电极电势为：

$Mg(OH)_2+2e^-=\!=\!=Mg+2OH^-$　　$\varphi^{\ominus}$=-2.67V

$AlO_2^-+2H_2O+3e^-=\!=\!=Al+4OH^-$　　$\varphi^{\ominus}$=-2.35V

在碱性溶液中，镁的电极电势低于铝的电极电势，所以一开始镁为原电池负极，电子从镁条流向铝片。

负极（镁条）：$Mg-2e^-+2OH^-=\!=\!=Mg(OH)_2$

其次，从O_2、H_2O在1 moL/L NaOH溶液中的电极电势分析：

$O_2+2H_2O+4e^-=\!=\!=4OH^-$　$\varphi^{\ominus}$=-0.401V

$2H_2O+2e^-=\!=\!=2OH^-+2H_2$　$\varphi^{\ominus}$=-0.828V

在碱性溶液中O_2得电子能力比H_2O中H^+强，溶解在NaOH溶液中的O_2在铝片上得电子。

正极（铝片）：$O_2+2H_2O+4e^-=\!=\!=4OH^-$

电池总反应：$2Mg+O_2+2H_2O=\!=\!=2Mg(OH)_2$

2.镁钝化后铝作负极，发生吸氧腐蚀。

镁条钝化后电极电势增大，钝化镁的电极电势高于铝的电极电势，铝片转变为负极，表面钝化的镁条作正极，电子从铝片经导线流向镁条，此时电池主要发生铝的吸氧腐蚀，电极反应为：

负极：$4Al-12e^-+16OH^-=\!=\!=4AlO_2^-+8H_2O$

正极：$3O_2+6H_2O+12e^-=\!=\!=12OH^-$

电池总反应：$4Al+3O_2+4OH^-=\!=\!=4AlO_2^-+2H_2O$

3.铝电极的自腐蚀生成氢气。

电极的自腐蚀是指电极失去的电子没有经过导线形成电流而直接被溶液中的氧化剂得到。在镁铝碱性原电池中，无论是镁电极钝化前还是镁电极钝化后，都存在铝的自腐蚀:

$$2Al+2NaOH+2H_2O=\!=\!=2NaAlO_2+3H_2\uparrow$$

另外由于铝片不纯，杂质的存在易发生微观原电池反应，促进了铝电极的自腐蚀，加快了生成H_2的速率。

六、讨论与研究

使用铝、镁作电极，氨水作电解质的原电池，在放电过程中存在电极极性翻转现象，说明铝片不仅能与强碱反应，也能与氨水反应。该结论和铝片、氨水反应的试管实验的结果一致，但是换用碳酸钠溶液作电解质的原电池不存在电极极性翻转现象。

探究实验1：氨水作电解质溶液的镁铝电池

将实验所用NaOH溶液换为1 mol/L氨水，其余操作不变，观察到原电池的电压变化如图4.23.3所示。与铝、镁电极在NaOH溶液中所构成原电池的表现类似，即初始阶段，铝为正极，镁为负极，后电极极性翻转。

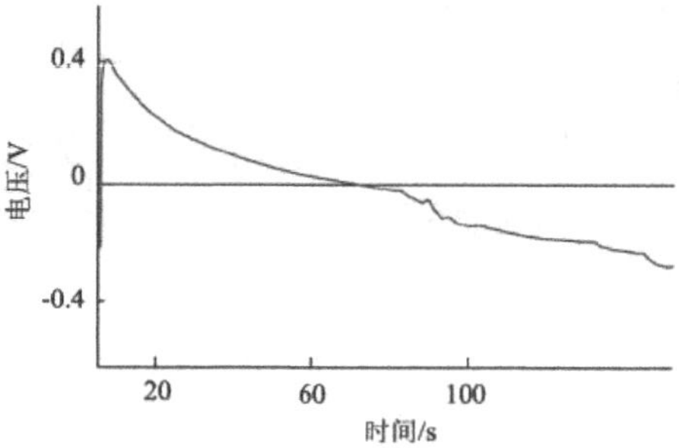

图4.23.3 1 mol / L氨水作电解质溶液的镁铝电池电压变化曲线

图4.23.3说明，铝片能与氨水反应。可作如下分析：

首先是$2Al+6H_2O═══2Al(OH)_3+3H_2\uparrow$，接着$Al(OH)_3$与氨水电离出来的$OH^-$结合，生成$AlO_2^-$。总的方程式是：$2Al+2NH_3\cdot H_2O+2H_2O═══2AlO_2^-+2NH_3+3H_2\uparrow$。

探究实验2：碳酸钠作电解质溶液的镁铝电池

将实验所用NaOH溶液换为1 mol/L Na_2CO_3溶液，其余操作不变。观察到原电池的电压变化如图4.23.4所示，铝为正极，镁条为负极，电压维持在0.3 ~ 0.4 V。等待10 min，未见电池极性翻转。

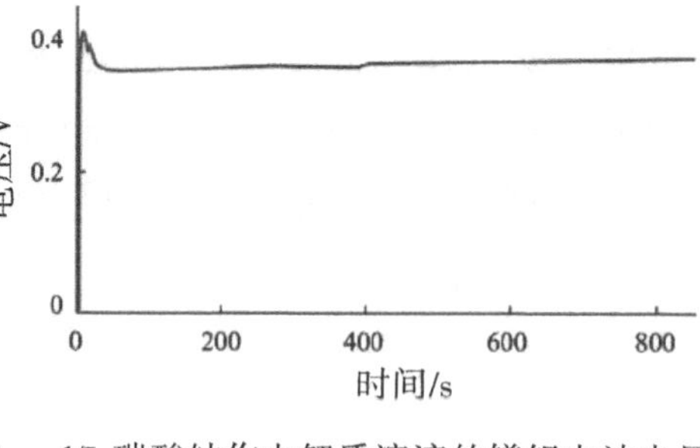

图4.23.4 1 mol/L碳酸钠作电解质溶液的镁铝电池电压变化曲线

取1支小试管，倒入3 mL饱和Na_2CO_3溶液。将一片用砂纸打磨去膜的铝片放入试管中，室温下观察到有极微量的气体生成。加热后，反应明显加剧。试管中有大量气体产生，用酒精灯火焰实验，有爆鸣声，用CO_2传感器测试试管内的气体，没有检测到CO_2生成。

随着反应进行，试管中生成大量沉淀，其性状如图4.23.5左侧试管所示，与氢氧化铝（图4.23.5右侧试管所示）不同。过滤，取沉淀，分成2份，一份加NaOH溶液，沉淀不溶解；另一份加盐酸，沉淀溶解，生成大量气体，用CO_2传感器测得试管内CO_2浓度超过5×10^{-2} ppm，可以判断，该沉淀为碱式碳酸钠铝。取滤液，逐滴滴加盐酸，在剩余Na_2CO_3溶液与酸反应生成CO_2的同时，有大量絮状白色沉淀生成；继续加盐酸，沉淀溶解；再返滴NaOH至过量，先生成白色沉淀，后溶解。说明滤液中含有大量AlO_2^-。

图4.23.5　沉淀的比较

推测铝片在碳酸钠溶液中发生如下反应：

（1）铝片与水反应置换出氢气：$2Al+6H_2O \xlongequal{} 2Al(OH)_3+3H_2\uparrow$

（2）碳酸钠水解：$Na_2CO_3+H_2O \rightleftharpoons NaHCO_3+NaOH$

（3）氢氧化铝与碳酸氢钠反应，生成碱式碳酸钠铝，又名双羟基铝碳酸钠，其结构式如图4.23.6所示。反应方程式是：$Al(OH)_3+NaHCO_3 \xlongequal{} NaAl(OH)_2CO_3\downarrow +H_2O$。

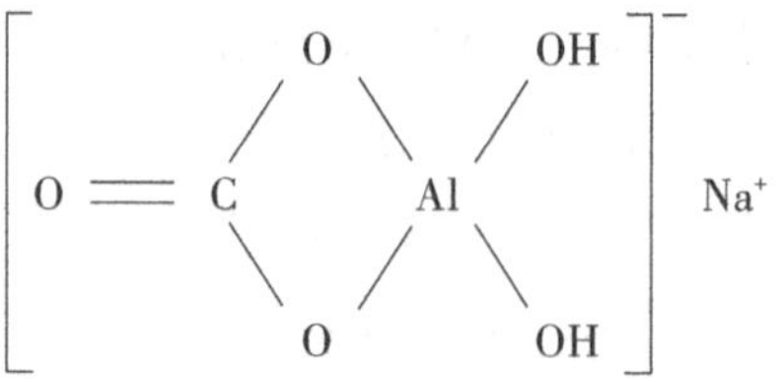

图 4.23.6 碱式碳酸钠铝结构式

（4）氢氧化铝溶于碳酸钠水解生成的氢氧化钠，生成偏铝酸钠：

$$Al(OH)_3 + NaOH = NaAlO_2 + 2H_2O$$

总反应方程式：$2Al+Na_2CO_3+4H_2O = NaAl(OH)_2CO_3\downarrow +NaAlO_2+3H_2\uparrow$

碱式碳酸钠铝是微细纤维状白色固体，它较难溶于水。常温下十分稳定，但加热至340℃以上迅速分解，并产生大量的不燃性气体，即CO_2气体和水蒸气，是新一代阻燃剂。碱式碳酸钠铝可溶于盐酸：$NaAl(OH)_2CO_3 + 4HCl = NaCl + AlCl_3 + 3H_2O + CO_2\uparrow$。可以推测$NaAl(OH)_2CO_3$沉淀覆盖在铝片表面，抑制了$Al^{3+}$从铝片表面转移到溶液中，从而避免了电池电极极性翻转。

实验24 铁的吸氧腐蚀探究

一、实验目的

利用数字化实验对金属的电化学腐蚀实验进行改进和补充，从而帮助学生正确理解吸氧腐蚀的概念，解决学生的迷思概念问题。

二、实验原理

当在钢铁表面形成的电解质溶液薄膜呈中性或弱酸性，且溶有一定量的氧气时发生吸氧腐蚀，反应如下：

负极：$Fe-2e^- = Fe^{2+}$ （氧化反应）

正极：$2H_2O+O_2+4e^- \xlongequal{} 4OH^-$　（还原反应）

总反应：$2Fe+O_2+2H_2O \xlongequal{} 2Fe(OH)_2$

进一步反应：$4Fe(OH)_2+O_2+2H_2O \xlongequal{} 4Fe(OH)_3$

$2Fe(OH)_3 \xlongequal{} Fe_2O_3 \cdot xH_2O+(3-x)H_2O$

根据上述原理，本实验主要利用氧气传感器和压强传感器测定反应过程中压强变化和氧气浓度变化，并利用pH传感器测定吸氧腐蚀反应前后溶液的pH。通过计算机和数据采集器收集数据、绘制曲线，并通过相应软件进行实验分析。

三、实验装备

1. 实验器材：氧气传感器、温度传感器、数据采集器、计算机及相应软件。

2. 实验药品：橡皮塞、乳胶管、导气管、止水夹、三颈烧瓶、2.5 g炭粉、2.0 g还原铁粉、1.0 mol/L氯化钠溶液。

3. 实验装置：

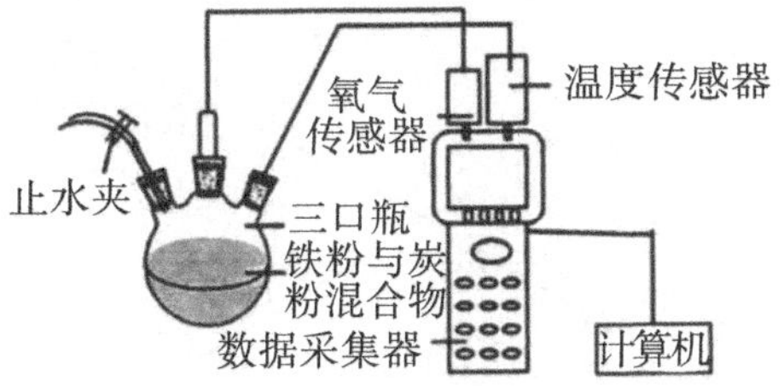

图4.24.1　实验装置示意

四、实验步骤

1. 用USB数据线将计算机与数据采集器连接起来。

2. 将氧气传感器、温度传感器连接到数据采集器上。

3. 三口瓶的左端接入带止水夹导气管的单孔胶塞（以便调节内外压

平衡)，中间用单孔胶塞将三口瓶与氧气传感器连接，右端用单孔胶塞将温度传感器与三颈瓶连接。

4.取下三口瓶，用滴管滴加 3 mL 1.0 mol / L 的氯化钠溶液，均匀地润湿三口烧瓶的内壁。

5.将 2.5 g 炭粉和 2.0 g 铁粉的混合物加入三口瓶中，转动三口瓶，使炭粉和铁粉的混合物均匀地黏附在三口烧瓶的内壁上，迅速地塞紧各个单孔胶塞，打开止水夹调节内外压平衡后，关闭止水夹。

6.开启仪器采集数据，采集氧气浓度和温度变化情况。

五、实验数据分析及结论

实验表明 O_2 浓度在 300 s 内从最初的 21% 逐渐下降到 14%，温度从最初的 34℃逐渐上升到 47℃，说明铁的吸氧腐蚀是一个放热的过程，三颈烧瓶内减少的气体是 O_2，即氧气参与铁的腐蚀。由此可以得出，在中性条件下主要发生吸氧腐蚀，而且吸氧腐蚀是缓慢进行的。

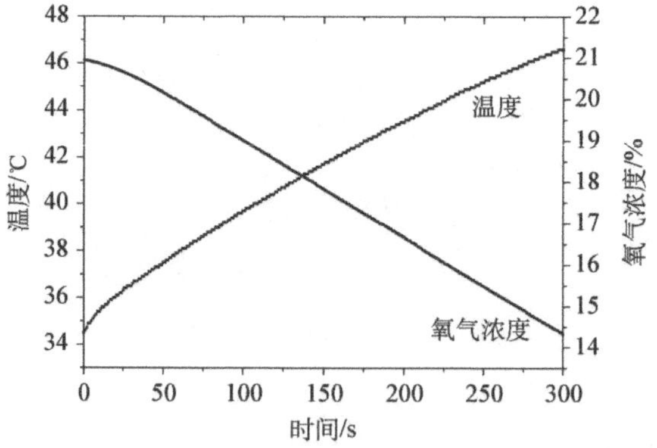

图 4.24.2　三颈烧瓶中 O_2 浓度和温度随时间变化曲线

六、讨论与研究

探究实验：铁粉在不同电解质溶液中的腐蚀

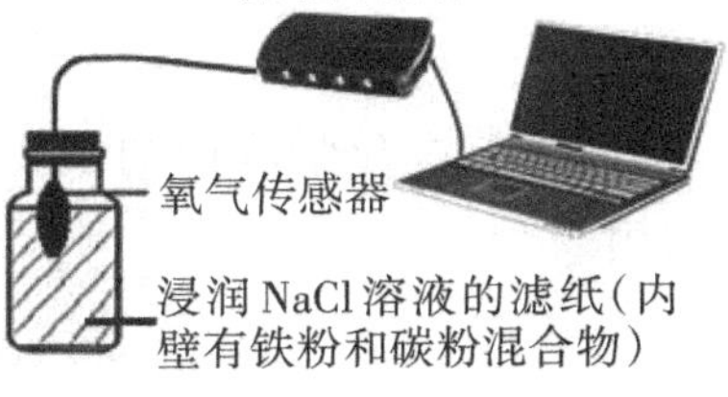

图4.24.3　实验装置示意

1. 装置如图4.24.3所示，用胶头滴管吸取约4 mL 1 mol/L NaCl溶液使滤纸浸润并黏附在广口瓶内侧。称取2.0 g还原铁粉、2.5 g活性炭粉，搅拌均匀，倒入广口瓶并迅速放入氧气传感器探头，塞紧瓶塞，轻轻转动广口瓶，使铁粉和碳粉混合物尽可能均匀附着在滤纸上，同时开始采集氧气含量数据。

2. 将上述实验中1.0 mol/L氯化钠溶液分别换成1.0 mol/L盐酸和50%醋酸溶液重复实验。采集数据见图4.24.4。

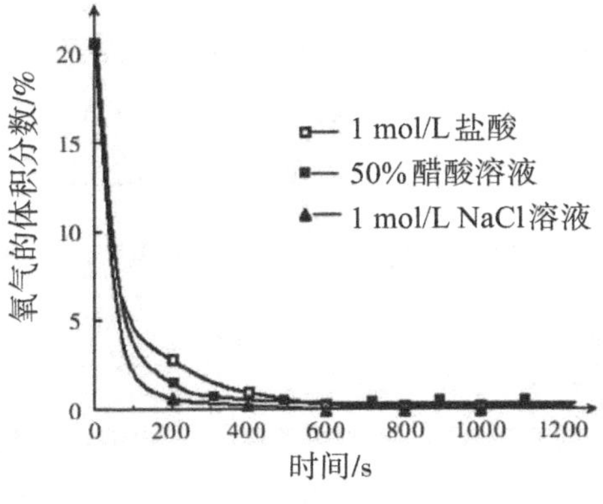

图4.24.4　不同电解质溶液中铁的腐蚀过程中氧气体积分数的变化曲线

图4.24.4显示，无论是在中性介质（NaCl溶液）中，还是弱酸性介质（稀盐酸或稀醋酸）中，装置内氧气含量均减少，说明铁均可以发生吸氧腐蚀。

实验25　影响铁电化学腐蚀速率因素的探究

一、实验目的

利用数字化实验，探究影响电化学腐蚀的主要因素，并寻找出最优条件组合应用于课堂教学中。

二、实验原理

在潮湿的空气中，钢铁表面会吸附一层薄薄的水膜。如果这层水膜呈较强酸性时，H^+得电子析出氢气，这种电化学腐蚀称为析氢腐蚀；如果这层水膜呈弱酸性或中性时，能溶解较多氧气，此时O_2得电子而析出OH^-，这种电化学腐蚀称为吸氧腐蚀，吸氧腐蚀是造成钢铁腐蚀的主要原因。因为腐蚀过程中有气体的产生和消耗，会导致封闭体系压强发生变化，运用正交实验法并结合压强传感器，可探究影响铁电化学腐蚀的主要因素，并寻找在相同时间内腐蚀最快的最优条件组合。

运用正交法，对影响铁电化学腐蚀的三个因素取三个水平进行正交实验设计（如表4.25.1所示），三因素三水平做全面试验需要$3^3=27$次，现用L_9（3^4）来安排因子并设计实验方案（如表4.25.2所示）。

表4.25.1　影响铁电化学腐蚀的因素水平表

水平	因素		
	A 铁粉质量/g	B 炭粉质量/g	C 硫酸钠浓度/(mol·L^{-1})
1	1.5	0.5	0.1
2	2.0	1.0	0.2
3	2.5	2.0	饱和

表4.25.2　影响铁电化学腐蚀速率因素的探究实验方案

实验号	因子安排				实验条件		
	A	B	C	水平组合	铁粉质量/g	炭粉质量/g	硫酸钠浓度/$mol \cdot L^{-1}$
1	1	1	1	$A_1B_1C_1$	1.5	0.5	0.1
2	1	2	2	$A_1B_2C_2$	1.5	1.0	0.2
3	1	3	3	$A_1B_3C_3$	1.5	2.0	饱和
4	2	1	2	$A_2B_1C_2$	2.0	0.5	0.2
5	2	2	3	$A_2B_2C_3$	2.0	1.0	饱和
6	2	3	1	$A_2B_3C_1$	2.0	2.0	0.1
7	3	1	3	$A_3B_1C_3$	2.5	0.5	饱和
8	3	2	1	$A_3B_2C_1$	2.5	1.0	0.1
9	3	3	2	$A_3B_3C_2$	2.5	2.0	0.2

三、实验装备

1. 实验器材：容量瓶、烧杯、玻璃棒、电子天平、磨口锥形瓶、压强传感器、数据采集器、计算机及相关应软件。

2. 实验药品：铁粉、炭粉、蒸馏水、0.1mol/L硫酸钠溶液、0.2mol/L硫酸钠溶液、饱和硫酸钠溶液。

3. 实验装置：

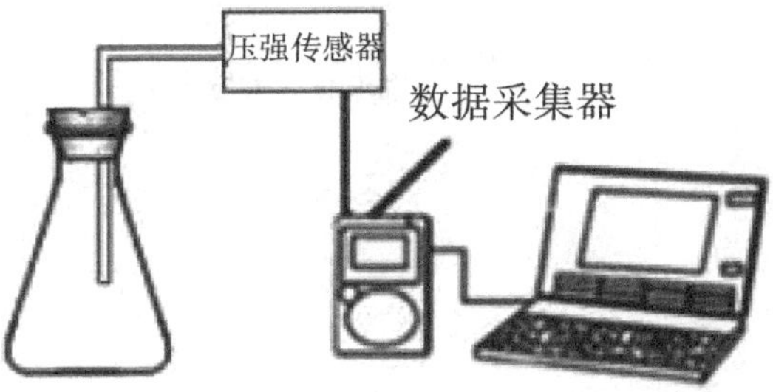

图4.25.1　实验装置示意

四、实验步骤

1. 配制 0.1mol/L、0.2mol/L 及饱和硫酸钠溶液。根据表 4.25.2 中的实验安排，称取不同质量的铁粉和炭粉。

2. 如图 4.25.1 所示，连接实验装置。根据表 4.25.2 中的实验安排，将称取好的铁粉和炭粉混合物以及配好的硫酸钠溶液依次放入 150 mL 的磨口锥形瓶中，点击“采集”按钮，180 s 后停止采集，保存数据。

五、实验数据分析及结论

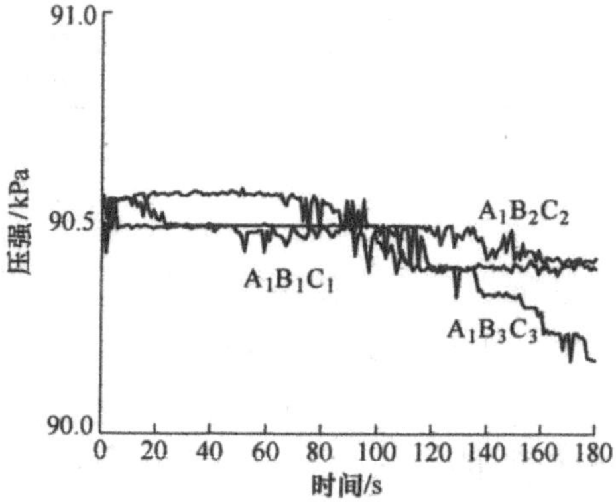

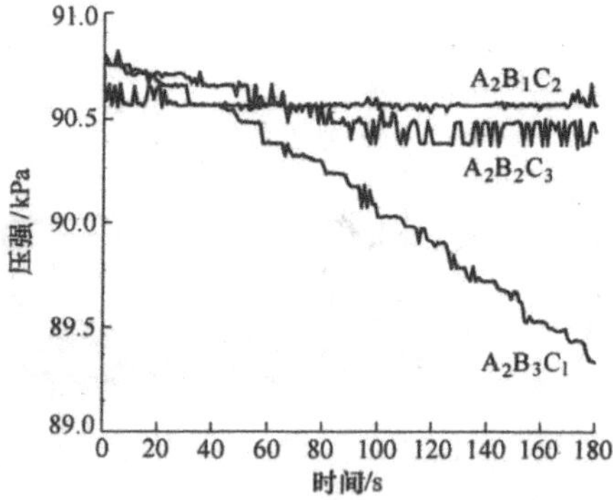

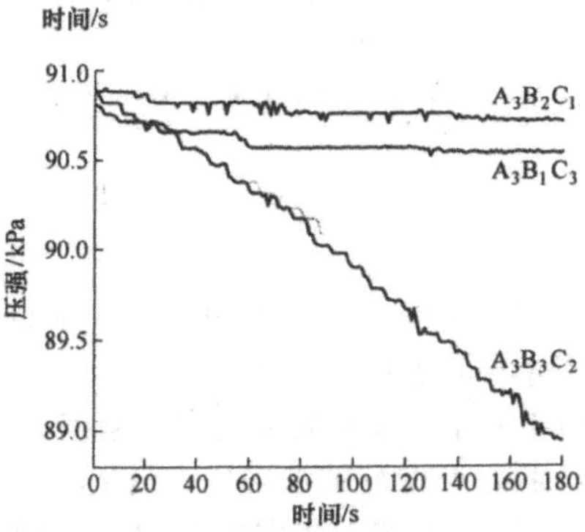

图4.25.2　正交实验结果

表4.25.3　影响铁电化学腐蚀速率因素的探究实验数据

实验号	水平组合	实验条件			压强差Δ*p*/Pa
		铁粉质量/g	炭粉质量/g	硫酸钠浓度/mol·L^{-1}	
1	$A_1B_1C_1$	1.5	0.5	0.1	0.06
2	$A_1B_2C_2$	1.5	1.0	0.2	0.10
3	$A_1B_3C_3$	1.5	2.0	饱和	0.35
4	$A_2B_1C_2$	2.0	0.5	0.2	0.09
5	$A_2B_2C_3$	2.0	1.0	饱和	0.37
6	$A_2B_3C_1$	2.0	2.0	0.1	1.44
7	$A_3B_1C_3$	2.5	0.5	饱和	0.27
8	$A_3B_2C_1$	2.5	1.0	0.1	0.19
9	$A_3B_3C_2$	2.5	2.0	0.2	1.94

表4.25.4　影响铁电化学腐蚀速率因素的探究实验数据处理结果

项目	A	B	C
K_1	0.51	0.42	1.69
K_2	1.90	0.66	2.13
K_3	2.40	3.73	0.99

续表

项目	A	B	C
$k_1=K_1/3$	0.17	0.14	0.56
$k_2=K_2/3$	0.63	0.22	0.71
$k_3=K_3/3$	0.80	1.24	0.33
$R=k_{max}-k_{min}$	0.63	1.1	0.38
R	0.63	1.02	0.38

在正交试验中，极差R可以判断各因素对实验指标的影响主次，R值越大，影响越大，反之越小。比较压强差正交实验计算结果可知，三个因素中，炭粉的质量是主要影响因素，其次是铁粉的质量，硫酸钠的浓度影响最小。对于各因素在水平上的变动对实验结果的影响，可以根据各因素的k值来比较。通过表4.25.4发现：对于A因素，$K_1 < K_2 < K_3$，即铁粉的质量越多，腐蚀速率越快；对于B因素，也是$K_1< K_2 < K_3$，即炭粉的质量越多，腐蚀越快；而对于C因素，$K_3< K_1< K_2$，由此可知，并非硫酸钠溶液浓度越大，腐蚀速率越快。根据上述理论分析，组合$A_3B_3C_2$是腐蚀速率最快的一组。

根据表4.25.3的实验结果可知，上述理论分析与实验结果相吻合：组合$A_3B_3C_2$确实是所进行的9组实验中压强变化最大的，即腐蚀速率最快的。

六、讨论与研究

探究实验：铁的析氢腐蚀

运用控制变量法设计3组对比实验（见表4.25.5）。

表4.25.5　铁的析氢腐蚀实验方案设计

实验编号	铁粉质量/g	碳粉质量/g	电解质溶液	实验条件
1	8	1	10mL 2mol/L稀硫酸	强酸性

续表

实验编号	铁粉质量/g	碳粉质量/g	电解质溶液	实验条件
2	8	1	10mL 2mol/L 稀醋酸	弱酸性
3	8	1	10mL 2mol/L 氯化钠溶液	中性

1. 按图4.25.1所示连接仪器，向锥形瓶瓶中加入10 mL 2 mol/L稀硫酸，均匀润湿内壁后加入8 g铁粉和1 g碳粉的混合物，沿同一方向转动锥形瓶，使混合物均匀黏附在锥形瓶内壁，迅速塞紧胶塞。

2. 启动数据采集器，软件界面上呈现压强随时间变化的曲线。

3. 将上述10 mL 2 mol/L稀硫酸分别换成10 mL 2 mol/L稀醋酸、10 mL 2 mol/L氯化钠溶液，重复上述操作完成实验2和实验3。

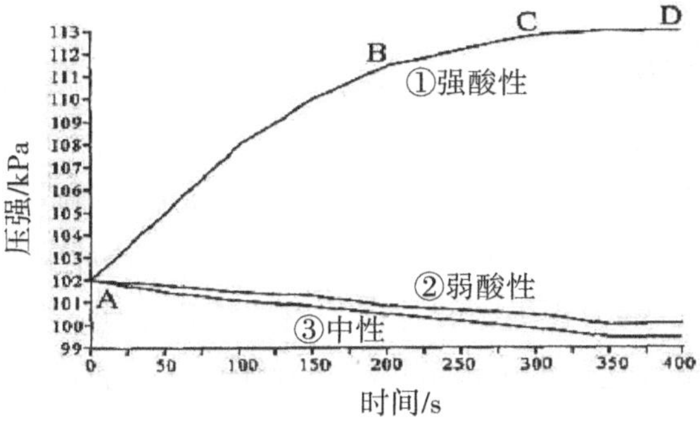

图4.25.3　不同电解质铁的析氢腐蚀压强变化曲线

在强酸性条件下铁发生析氢腐蚀有氢气产生，但在弱酸性条件下压强仍然减小，说明吸氧腐蚀和析氢腐蚀是两个竞争反应，在酸性条件下都会发生。在强酸条件下，析氢腐蚀占上风时，压强增大；在弱酸性或中性条件下，吸氧腐蚀占上风，压强减小。

查阅文献，酸性条件下析氢腐蚀的电动势为：

$$E_1=\varphi^{\ominus}(H^+/H_2)-\varphi^{\ominus}(Fe^{2+}/Fe)+\frac{2.303RT}{2F}\times\lg\frac{a^2(H^+)}{a(Fe^{2+})\cdot p(H_2)/p^{\ominus}}$$

吸氧腐蚀的电动势为：

$$E_2=\varphi^{\ominus}(O_2/H_2O)-\varphi^{\ominus}(Fe^{2+}/Fe)+\frac{2.303RT}{4F}\times\lg\frac{a^4(H^+)\cdot p(O_2)/p^{\ominus}}{a^2(Fe^{2+})}$$

将两个公式进行对比可以发现，在酸性条件下，吸氧腐蚀也极易发生。在标准态时，吸氧腐蚀的电动势比析氢腐蚀的电动势还要大1.23 V。

实验26　原电池电流和温度变化的探究

一、实验目的

运用数字化实验测定不同类别原电池反应的电流和溶液温度变化曲线，分析不同类别电池的电流稳定性和能量转化效率。

二、实验原理

将化学能转变为电能的装置称为原电池，原电池电极反应都可分为2个半反应——负极反应（氧化反应）和正极反应（还原反应），铜锌原电池中，锌为负极，铜为正极。锌片向外电路放出电子，铜片从外电路得到电子，在2个电极之间的电解液中，正离子向正极移动，负离子向负极移动形成电流回路。

三、实验装备

1.实验器材：导线、烧杯、电流传感器、温度传感器、数据采集器、计算机及相应软件。

2.实验药品：锌片、铜片、$ZnSO_4$、$CuSO_4$、KCl、琼脂、去离子水。

3.实验装置：

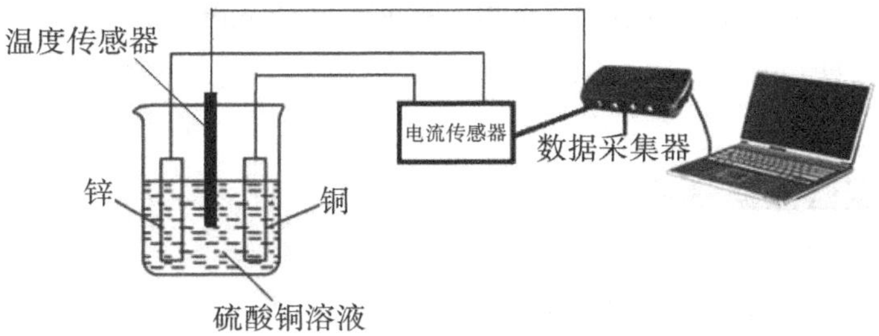

图 4.26.1　单液电池示意

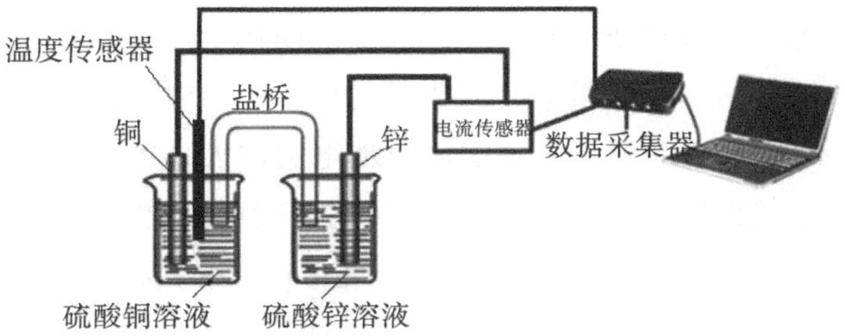

图 4.26.2　双液电池示意

四、实验步骤

1. 配制 1 mol/L 的 $ZnSO_4$ 溶液和 1 mol/L 的 $CuSO_4$ 溶液。

2. 用砂纸打磨锌片和铜片。

3. 在煮沸的 100 mL 水中，加入 1.5 g 琼脂，搅拌；待琼脂溶解后，加入 7 g 氯化钾并搅拌溶解，将热溶液灌入小型 U 型管中，溶液凝固后盐桥即制作完成。

4. 连接实验装置（见图 4.26.1 和图 4.26.2），用铁架台将导线固定，调整导线的高度和位置，使两组实验的电极都处于同一高度且与桌面垂直，每组原电池的铜片和锌片保持平行。

5. 将 2 个温度探头分别放入硫酸铜溶液中 2 min，使探头温度与溶液温度一致；测定两组硫酸铜溶液的温度，确保溶液起始温度基本相同。

6. 数据采集器感应到接入的传感器后，进行实验，放入锌电极和铜电极，快速放入盐桥，点击“开始”按钮，约7 min后，点击“停止”按钮。保存数据。

五、实验数据分析及结论

1.单液铜锌原电池实验现象及数据图。

开始时锌片上有少量红色物质析出，几分钟后，红色物质越来越多，锌片不断溶解，铜片上有少量红色物质析出。

曲线的拐点具有重要的意义，能表示不同化学反应的转变，或是不同反应阶段的转折，因此根据电流曲线的拐点B，将电流曲线分为AB段和BC段。AB段电流曲线上升说明原电池电流增大，主要是因为当锌片与硫酸铜溶液接触时，锌片表面立即有少量红色物质析出，说明溶液中的Cu^{2+}在锌片表面很快被还原（$Zn+Cu^{2+}=\!=\!=Zn^{2+}+Cu$），在锌片表面析出的铜与锌片构成了“铜锌原电池”，反应速率加快，造成锌片给出电子的速度加快，因此锌片向外电路提供的电能增多，电流增大，电流曲线上升。B点为曲线的最高点，说明当反应进行至B点时，原电池的电流达到最大值。

在BC段，原电池电流开始迅速衰减，主要是因为：（1）锌片表面析出的红色物质层逐渐变厚，说明“铜锌原电池”越来越多，其消耗的电能增多，使得锌片向外电路提供电能的能力不断减弱；（2）溶液中，Zn^{2+}向正极（铜片）移动，SO_4^{2-}向负极（锌片）移动，使得电解质溶液能够导电，但是Zn^{2+}与SO_4^{2-}在溶液中的迁移速率不同，会产生电势差，两极之间形成液接电势（它是由于正负离子的扩散速率不同而形成的，因此也叫做扩散电势），阻碍电流形成；（3）随着反应进行，锌片不断溶解，周围Zn^{2+}增多，负极锌棒周围的溶液带正电荷，阻止锌失去电子变成Zn^{2+}进入溶液，正极铜片上，Cu^{2+}获得电子沉积为铜，使铜电极周围的溶液中Cu^{2+}过少，SO_4^{2-}过多，铜片周围的溶液带负电荷，阻止Cu^{2+}得到电子。以上原因都会造成原电池电流减弱。

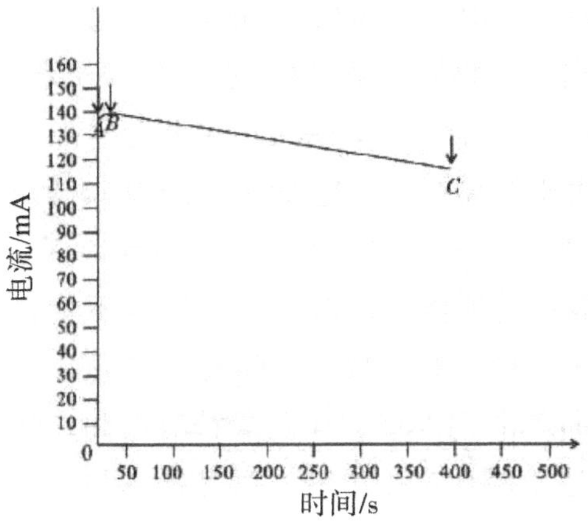

图4.26.3　单液铜锌原电池电流变化曲线

单液铜锌原电池溶液温度的变化也与锌表面形成“铜锌原电池”这一现象密切相关，“铜锌原电池”即相当于短路，放出热量，溶液吸收反应放出的热量，这是溶液温度升高的主要原因。其次，铜锌原电池中，用离子方程式表示其反应原理，即 $Zn+Cu^{2+}=\!=\!=Zn^{2+}+Cu$，为氧化还原反应，也会释放出热量。

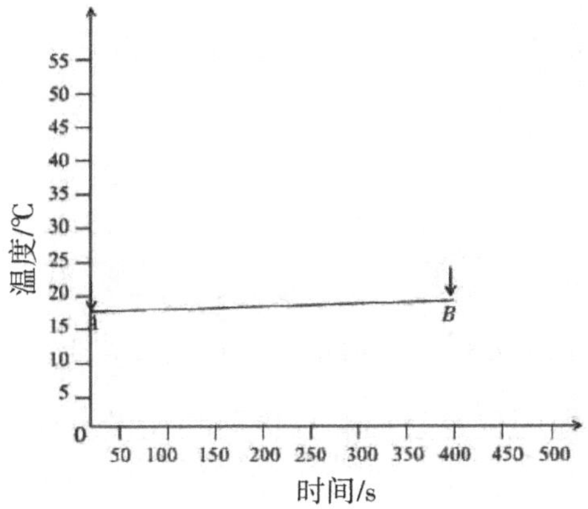

图4.26.4　单液铜锌原电池温度变化曲线

2. 双液铜锌原电池实验现象及数据图。

锌片没有明显变化，铜片上有少量红色物质析出。

在双液铜锌原电池中，锌失去电子成为 Zn^{2+} 进入溶液中，电子通过导线传递给铜，因此硫酸铜溶液中的Cu^{2+}只能从铜片上得到电子，实验后可以观察到铜片上析出红色物质，就是Cu^{2+}被还原并沉积在铜片上，负极：$Zn-2e^{-}$══Zn^{2+}；正极：$Cu^{2+}+2e^{-}$══Cu。在电池内部，锌与硫酸锌溶液组成的半电池中，由于锌片在反应过程中不断溶解，因此锌片周围的Zn^{2+}逐渐增多，溶液有带正电的趋势；在铜与硫酸铜溶液组成的半电池中，Cu^{2+}不断从铜片上得到电子析出，而SO_4^{2-}的浓度不变，溶液有带负电的趋势。用盐桥将两个半电池相连接时，随着反应进行，盐桥中的Cl^{-}移向硫酸锌溶液，K^{+}移向硫酸铜溶液，使硫酸锌溶液和硫酸铜溶液都保持电中性，从而使原电池不断地产生电流。虽然盐桥与两个溶液的接触面也会产生液接界面，但此时盐桥中K^{+}和Cl^{-}向外扩散是这两个接界面上离子扩散的主流，且K^{+}和Cl^{-}的扩散速率相近，两者方向相反，故相互抵消后利用盐桥能基本上消除液接电势差，使原电池电流能够保持稳定。

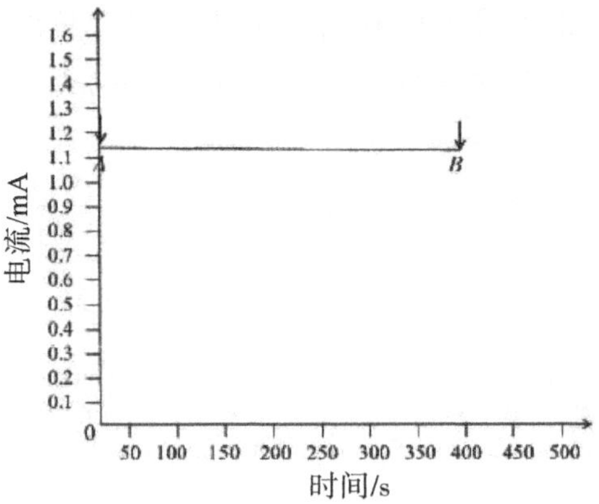

图4.26.5　双液铜锌原电池电流变化曲线

双液铜锌原电池的锌片表面和反应前相比没有明显的变化，铜片表面有少量红色物质析出，主要是因为在双液铜锌原电池中，分开的半电池设计避免了锌片与硫酸铜溶液的直接接触，即短路情况的发生。但是从曲线数据来看，双液铜锌原电池的溶液温度仍然有微小的上升，从原电池的离子方程式分析，即Zn+ Cu^{2+}══Zn^{2+} + Cu，为氧化还原反应，也会释放出热量，但是在反应后的铜片上只能看到非常少量的红色物质，说明这个氧化还原反应十分缓慢，因此释放出的热量也相当少，致使溶液温度上升相当缓慢，温度曲线基本保持水平。

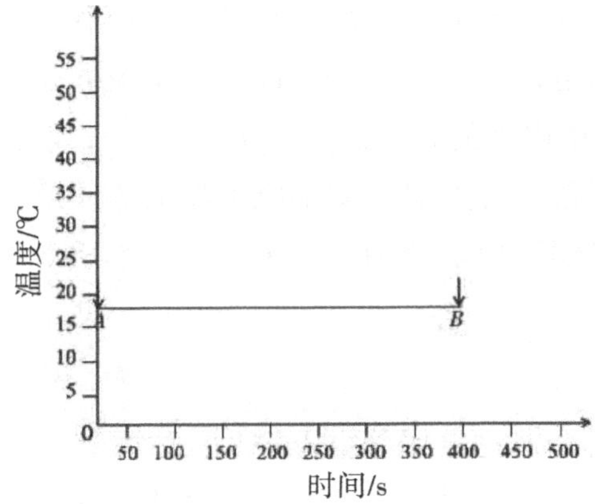

图 4.26.6　双液铜锌原电池温度变化曲线

3. 结论。

（1）单液铜锌原电池电流曲线在短时间内迅速下降，电流减小快，电流稳定性差；温度曲线呈上升趋势，该原电池能量转化方式是化学能转化为电能和热能，能量转化效率低。

（2）双液铜锌原电池的电流曲线基本保持水平，电流大小恒定，电流稳定性好；温度曲线基本保持水平，该原电池主要将化学能转化为电能，能量转化效率高。

（3）双液铜锌原电池的电流稳定性较好，但是盐桥的电阻过大，产生的电流强度变小。

六、讨论与研究

关于原电池电解质溶液中阴、阳离子的定向移动问题，目前三个版本的高中化学教材都没有做过多的论述。

教材之所以这样处理，是因为电解质溶液中离子移动的方向和原因比较复杂，不适合向高中阶段的学生介绍。但是由于考试中会涉及原电池中离子移动方向的问题，于是各种教参、教辅及某些期刊中的文章就为学生总结了这样一条“规律”：原电池电解质中阴、阳离子移动的方向可以根据电流的方向来判断，阳离子移动的方向和电流的方向相同，阴离子移动的方向和电流的方向相反，即阳离子流向正极，阴离子流向负极（原电池内电路中电流的方向是负极流向正极）。果真如此吗？

要回答这一问题，首先应搞清楚原电池电解质溶液中阴、阳离子移动的原因。下面以铜锌原电池为例，来分析电解质溶液中离子所受到的两种力。

1.电场力。

在两电极接通之前，锌电极和$ZnSO_4$溶液接触后在锌的表面发生反应：$Zn \rightleftharpoons Zn^{2+}+2e^-$。达到平衡后，锌电极表面和溶液的界面两侧电荷不均等，形成了如图4.26.7所示的双电层结构。同理，铜电极与$CuSO_4$溶液也会达到类似的平衡。由于锌原子比铜原子失电子能力强，锌表面积累的电子就会比铜表面积累的电子多。相应的，锌电极表面附近溶液的界面富集的Zn^{2+}也会比铜电极表面附近溶液界面的Cu^{2+}多，这样就分别在外电路和内电路（电解质溶液）中形成了两个电场线方向相反的电场。其中外电路中铜极的电势高于锌极的电势，电子就从锌极定向地向铜极移动，这是原电池具有电动势的原因；而电解质溶液内部，锌表面附近的溶液界面的电势高于铜表面附近的溶液界面的电势，由于阴离子带负电荷，受到指向锌电极的电场力而向锌极（负极）移动，阳离子带正电荷则受到指向铜电极（正极）的电场力而向铜极移动。

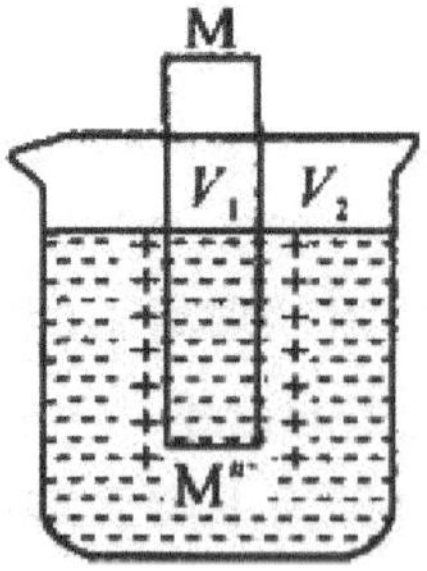

图4.26.7　双电层结构

2.扩散力。

仍以铜锌原电池为例，随着电极反应的进行，锌极附近不断生成Zn^{2+}，造成锌极附近的Zn^{2+}浓度高于溶液主体的Zn^{2+}浓度，而铜极附近不断消耗Cu^{2+}，造成铜极附近的Cu^{2+}浓度低于溶液主体的Cu^{2+}浓度，这样就产生了浓度差。根据熵增原理，电解质溶液中的离子浓度会自发地从高浓度区域向低浓度区域扩散，从而使整个浓度体系中的各离子浓度分布均匀。通常把这种由于浓度差使离子定向移动的作用力叫做扩散力。

如果以铜锌原电池为例，我们会发现这两种力的作用效果是一样的，文章开始说的“规律”似乎也是正确的。但不是所有的原电池这两种力的效果都是相同的。以高中熟悉的Zn与稀HNO_3反应所构成的原电池（正极材料仍为铜）为例来加以分析。电极发生的反应为：

负极：$3Zn = 3Zn^{2+} + 6e^-$

正极：$8H^+ + 2NO_3^- + 6e^- = 4H_2O + 2NO\uparrow$

选择NO_3^-进行分析，电解质溶液内锌极附近的电势高，铜极附近的电势低，则带负电荷的NO_3^-受到由铜极指向锌极的电场力。由于铜极附近不断消耗NO_3^-，则铜极附近NO_3^-的浓度低于溶液主体NO_3^-的浓度，这就会使NO_3^-受到由锌极指向铜极的扩散力，与其受到的电场力的方向相反。而实际上NO_3^-受到的扩散力通常会大于电场力，而使其向铜极移动，这就是前面所谓的“规律”的一个反例。

3.实验验证。

由于NO_3^-移动的方向不能直接观察，其浓度也不易测定，可以做如下的实验来说明问题。

（1）实验原理。

负极：$5Zn = 5Zn^{2+} + 10e^-$

正极：$16H^+ + 2MnO_4^- + 10e^- = 8H_2O + 2Mn^{2+}$

（2）实验装置。

实验装置如图4.26.8所示。

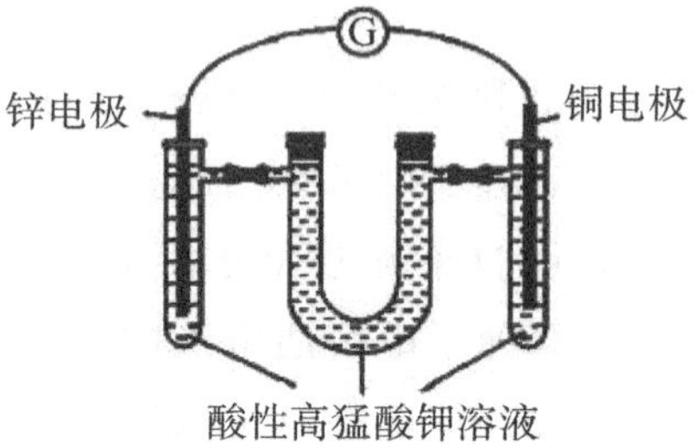

图4.26.8　实验装置示意

（3）实验现象。

电流计向锌极偏转，铜极有气泡生成，随着反应的进行，锌极附近和铜极附近的紫红色依次变浅。

（4）现象分析。

由于锌极不消耗MnO_4^-，铜极消耗MnO_4^-，锌极附近和铜极附近的紫色依次变浅的原因是MnO_4^-由锌极向铜极发生了移动，而这种移动的方向与其受到的电场力的方向相反，与扩散力的方向相同。

有的文章指出原电池中阴、阳离子的移动完全靠扩散力，而无静电力。可以用盐桥中阴、阳离子的移动来证明这一观点是片面的。

在铜锌原电池的盐桥中，Cl^-只移向$ZnSO_4$溶液，K^+只移向$CuSO_4$溶液，如果仅仅用扩散力来解释的话，由于开始时盐桥中Cl^-和K^+的浓度都高于两边的电解质溶液中对应的离子浓度，那么盐桥中任意一种离子都会有两个移动方向，这与实际情况相矛盾。因此，仅仅用扩散力来解释原电池中阴、阳离子定向移动的原因是片面的。

（5）实验结论。

原电池中阴、阳离子定向移动的原因，主要是离子受到了电场力和扩散力的共同作用。在通常情况下这两种力的作用方向是一致的，但在含有NO_3^-、MnO_4^-等有强氧化性阴离子的酸性电解质溶液中，这些能够表现强氧化性的阴离子受到的电场力和扩散力的方向是相反的，此时扩散力通常占主导地位。

第五章　化学反应速率与化学平衡

为了推动社会的发展，科学家们不断地设计、合成新的物质、新的材料，并在工作中积累了大量有关化学反应的资料（如论文、专著、手册、数据库等），创造了许多新的研究方法，形成了涵盖化学反应一般特征的种种理论。但是至今还不能认为我们已经全面深刻地认识了化学反应。有关化学反应的理论仍在不断发展，化学反应原理仍然是化学中最有魅力和挑战性的领域之一。有关化学反应进行的方向（推动力）、化学反应的快慢（速率）和化学反应的限度（反应物能否全部转变为产物）三方面内容是化学反应原理的重要组成部分，一些现象明显、便于观察的实验，使我们能够对化学反应原理有一些感性认识。但我们也必须清醒地认识到，它们只是原理所覆盖的成千上万个化学反应中的个例，所提供的信息往往是不完全的。

实验 27　影响醋酸电离平衡移动因素的探究

一、实验目的

通过数字化实验研究温度、浓度、同离子效应对醋酸电离平衡的影响，运用图像帮助学生理解平衡移动的过程，培养学生的识图能力。

二、实验原理

醋酸是弱电解质，在水溶液中不完全电离：$HAc \rightleftharpoons H^{+}+Ac^{-}$。通过测定外部条件改变后醋酸溶液pH的变化，学生可以感受平衡的存在和移动的发生，研究温度、浓度、同离子效应对醋酸电离平衡移动的影响，为理论找到实验证据。

三、实验装备

1. 实验器材：磁力搅拌器、烧杯、pH传感器、温度传感器、数据采集器、计算机及相应软件。

2. 实验药品：0.05 mol/ L醋酸溶液、pH=4.00的缓冲溶液、蒸馏水、CH_3COONH_4固体。

3. 实验装置：

图5.27.1　实验装置示意

四、实验步骤

1. 温度对醋酸电离平衡的影响。

将磁子放入20 mL 0.05 mol/ L醋酸溶液中，并把溶液放在磁力搅拌器上搅拌、加热，用pH传感器和温度传感器采集数据，用软件分析数据并以温度(T)为横轴、pH为纵轴作图。

2.浓度对醋酸电离平衡的影响。

在20 mL 0.05 mol/ L醋酸溶液中放入磁子并在磁力搅拌器上搅拌，将pH传感器探头浸没于溶液中，待数据稳定后按“开始”采集和记录数据。接着把20 mL左右的蒸馏水一次性快速加入CH_3COOH溶液中，继续采集数据，用软件分析数据并以时间(t)为横轴、pH为纵轴作图。

3.同离子效应对醋酸电离平衡的影响。

在20 mL 0.05 mol/ L醋酸溶液中放入磁子并在磁力搅拌器上搅拌，将pH传感器探头浸没于溶液中，待数据稳定后按“开始”采集和记录数据。接着把0.01mol的CH_3COONH_4固体一次性加入CH_3COOH溶液中，继续采集数据，用软件分析数据并以时间(t)为横轴、pH为纵轴作图。

五、实验数据分析及结论

1.温度对醋酸电离平衡的影响。

由图5.27.2可知，pH随温度升高而降低。在22℃左右时，0.05 mol/ L醋酸溶液的pH约为3.83，当温度逐渐升高到约28℃时，pH降低到3.76。即当温度变化约6℃时，醋酸溶液的pH降低了0.07。由于醋酸电离是吸热反应，因此，升高温度会使电离平衡向正方向移动，H^+浓度变大，溶液pH变小。

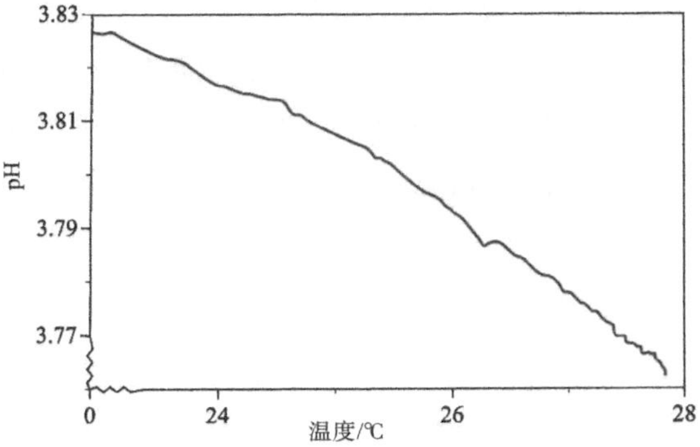

图5.27.2　温度对醋酸电离平衡的影响

2.浓度对醋酸电离平衡的影响。

由图5.27.3可知，未加水前，0.05 mol /L醋酸溶液的pH约为3.03；加入水的一瞬间，pH迅速变大，达到最大值3.38，pH升高了0.35；之后pH又略微下降到3.31，较最高点下降了0.07，但仍比最初的pH高出0.28。

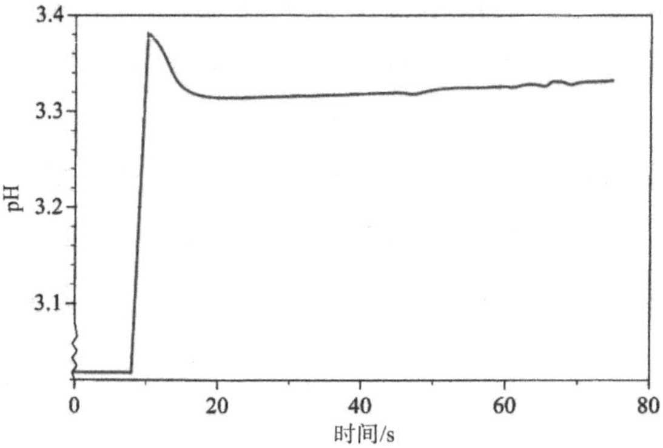

图5.27.3　浓度对醋酸电离平衡的影响

由此可知，0.05 mol /L醋酸在加水稀释的一瞬间，电离平衡还没及时发生移动，因此H^+浓度迅速变小，pH变大；但由于醋酸浓度变稀，离子互相碰撞结合成分子的机会变少，促进了电离，因此平衡右移，使pH又略微变小；又根据勒夏特列原理，平衡移动只能“减弱”浓度降低这个条件变化，而不能 “抵消”，因此pH仅从最高点下降了0.07，仍比最初的3.03高出0.28。

3.同离子效应对醋酸电离平衡的影响。

由图5.27.4可知，在0.05 mol/L的醋酸溶液中加入CH_3COONH_4固体后，随着固体的溶解，pH迅速变大，由原来的3.06升高到6.06后趋于不变，整个过程溶液pH升高了3.00。

二、实验原理

温度对化学反应速率有影响，温度越高，过氧化氢分解速率越快。

三、实验装备

1. 实验器材：热水瓶、烧杯、氧气传感器、数据采集器、计算机及相应软件。

2. 实验药品：30% 过氧化氢溶液。

3. 实验装置：

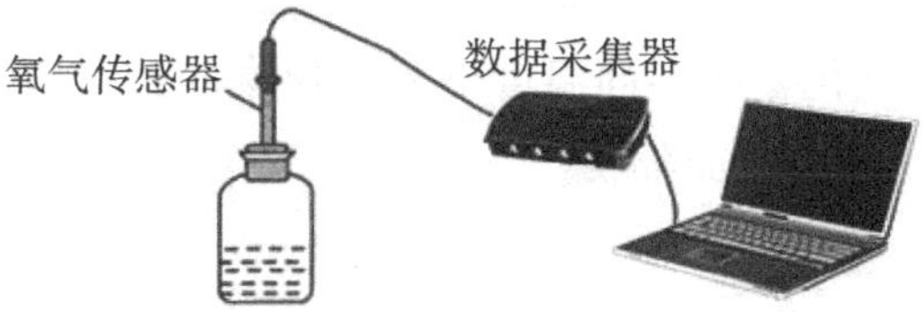

图 5.28.1　实验装置示意

四、实验步骤

1. 取 10 mL 过氧化氢溶液加入反应瓶中，并将氧气传感器插入反应瓶中。将整个装置放置在室温下，进行数据采集。

2. 准备一个大烧杯，在其中加入一定量的热水。取 10 mL 过氧化氢溶液加入反应瓶中，并将氧气传感器插入反应瓶中。将整个装置放入大烧杯中，并进行数据采集。

3. 将收集到的实验图像进行比较，分析不同实验温度下过氧化氢分解速率差异。

【注意事项】

1. 氧气传感器在整个实验过程中要尽量竖直放置，不能平放或者倒放。在实验过程中可以准备一个小烧杯，用来放置氧气传感器，防止实验过程中氧气传感器倾倒。

2. 由于刚开始反应速率较慢，而且反应瓶中的氧气到达感应器还需要一定时间，所以反应前半段可能耗时较久。但为了控制变量，不能随意摇晃反应装置。（可以在反应结束或平稳之后，进行摇晃和不摇晃的比较。）

3. 由于配套的反应瓶是塑料材质，温度过高时会导致反应瓶变形，所以在水浴加热时要注意水浴温度最好不要超过50℃。

五、实验数据分析及结论

从图5.28.2过氧化氢在不同温度下分解速率曲线可看出，过氧化氢的分解速率随着温度的升高而加快。

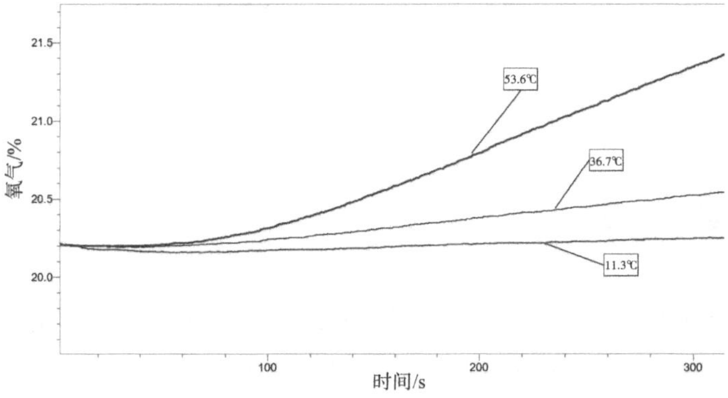

图5.28.2　不同温度下过氧化氢分解速率曲线

六、讨论与研究

资料显示，过氧化氢在常温下，无催化剂存在时分解速度很慢，90%的过氧化氢在323K时，每小时仅分解0.001%。倘若有MnO_2、Fe_2O_3等重金属氧化物存在时，则剧烈分解放出氧气。

实验显示，对于过氧化氢的分解反应，MnO_2是较好的催化剂。而Fe_2O_3对浓度较高的过氧化氢溶液具有弱的催化作用，对浓度较低的过氧化氢溶液的催化分解速度反而明显不如无催化剂时过氧化氢的分解速度。在无催化剂的条件下，加热稀的过氧化氢溶液，其分解反应的速度依然较慢。

表 5.28.1　用 10 mL H_2O_2制取 150 mL O_2所需的时间

单位：min

反应条件	H_2O_2浓度			
	30% H_2O_2	15% H_2O_2	10% H_2O_2	5% H_2O_2
无催化剂、加热	6	8	9	12
MnO_2催化、不加热	反应剧烈	反应剧烈	1	<2
Fe_2O_3催化、加热	7	9	12	16

另外，由于过氧化氢的分解反应除生成O_2外，还生成H_2O，在加热条件下，会与O_2一起以气体的形式放出。因此，当用教材中的方法检验O_2时，受水蒸气的影响而无法使带火星的木条复燃。由此可见，教材所提供的实验并不妥。制取O_2较适宜的实验条件是：用5%的H_2O_2溶液，在催化剂MnO_2存在下，无须加热。

实验 29　氯水中化学平衡移动的探究

一、实验目的

运用数字化实验直观地呈现氯水中平衡的移动。

二、实验原理

氯水中主要存在的反应是：$Cl_2+H_2O \rightleftharpoons H^++Cl^-+HClO$，根据勒夏特列原理，增加氢离子浓度可以使得平衡逆向移动，溶液中氯离子浓度减小；增加氯离子浓度可以使得平衡逆向移动，溶液中氢离子浓度减小，pH增大。

三、实验装备

1. 实验器材：50 mL烧杯、量筒、磁力搅拌器、氯离子传感器、pH传感器、数据搅拌器、计算机及相应软件。

2. 实验药品：饱和氯水、0.1 mol/L NaOH溶液、浓H_2SO_4、0.1 mol/L NaCl溶液。

3. 实验装置：

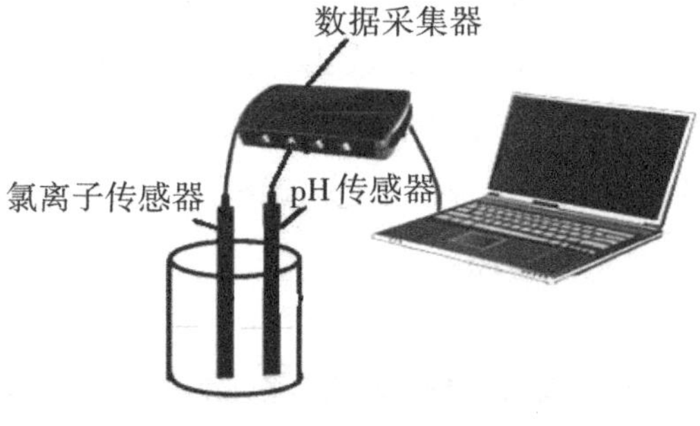

图5.29.1　实验装置示意

四、实验步骤

1. 按照图5.29.1组装好实验仪器，向烧杯中加入20 mL饱和氯水，插入氯离子传感器、pH传感器，启动软件。

2. 向20 mL饱和氯水中滴加1 mL浓硫酸，测$c(Cl^-)$与pH变化。

3. 向20 mL饱和氯水中滴加1 mL 0.1mol/L NaCl溶液，测$c(Cl^-)$与pH变化。

4. 向20 mL饱和氯水中滴加1 mL 0.1mol/L NaOH溶液，测c(Cl^-)与pH变化。

五、实验数据分析及结论

滴加浓硫酸后现象与分析：$c(H^+)$增大、$c(Cl^-)$减小，与预期现象相同。开始加入浓硫酸时，溶液温度升高，少量的HClO分解，$c(Cl^-)$增大，随着平衡左移，$c(Cl^-)$逐渐减小。说明加入浓硫酸，增加了$c(H^+)$，pH降低，使得氯气与水反应的平衡逆向移动，$c(Cl^-)$降低。

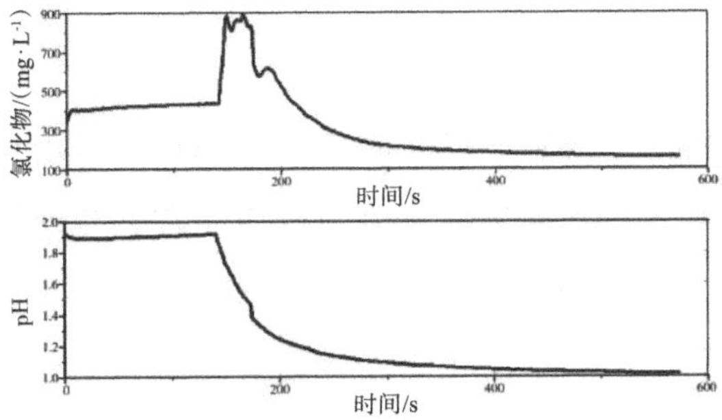

图5.29.2　滴加浓硫酸后$c(Cl^-)$与pH的变化曲线

滴加NaCl溶液后现象与分析：$c(Cl^-)$增大、$c(H^+)$减小，与预期现象相同。加入氯化钠溶液，增加了$c(Cl^-)$，使得氯气与水反应的平衡逆向移动，$c(H^+)$减小，pH增大。

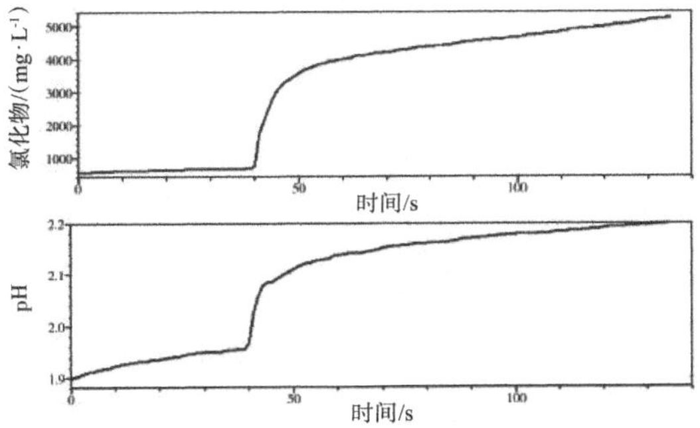

图5.29.3　滴加NaCl溶液后$c(Cl^-)$与pH的变化曲线

滴加NaOH溶液后现象与分析：$c(H^{+})$减小、$c(Cl^{-})$增大，与预期现象相同。开始加入NaOH溶液时，$c(Cl^{-})$ 减小，随着平衡右移，$c(Cl^{-})$逐渐增大。说明加入氢氧化钠溶液，增加了$c(OH^{-})$，pH升高，使得氯气与水反应的平衡正向移动，$c(Cl^{-})$增加。

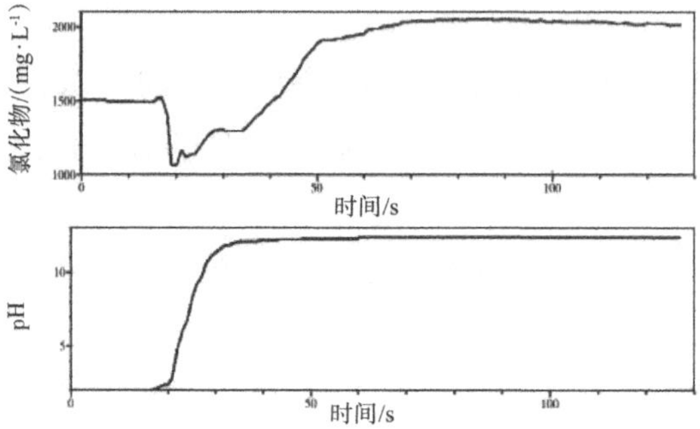

图5.29.4　滴加NaOH溶液后$c(Cl^{-})$与pH的变化曲线

分析可知，氯气与水的反应是可逆反应，存在化学平衡。当改变平衡体系中某种组分的浓度时，化学平衡向着减弱这种改变的方向移动，符合勒夏特列原理。

六、讨论与研究

探究实验1：加热饱和氯水

对20 mL饱和氯水加热，测 c（Cl^{-}）、pH及温度变化。

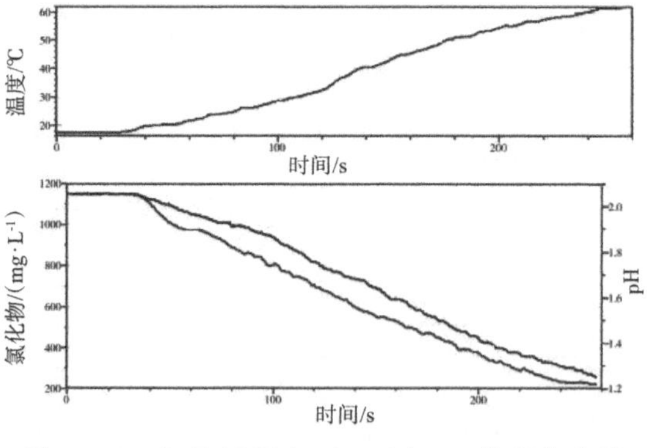

图5.29.5　加热过程中$c(Cl^{-})$与pH的变化曲线

饱和氯水加热后现象与分析：随着温度的升高，$c(Cl^-)$减小，$c(H^+)$升高，与预期现象不符合，为什么会出现这种情况？氯气与水的反应是放热还是吸热过程？是不是反应产物HClO在加热过程中发生了分解？升高温度是否带来什么新的化学变化？

为了探究这种反常现象出现的原因，我们设计了如下两个实验来探究氯水制备过程中的热效应以及加热过程中HClO是否会分解。

表5.29.1　探究氯水制备过程热效应及加热过程中HClO是否分解实验

实验编号	实验操作	实验目的
2	测定氯水制备过程中的热效应	判断氯气与水反应是放热还是吸热反应
3	测定加热过程中HClO是否分解	探究加热过程中是否存在浓度等其他变量的改变

探究实验2　测定氯水制备过程中的热效应

在通风橱内向装有80 mL蒸馏水的锥形瓶（瓶口塞上棉花团）中通入氯气，至溶液中pH没有明显变化停止。测定在此过程中溶液内温度及pH变化。具体数据如图5.29.6所示。

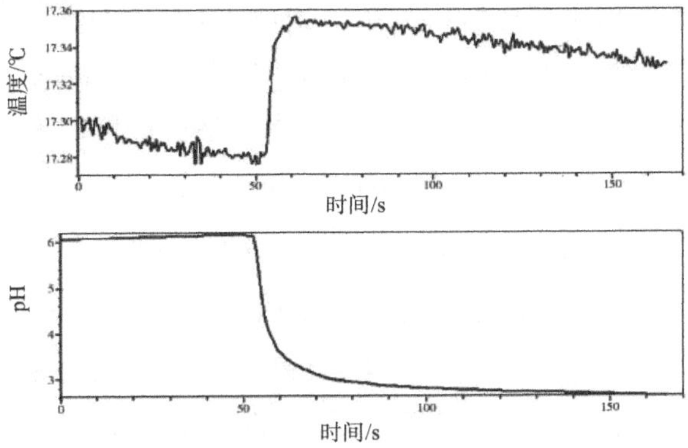

图5.29.6　氯水制备过程中温度与pH的变化曲线

由实验数据可知，氯气与水的反应是放热反应。因此，加热过程中氯气与水的反应向着逆反应方向移动，这可以解释为什么氯离子浓度降低。

探究实验3 测定加热过程中HClO是否分解

取30 mL饱和氯水注入三颈瓶内，并插入氧气传感器和温度传感器，密闭容器，再将三颈瓶置于热水中。测定随着温度的升高，三颈瓶内氧气含量的变化。具体数据如图5.29.7所示。

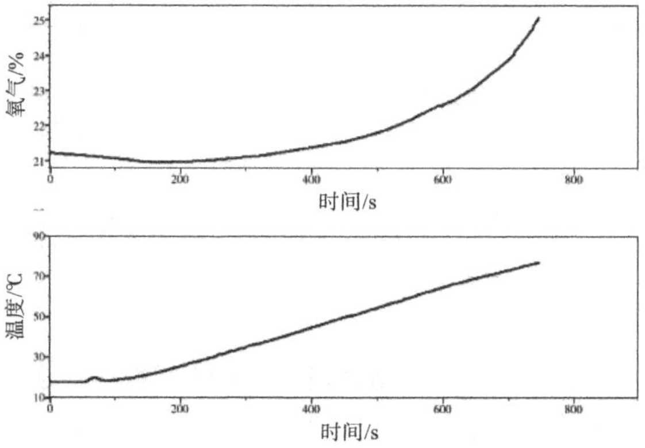

图5.29.7 氯水加热过程中氧气含量的变化曲线

从图5.29.7可知，加热过程中，随着温度的升高，氧气的含量逐渐增大，说明加热也促进了次氯酸的分解，生成了HCl与O_2。

为什么升高温度$c(Cl^-)$减小的同时$c(H^+)$增大？结合探究实验2和探究实验3，查阅相关资料发现，次氯酸在水溶液中能同时发生以下反应：

$$2HClO \xlongequal{\text{光照}} 2HCl + O_2\uparrow \quad ①$$

$$HClO + HCl \rightleftharpoons H_2O + Cl_2\uparrow \quad ②$$

$$3HClO \xlongequal{\triangle} 2HCl + HClO_3 \quad ③$$

在加热过程中$c(Cl^-)$减小、$c(H^+)$升高，这种现象是多个反应同时进行带来的结果，即：温度升高使氯气与水的反应（放热反应）逆向进行，此外加热使氯气挥发，同样促使该反应向逆反应方向移动，因此氯离子的浓度减少；但同时HClO分解产生HCl和O_2，以及HClO歧化生成HCl和

$HClO_3$这两个过程都生成强酸，电离程度大大增强，因此，溶液中氢离子浓度也是增大的，这两者之间并不矛盾。《无机化学丛书》第6卷中也对反应③的反应机理进行了解释，认为该反应分两步进行：

$$2HClO = 2H^+ + Cl^- + ClO_2^-$$

$$HClO + ClO_2^- = H^+ + Cl^- + ClO_3^-$$

在该反应中，亚氯酸作为中间体参与反应历程。总反应即为次氯酸分解产生HCl和$HClO_3$两种强酸，导致溶液中$c(Cl^-)$减小、$c(H^+)$升高。

实验30 化学平衡移动的影响因素探究

一、实验目的

采用数字化实验探究浓度、温度、压强三个因素对化学反应平衡的影响。

二、实验原理

1.浓度对化学平衡的影响。

$FeCl_3$和KSCN溶液混合反应后，可以建立以下平衡：$Fe^{3+} + SCN^- \rightleftharpoons [Fe(SCN)]^{2+}$，$[Fe(SCN)]^{2+}$可以吸收蓝色光，溶液的颜色为红色。将溶液装入比色皿中用色度计检测溶液的透光率，溶液中$[Fe(SCN)]^{2+}$的浓度越大（溶液的颜色越深），对光的吸收程度越强，即透光率T越小。因此，通过检测溶液透光率的变化，可以分析$[Fe(SCN)]^{2+}$浓度的变化，进而推知化学平衡移动的方向。

2.温度对化学平衡的影响。

氯化钴与浓盐酸可发生配合反应，并建立以下平衡：

$$\underset{\text{（粉红色）}}{Co(H_2O)_6^{2+}(aq)} + 4Cl^-(aq) \rightleftharpoons \underset{\text{（蓝色）}}{CoCl_4^{2-}(aq)} + 6H_2O(l) \quad \Delta H > 0$$

该反应为吸热反应，升高温度后，平衡向生成蓝色的$CoCl_4^{2-}$方向移动，降低温度，平衡向生成粉红色的$Co(H_2O)_6^{2+}$的方向移动。因此，可通过检测溶液透光率的变化，推知化学平衡移动的方向。

3.压强对化学平衡的影响。

对平衡体系$2NO_2$（红棕色）$\rightleftharpoons$$N_2O_4$（无色）来说，由于改变压强时反应物、生成物存在明显的颜色变化，所以我们可以通过色度传感器测定透光率来推断平衡移动的方向。

三、实验装备

1.实验器材：烧杯、移液管、针管注射器、色度传感器、数据采集器、计算机及相应软件。

2.实验药品：1 mol/L KSCN、1 mol/L $FeCl_3$、0.005 mol/L KSCN、0.005 mol/L $FeCl_3$、1 mol/L NaOH、1 mol/L HCl、浓硝酸、铜片、$CoCl_2$固体。

3.实验装置：

图5.30.1　实验装置示意

四、实验步骤

1.浓度对化学平衡的影响。

将0.005 mol/L的KSCN、$FeCl_3$溶液等体积混合，取适量分别注入4支比色皿中。采集比色皿中溶液的透光率，并分别加入2滴1 mol/L的$FeCl_3$溶液、KSCN溶液、NaOH溶液、HCl溶液。采集数据。

2.温度对化学平衡的影响。

取少量的$CoCl_2$固体溶解于浓HCl中至紫色，分装于三支洁净试管中，分别将三支试管进行热水浴、空气浴和冰水浴。5 min后分别测量三支试管内溶液温度及吸光度。采集数据。

3.压强对化学平衡的影响。

用浓硝酸与铜片制取少量的NO_2气体置于针管注射器中，将装满NO_2气体的针管注射器插入比色皿，启动数据采集器，先推动注射器，再拉伸注射器，观察透光率的变化。采集数据。

五、实验数据分析及结论

1.浓度对化学平衡的影响。

由图5.30.2、图5.30.3可知，当反应物KSCN与$FeCl_3$浓度增大时，溶液的透光率减小，平衡向正反应方向移动；由图5.30.4、图5.30.5可知，当分别加入了稀盐酸和氧氧化溶液后，反应物浓度减小，透光率增大，说明平衡向逆反应方向移动。由此得出结论：增大反应物的浓度，反应向正方向进行；减小反应物的浓度，反应向逆方向进行。

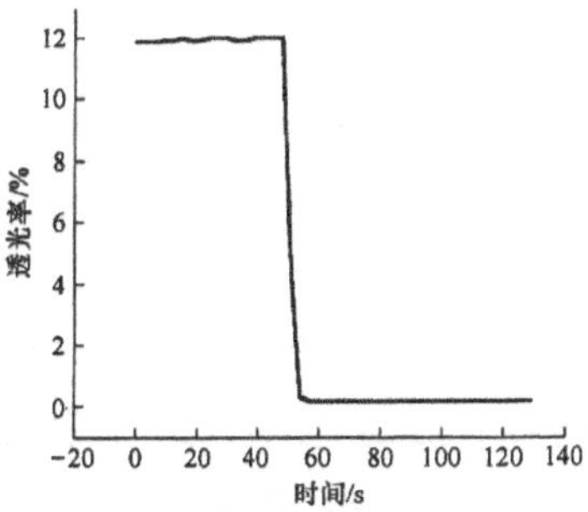

图5.30.2　滴加1mol/L $FeCl_3$溶液时透光率变化曲线

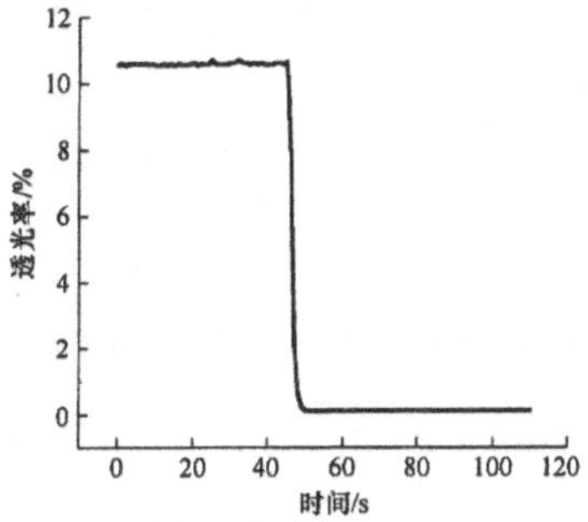

图5.30.3　滴加1mol/L KSCN溶液时透光率变化曲线

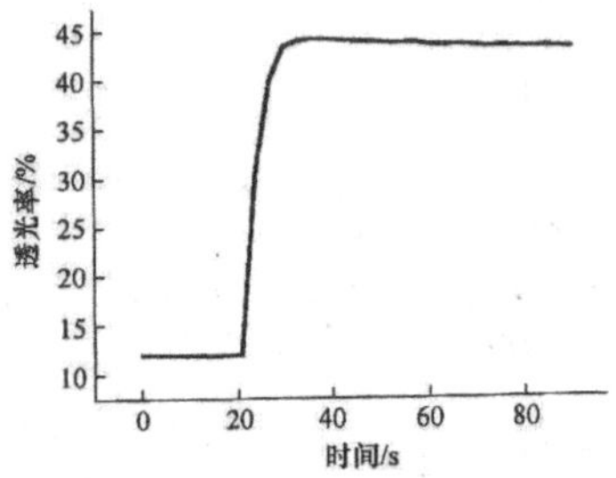

图5.30.4 滴加1mol/L NaOH溶液时透光率变化曲线

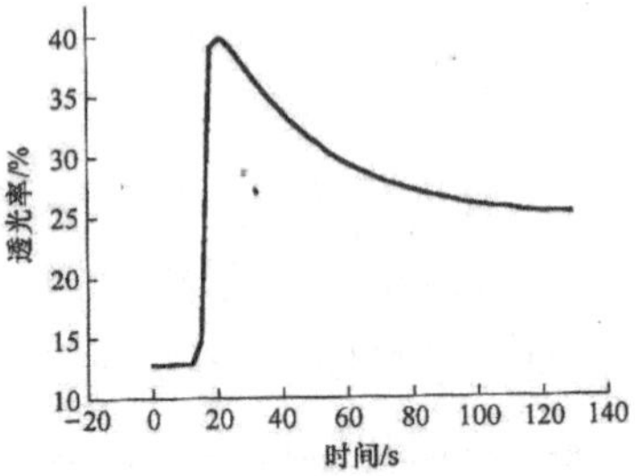

图5.30.5 滴加1mol/L HCl溶液时透光率变化曲线

2.温度对化学平衡的影响。

氯化钴与浓盐酸的反应为吸热反应，由表5.30.1中的数据可知，将其进行热水浴加热时，溶液透光率降低，说明平衡向正反应方向移动；当溶液进行冰水浴时，溶液的透光率升高，说明平衡向逆反应方向移动。由此得出结论：温度升高，平衡向吸热方向移动；温度降低，平衡向放热方向移动。

表5.30.1 $CoCl_2$和浓盐酸混合溶液在不同温度下的透光率

编号	反应条件	温度/℃	透光率/%
1	冰水浴	10.6	58.37
2	空气浴	27.2	55.38
3	热水浴	42.7	53.26

3.压强对化学平衡的影响。

由图5.30.6可知，推动注射器后，压强增大，透光率增大，即反应向气体体积减小的方向移动；而拉伸注射器，压强减小，透光率减小，即反应向气体体积增大的方向移动。由此得出结论：增大压强，反应向气体体积减小的方向进行；减小压强，反应向气体体积增大的方向进行。

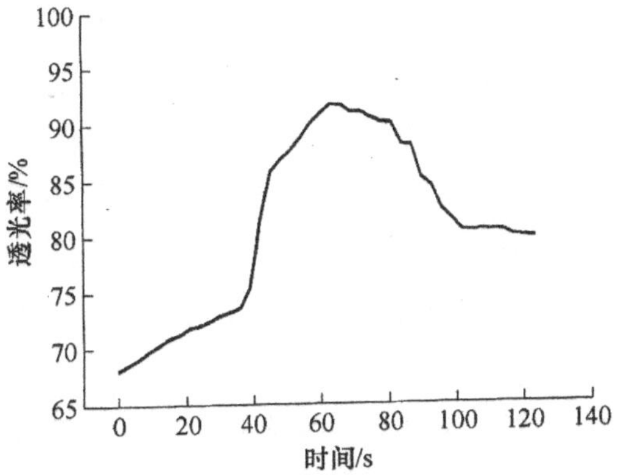

图 5.30.6　压强对二氧化氮和四氧化二氮平衡体系的影响

六、讨论与研究

在中学化学教学中对“化学平衡移动的方向”问题争论较多，争论的焦点为：在一定条件下，改变反应体系中某组分的物质的量（或浓度）时，化学平衡向哪个方向移动。那么，对于这类问题，该如何解答呢？如何理解化学平衡移动呢？

人教版高中化学教材和多数《物理化学》教材都没有给出勒夏特列原理的适用范围和条件，造成了对勒夏特列原理滥用的情况。所以，得出与实际不相符合的情况就不足为奇了。勒夏特列原理的适用范围和条件为：“封闭体系”“均相反应”“起始只允许改变影响平衡的一个因素”。所以对于开放体系、非均相反应以及平衡态均相体系的两个或两个以上的变量同时改变时，该原理未必能做出平衡态移动方向的正确判断。

一个处于化学平衡状态的可逆反应是没有“方向”的，因为向两个方向进行的“驱动力”相等（但不等于0，反应没有停止）。当改变影响平衡的条件时（体系处于非平衡状态），向两个方向进行的“驱动力”不再相等，反应体系就会有一种趋势——要重新达到平衡状态（不是原平衡状态）。此时，就存在方向了——“化学平衡移动的方向”和“化学反应进行的方向”。因为化学反应的进行或化学平衡移动的发生都是由化学反应体系的总吉布斯自由能要达到最低驱使的，所以，从热力学角度来说，此时二者变化的方向是一致的。

“化学反应方向”是根据热力学函数——$\Delta_r G_m^\ominus$来判断的。所以，“化学平衡移动方向”也可据此判断，当一个可逆反应真的发生了并处于平衡状态时（此时$\Delta_r G_m^\ominus=0$），改变影响平衡的一个条件后（此时$\Delta_r G_m^\ominus\neq0$），若$\Delta_r G_m^\ominus<0$，“化学平衡移动方向”为正向，若$\Delta_r G_m^\ominus>0$，“化学平衡移动方向”为逆向。

描述平衡体系的状态函数发生改变时，化学平衡常数不一定发生变化，但化学平衡发生移动了，则某一状态函数一定会发生变化，但状态函数不一定都发生改变。

化学平衡移动与“三个状态”有关：“原平衡状态”，改变条件后的“非平衡态”，在新条件下达到的“新平衡状态”。由“原平衡状态”经过“非平衡态”到达“新平衡状态”的过程，叫做化学平衡的移动，化学平衡移动是一个过程。一个反应体系处于平衡状态时，是没有“方向”的。“平衡移动方向”是指由“非平衡态”达到“新平衡状态”的方向。所以，所有平衡移动问题，实际上都是“非平衡态”时的$\Delta_r G_m^\ominus$的计算问题，即平衡移动是一个化学反应方向问题。

任何一个化学平衡移动过程，都可用图5.30.7表示。

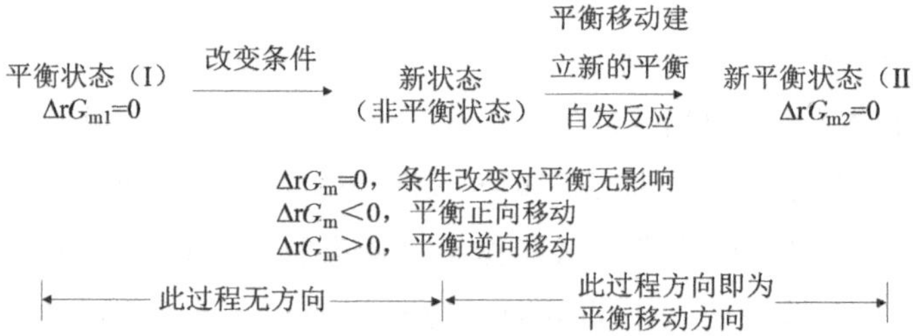

图5.30.7　化学平衡移动过程

“新状态”代表改变条件后体系存在的瞬时状态，此时，体系中还未发生化学反应及其他物质变化，即此时体系中除了“改变条件”外，其他所有性质仍保持状态I时的情况。所以由“平衡状态I”到“新状态’，这个过程无所谓“方向”。

根据普里戈金等人提出的“外物干扰”概念，可以把平衡移动过程分为两个阶段进行思考。第一阶段：“外物干扰”阶段——敞开体系，纯物理变化过程；第二阶段：恢复新平衡阶段——封闭体系，可以利用化学反应等温式判断平衡移动的方向。因为第一阶段为物理变化阶段，反应没有发生，没有方向问题。平衡移动的起始态应该为“旧平衡被破坏的体系”，把它称为“干扰态”，而非“原平衡态”，此时，可以根据化学反应等温式判断平衡移动方向，即：$Q_c > K_c$，平衡逆向移动；$Q_c < K_c$，平衡正向移动；$Q_c = K_c$，处于平衡状态。

所以，当在温度一定（此时化学平衡常数不变）时，改变体系组分的物质的量（或物质的量浓度），可以根据化学反应等温式去判断化学平衡移动的方向。

利用这种方法可以解决一道争议较多的习题：

在一定温度下，向恒容密闭容器中充入1 mol CO和1 mol H_2O气体，发生可逆反应$CO+H_2O \rightleftharpoons CO_2+H_2$，并达平衡。回答下列问题：

（1）再分别充入1 mol CO或1 mol H_2O，则平衡移动方向为：_______；

（2）若改为再一次性同时充入1 mol CO和1 mol H_2O，则平衡移动方向为：__________。

争议是对（2）的解答。有人认为：同时充入1 mol CO和1 mol H_2O，相当于在原平衡上加压，但因反应前后气体物质的量不变，压强对该可逆反应的平衡没有影响，或者说所得平衡与原平衡是等效平衡关系，所以平衡不移动。

这种解答方法错误在于：（1）超出了勒夏特列原理的适用条件。因为向反应体系中加入了反应物，所以为开放体系。（2）勒夏特列原理中“改变压强对平衡的影响”是指：改变容器体积从而使压强变化或使体系中各组分物质的量按同种程度增大或减小引起压强变化。只有在这两种情况下才能认为是“改变压强对平衡移动的影响”。（3）利用反应物的转化率来判断平衡移动方向。反应物转化率如何改变是化学平衡移动的结果，而不是化学平衡移动的原因，所以，利用转化率的变化来判断平衡移动是不正确的，虽然有时可以得出正确的结论。(4) 不清楚什么是化学平衡移动方向。因为体系处于平衡状态时是没有“方向”的，所以判断平衡移动方向不是“原平衡状态”和“新平衡状态”两个状态之间的比较，而是“改变条件时的瞬时状态”和“新平衡状态”之间的比较。“改变条件时的瞬时状态”是唯一的，不能利用等效平衡关系去任意替换。因为达到同一“新平衡状态”可以有多种“改变条件时的瞬时状态”，而不同的“改变条件时的瞬时状态”到“新平衡状态”时平衡移动的方向可能是不一样的。

所以，此题中（2），平衡移动方向判断的方法为：因为再次充入反应物时，使浓度商 Q_c 小于化学平衡常数 K_c（温度不变，K_c 不变），所以，平衡向正反应方向移动。

实验31　二氧化锰对过氧化氢的催化分解作用探究

一、实验目的

利用数字化实验探究催化剂对过氧化氢分解制氧气的作用。

二、实验原理

催化剂是指在化学反应中能改变化学反应速率而本身成分及质量在反应前后均没有改变的物质。它会诱导化学反应发生改变，而使化学反应变快或减慢，或者在较低的温度环境下进行。不同催化剂对化学反应的催化效果不同。在过氧化氢分解的过程中二氧化锰起到催化剂的作用，加入二氧化锰后，过氧化氢分解产生氧气的速率明显加快，可以借助氧气传感器测量单位时间内生成氧气的浓度，从而得出过氧化氢分解速率。

过氧化氢分解反应：$2H_2O_2 \xlongequal{催化剂} H_2O + O_2\uparrow$

三、实验装备

1.实验器材：橡皮塞、铁架台、量筒、注射器、锥形瓶、氧气传感器、数据采集器、计算机及相应软件等。

2.实验药品：3%过氧化氢、MnO_2粉末。

3.实验装置：

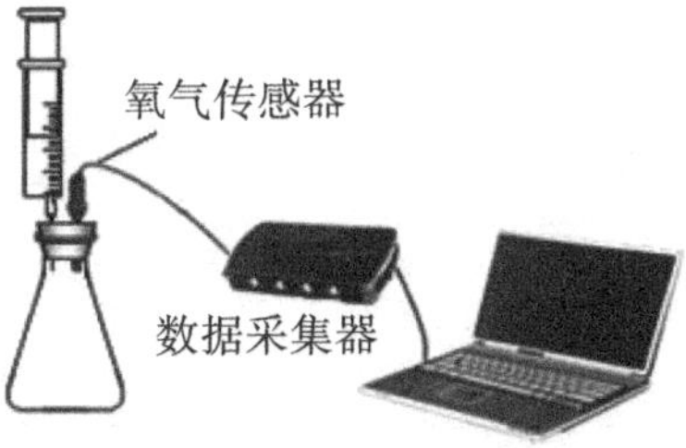

图5.31.1　实验装置示意

四、实验步骤

1.按照图5.31.1组装实验装置，插入氧气传感器，连接数据采集器和计算机，启动软件。

2.取2支洁净的锥形瓶，其中一支中加入0.2 g二氧化锰粉末，在注射器中加入5 mL 3%过氧化氢溶液。

3.单击“开始”按钮，打开注射器下面的活塞，将过氧化氢加入锥形瓶中，开始测量过氧化氢催化分解的氧气量，测量时间约1 min，单击“结束”按钮，完成一次实验。

4.用另一支未加二氧化锰的锥形瓶重复实验。

5.保存数据和曲线图像。

五、实验数据分析及结论

由图5.31.2可知，过氧化氢在无催化剂条件下几乎不分解，加入0.2 g二氧化锰粉末后锥形瓶中的氧气浓度由20.5%迅速升到24.6%，同时可观察到锥形瓶内溶液产生大量气泡，说明过氧化氢溶液在二氧化锰的催化下分解速率明显增大。

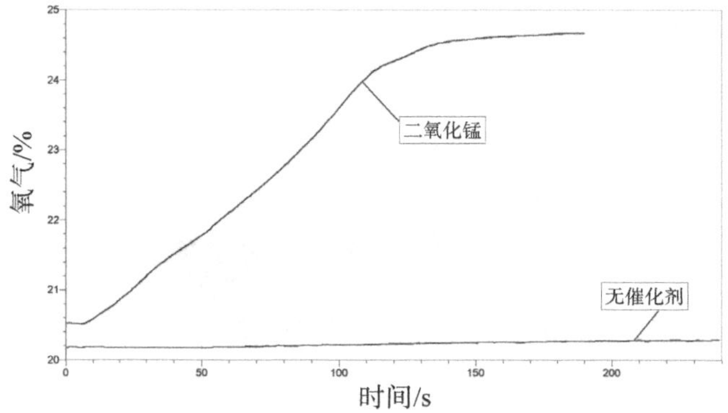

图5.31.2　二氧化锰催化过氧化氢产生氧气的浓度变化曲线

六、讨论与研究

影响过氧化氢分解制氧气速率的因素有很多，根据已有研究文献，普遍认为催化剂的种类、催化剂的用量、过氧化氢的浓度和过氧化氢的用量是影响该反应速率的主要因素。通过实验探究影响过氧化氢分解的四大因素，催化剂的种类影响最大，其中MnO_2催化效果最好，见表5.31.1（5 mL的10%过氧化氢溶液，2.00 g催化剂）；其次是催化剂的用量、过氧化氢的浓度和过氧化氢的用量，三者对过氧化氢分解速率的影响效果基本相当，实验发现催化剂的用量越多，过氧化氢分解速率越快。相同条件下，过氧化氢浓度越大，分解速率越快，见图5.31.3（0.500 g MnO_2，不同浓度的H_2O_2 5.0 mL）。说明二氧化锰在过氧化氢催化分解的过程中催化效果最为突出。这可能也是当前教材中选用二氧化锰作为催化剂的重要原因。

表 5.31.1　不同种催化剂催化效率

催化剂	MnO_2	土豆	Fe_2O_3	$CoCl_2$	NaOH	KOH	$ZnSO_4$
生成气体体积/mL	52.0	7.0	6.5	10.0	12.0	21.0	6.0
时间/s	90	180	520	360	180	160	780
催化效率/mol·s^{-1}	2.50×10^{-5}	1.68×10^{-6}	5.42×10^{-7}	1.20×10^{-6}	2.89×10^{-6}	5.69×10^{-6}	3.33×10^{-7}
催化剂	CuO	碎瓷片	炭黑	Fe	$NiSO_4$	香烟灰	生姜
生成气体体积/mL	7.0	几乎无效	几乎无效	几乎无效	6.5	51.0	4.0
时间/s	850				720	210	140
催化效率/mol·s^{-1}	3.57×10^{-7}				3.91×10^{-7}	1.05×10^{-5}	1.24×10^{-6}

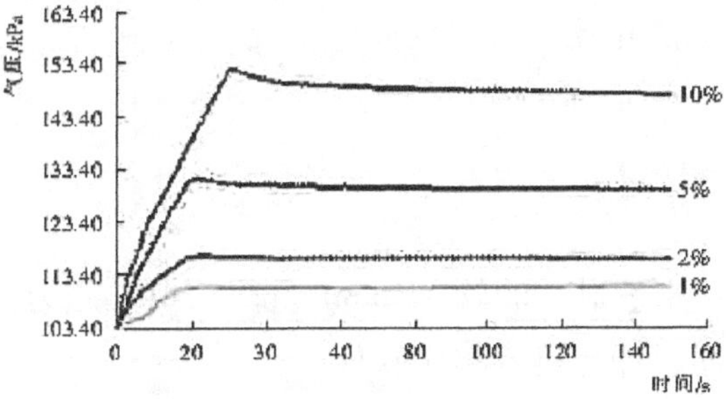

图 5.31.3　不同浓度双氧水催化分解时气压与时间的关系

实验32　硫代硫酸钠与硫酸反应速率的影响因素探究

一、实验目的

利用色度计和温度传感器，探究温度、反应物浓度等对硫代硫酸钠与硫酸反应速率的影响。

二、实验原理

温度和反应物浓度是影响化学反应速率的重要因素。本实验化学方程式为：$Na_2S_2O_3+H_2SO_4 = Na_2SO_4+S\downarrow+SO_2\uparrow+H_2O$。随着温度或反应物浓度的增大，反应速率加快。生成的硫为颗粒极小的悬浮物，在溶液中分布均匀，当生成硫的量不断增加时，透射光强度逐渐减少，吸光度（A）与生成硫的量成正比，可以据此确定反应速率。

三、实验装备

1. 实验器材：比色皿、滴管、10 mL量筒、恒温磁力搅拌器、色度传感器、数据采集器、计算机及相应软件。

2. 实验药品：硫代硫酸钠溶液、硫酸溶液。

3. 实验装置：

图5.32.1　实验装置示意

四、实验步骤

1. 如图5.32.1所示连接各装置，打开数据采集软件。

2. 色度传感器用蒸馏水校准，并用硫代硫酸钠与硫酸混合液样品寻找最大吸收波长，经实测验证，选用吸收波长为430 nm。

3. 将0.1 mol/L硫代硫酸钠和0.1mo1/L硫酸放置在恒温搅拌器上水浴保温。分别取60℃、40℃、30℃、20℃时溶液各2 mL，在比色皿中混合，放入色度传感器内并记录数据。

4. 25℃时，将0.1mo1/L硫代硫酸钠与0.1 mol/L、0.01mo1/L硫酸各2 mL，在比色皿中混合，放入色度传感器内并记录数据。

5. 25℃时，将0.1 mol/L硫酸与0.1 mol/L、0.01 mo1/L硫代硫酸钠各2 mL，在比色皿中混合，放入色传感器内并记录数据。

五、实验数据分析及结论

1. 温度对于反应速率的影响。

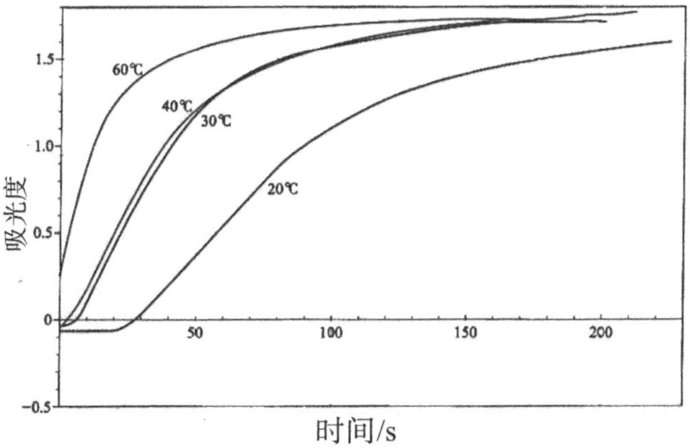

图5.32.2　不同温度下硫代硫酸钠与硫酸反应吸光度随时间变化曲线

显然，不同温度下，反应达到相同吸光度所需要的时间是不同的。

在其他条件不变的情况下，升高温度可以提高化学反应速率。

2. 测定硫酸和硫代硫酸钠浓度变化对反应速率的影响。

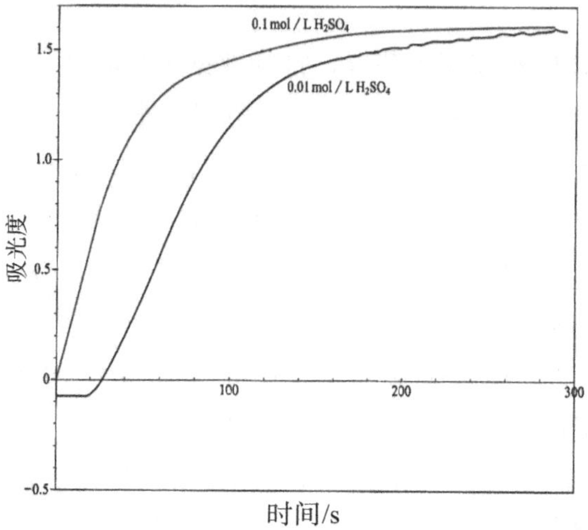

图 5.32.3　不同浓度硫酸与硫代硫酸钠反应吸光度随时间变化曲线

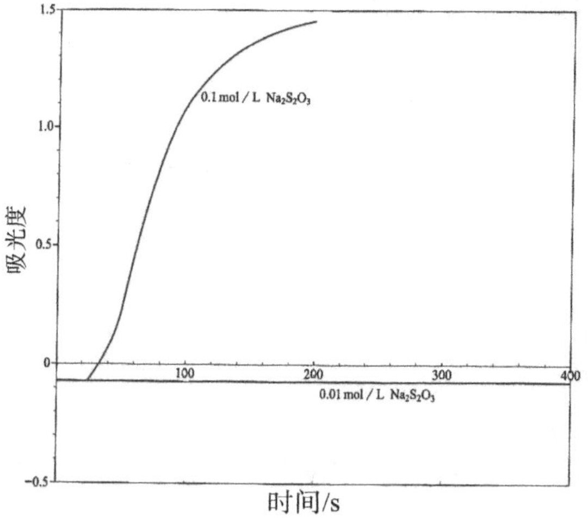

图 5.32.4　不同浓度硫代硫酸钠与硫酸反应吸光度随时间变化曲线

不同反应物浓度变化对反应速率的影响可能不同。根据图 5.32.3 和图 5.32.4 可以看出，在相同条件下，硫代硫酸钠的浓度对于反应速率的影响比硫酸浓度影响要大得多。对于该现象的初步解释是硫代硫酸钠与硫酸反应可能分为两步进行：

$$①S_2O_3^{2-}+2H^+ \xlongequal{} H_2S_2O_3 \qquad ②H_2S_2O_3 \xlongequal{} S+SO_2+H_2O$$

其中反应①速率快，而反应②速率较慢，为“决速步”，故总反应速率受氢离子浓度影响不大。

六、讨论与研究

增加反应物浓度或增大压强，一定会加快反应速率吗？

增大反应物浓度（或增大压强），单位体积内的活化分子数增多，单位时间内有效碰撞次数增多，化学反应速率一定加快，这是大多数化学教师的固有认识。但事实上并不是所有的反应，只要增大反应物浓度，化学反应速率就一定能加快。根据反应级数，零级反应的反应速率就与物质的浓度无关。例如，氨在催化剂钨上的分解反应，由于反应只在钨的表面进行，反应速率只与表面状态有关，若金属钨表面吸附的NH_3已饱和，再增加氨气的浓度对反应速率不再有影响。对可逆反应而言，不管减小反应物的浓度，还是减小生成物的浓度，都会减慢化学反应速率吗？以鲁科版教材中给出的合成氨反应的反应速率方程为例：$v=k\cdot c(N_2)\cdot c^{1.5}(H_2)\cdot c^{-1}(NH_3)$。在一定条件下的该反应平衡体系中，若减小氨气浓度，$V_{正}$是增大的，而不是不变的。

实验33　比较不同浓度的草酸与高锰酸钾溶液反应速率

一、实验目的

应用色度传感器测量浓度对化学反应速率的影响。

二、实验原理

在特定条件下所有的化学反应都以特定的速率进行。影响化学反应速率的主要因素有浓度、温度、压力、催化剂等。在这个实验中将改变化学反应物的浓度，来测量它对化学反应速率的影响。色度传感器是一种通过对光的吸收比例来测量溶液浓度的传感器，溶液浓度越大，吸光度越小。反应过程溶液透过率的变化指示反应进程中溶液浓度的变化。本实验中发生的反应为：

$$2KMnO_4 + 5H_2C_2O_4 + 3H_2SO_4 \xlongequal{} K_2SO_4 + 2MnSO_4 + 10CO_2\uparrow + 8H_2O$$

预期的现象是溶液颜色由紫色逐渐褪为无色，光的吸收率变小；根据不同浓度的草酸吸光度变化的快慢来判断反应速率的大小。

三、实验装备

1. 实验器材：烧杯、量筒、移液管、色度传感器、数据采集器、计算机及相应软件等。

2. 实验药品：0.2 mol/L、0.3 mol/L、0.4 mol/L的草酸溶液，0.01 mol/L的高锰酸钾溶液，1.2 mol/L的硫酸溶液。

3. 实验装置：

图5.33.1　实验装置示意

四、实验步骤

1. 取2 mL 0.01mol/L高锰酸钾溶液加入编号分别为1、2、3的比色皿中，再向各高锰酸钾溶液中分别滴加3～4滴稀硫酸溶液，见表5.33.1。

表5.33.1　不同浓度的草酸溶液与同体积、同浓度的酸性高锰酸钾溶液反应

序号	c(mol/L) ($H_2C_2O_4$)	V(mL) ($H_2C_2O_4$)	c(mol/L) ($KMnO_4$)	V(mL) ($KMnO_4$)	c(mol/L) (H_2SO_4)
1	0.2	1	0.01	2	1.2
2	0.3	1	0.01	2	1.2
3	0.4	1	0.01	2	1.2

2. 将色度传感器与数据采集器连接好。

3. 向1号比色皿中加入1 mL浓度为0.2 mol/L的草酸溶液，打开色度传感器上盖，将比色皿迅速放入色度传感器中，盖好上盖，单击“开始”按钮，开始实验，等到吸光度接近零时，点击“结束”按钮，结束实验。

4. 同样，分别检测0.3 mol/L、0.4 mol/L的草酸与酸性高锰酸钾溶液反应吸光度随反应时间的变化曲线。

5. 保存数据和曲线图像。

五、实验数据分析及结论

从图5.33.2中可知，反应开始时吸光度是0.95，吸光度是0时反应结束，草酸浓度分别为0.2 mol/L、 0.3 mol/L、0.4 mol/L时需要的反应时间约为322 s、250 s、110 s。由此可以得出结论：在其他条件不变时，反应物的浓度越大，反应速率越快。

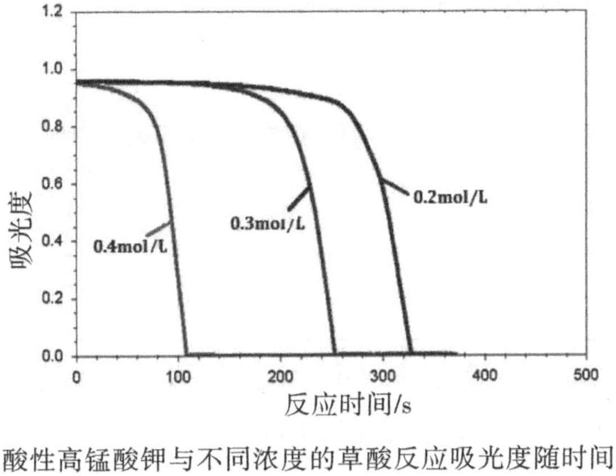

图5.33.2　酸性高锰酸钾与不同浓度的草酸反应吸光度随时间变化曲线

六、讨论与研究

这个实验反应速率的影响因素较多，仅浓度因素就包括高锰酸钾浓度、草酸浓度和硫酸浓度。通过实验研究发现，硫酸的浓度对反应速率的影响比较大。实验如下：

在4 mL 0.005 mol/L高锰酸钾溶液中加入0.4 mL不同浓度的硫酸，量取2 mL混合溶液于比色皿中，加入1 mL 0.1 mol/L草酸，采集数据。

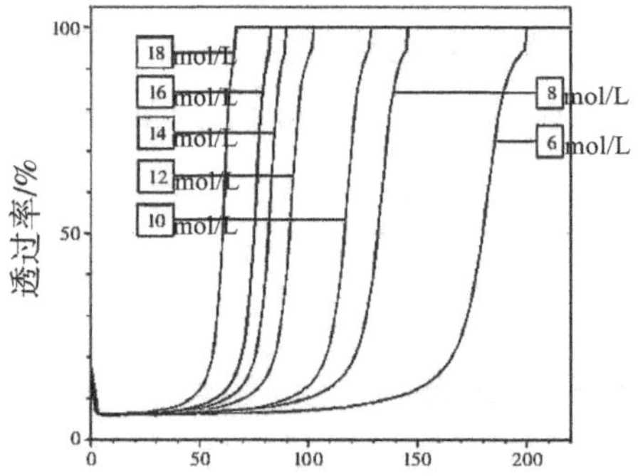

图5.33.3　不同浓度硫酸作用下高锰酸钾溶液透过率随时间变化曲线

分析图5.33.3可知，硫酸浓度增大，反应中溶液褪色所需时间变短，反应速率加快。由此可见，反应物硫酸浓度的变化对反应速率的影响与教材中关于反应物浓度对反应速率的影响一致。具体反应时间见表5.33.2。

表5.33.2　不同浓度硫酸作用下反应的褪色时间

硫酸浓度/($mol\cdot L^{-1}$)	18	16	14	12	10	8	6
褪色时间/s	67	83	90	103	129	146	200

根据课堂实验的合适时间，可选溶液的褪色时间约为1分钟和2分钟的两份溶液，即此时硫酸的浓度为18 $mol\cdot L^{-1}$和10 $mol\cdot L^{-1}$，这也有利于

学生观察这两个反应速率的差异。

分析图5.33.3，反应中溶液透过率随时间的变化曲线有一个突然增大的过程，说明反应先慢后快，这是反应产生的Mn^{2+}在反应中起催化作用。那怎样利用该反应研究催化剂对反应速率的影响呢?

在4 mL 0.005 mol/L高锰酸钾溶液中加入0.4 mL 10 mol/L硫酸，量取2 mL该溶液于比色皿中，加入1 mL 0.1 mol/L草酸和1滴0.1 mol/L $MnSO_4$溶液或1滴蒸馏水的混合液，采集数据，得到图5.33.4。

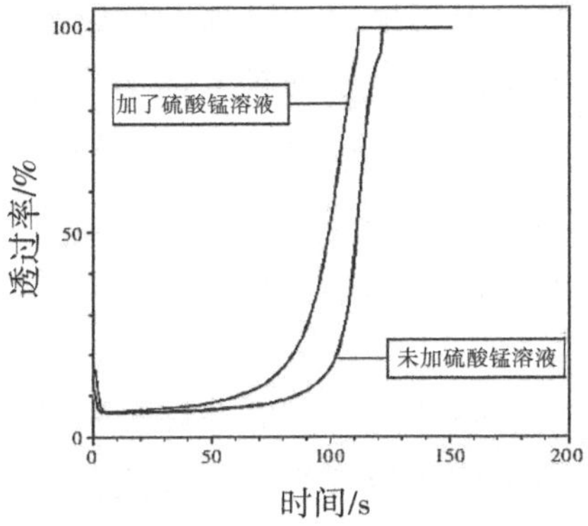

图5.33.4　Mn^{2+}的加入对反应的影响

分析图5.33.4，硫酸锰溶液的加入使反应起始阶段曲线的斜率增大，说明开始时反应速率就加快了，褪色时间缩短，也说明反应加快。本实验可作为探究催化剂对反应速率影响的实验。

图5.33.3也表明，尽管反应开始时硫酸的浓度不同，但曲线的形状基本相同，只是褪色所需的时间不同。可见自催化作用并没有对浓度和反应速率的整体变化趋势产生影响。

第六章　电解质溶液

酸、碱和盐在水溶液中的反应，以离子反应为特征。离子反应的速率取决于溶液中离子的浓度和离子的扩散速率，受温度影响不大，是一类不需要用活化能来引发的反应，所以反应速率很高。地球是个“水球”，海洋、江河和地下水就成了离子反应广泛存在的条件。地球上所发生的许多变化，包括矿物的形成、元素在地壳的迁移和不均衡分布等均与此有关。

此外，酸、碱、盐之间的离子反应在许多领域都有广泛的应用。例如，生命体内的运输系统以水溶液为主，因此，离子反应也是了解生命过程的基础。在实验室内或工业反应器内，人们经常利用酸、碱和盐的离子反应来进行杂质的检出与分离，以及制造新的化合物。例如，利用离子反应制造纳米材料的方法已得到普遍应用。在治理水体污染时，可利用离子反应来处理水中存在的微量重金属元素或核燃料废料。随着我们对离子反应的本质的深入了解，你会发现化学平衡、电离程度和溶解度之间的关系及其应用是如此有趣和富有启发性。

实验34　电解质与非电解质

一、实验目的

使用电导率传感器探究电解质与非电解质电导率的差异，理解电解质与非电解质的本质区别。

二、实验原理

在水溶液中或在熔融状态下能导电的化合物叫做电解质，电解质在水溶液中或熔融状态下能产生自由移动的离子。蔗糖、酒精等化合物，无论在水溶液中还是在熔融状态下都是以分子形式存在，因而不能导电，这样的化合物称为非电解质。

三、实验装备

1. 实验器材：磁力搅拌器、烧杯、电导率传感器、数据采集器、计算机及相应软件。

2. 实验药品：0.1 mol/L 氢氧化钠溶液、0.1 mol/L 稀盐酸、0.1 mol/L 酒精溶液、0.1 mol/L 蔗糖溶液、0.1 mol/L 氯化钠溶液、蒸馏水。

3. 实验装置：

图 6.34.1　实验装置示意

四、实验步骤

1. 如图 6.34.1 所示，将数据采集器和电导率传感器与计算机相连接，打开实验系统软件，选取手动模式采集数据。

2. 取各溶液 20 mL 分别放入烧杯中，将电导率传感器分别插入溶液中，测定各溶液的电导率。每次使用完电导率传感器后，需用蒸馏水洗净，并用纸巾擦干。

3.将采集到的数据做成曲线，观察不同溶液电导率的差别。

五、实验数据分析及结论

通过图6.34.2可知，相同浓度下，蔗糖溶液、酒精溶液的电导率比稀盐酸、氯化钠溶液、氢氧化钠溶液小得多，说明电解质的电导率明显大于非电解质。该实验让学生直观地从电导率的角度认识电解质与非电解质的区别，进而帮助学生理解电解质与非电解质的概念。

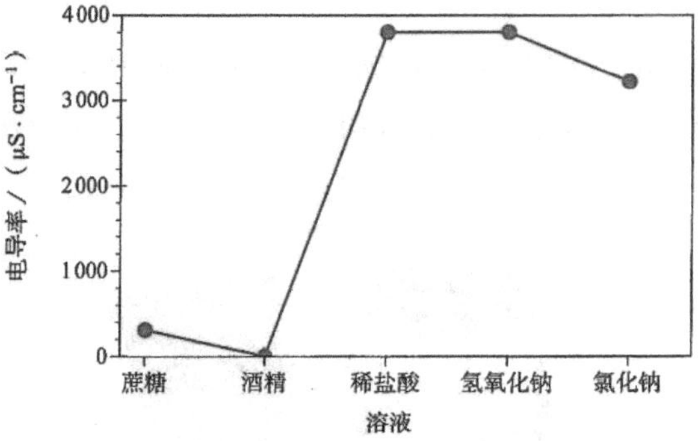

图6.34.2　不同溶液的电导率

六、讨论与研究

概念表述得是否准确，直接影响学生的理解，现行人教版高中化学教材关于电解质概念的叙述是“在水溶液里或熔融状态下能够导电的化合物”。这个定义看起来很简单，但学生在学习过程中出现了诸多误解，根本原因就是“电解质”的概念是建立在“导电性”实验基础上的。

教材从导电性实验引出电解质与非电解质的概念，并用导电性实验结果判定电解质与非电解质，这使得“电解质和非电解质”与“能否导电”联系起来。由实验现象出发定义电解质的概念是否科学，值得推敲。一个科学的定义应该抓住事物的本质和核心，电解质的实质是在水溶液里或熔融状态下能够电离，而不是导电。电离是电解质导电的根基，教材里的定义把电离（本质）用导电（现象）来替代，本末倒置，具体表现在以下几点。

1.在水溶液里导电的化合物不一定是电解质。

有一部分物质像SO_3、SO_2、NH_3、CO_2、NO_2等溶解到水里，其水溶液都能够导电，按照教材的定义这些物质应该是电解质，事实上SO_3、SO_2、NH_3、CO_2、NO_2等都是非电解质，因为它们自身不能电离，其水溶液能够导电是因为它们溶到水里与水反应生成了电解质，电离出自由移动的离子，在外加电流作用下定向移动。通过这个例子说明在水溶液里能导电的化合物不一定是电解质。

2.在熔融态下离子化合物的电离。

如大多数盐、碱、金属氧化物，它们导电的实质是在熔融态时自身电离出自由移动的阴阳离子，因此，能够导电的根源在于能够电离，电离才是电解质的本质，而不是导电。

3.电解质的水溶液不一定导电。

（1）强电解质水溶液浓度过低难导电。比如，0.01 mol/L HCl水溶液用小灯泡进行导电性实验时，几乎看不到发光，电流表指针也不偏转。

（2）难溶于水的强电解质难导电。比如，$BaSO_4$、$CaCO_3$虽然是强电解质，但由于它们在水里溶解度很小，在水里溶解的部分虽然能100%电离，但由于浓度很小，几乎不导电。因此，用能否导电来界定是否为电解质是不严谨的。

（3）弱电解质也很难导电。如纯水或蒸馏水是弱电解质，它们能电离，但电离程度很小，使得导电能力很差，几乎看不到电流指针偏转。

4.在水溶液里导电的实质分析。

（1）导电的原因。电解质电离出自由移动的离子，外加电场下发生离子定向移动，从而可以导电。可见，电离是电解质的本质，而导电是电解质的现象。

（2）能导电但实质不同。先看一个例子：SO_3溶于水能导电，H_2SO_4溶于水也能导电，按照教材定义它们都是电解质，但按照能否自身电离来定义，则SO_3不能电离，它就不是电解质，H_2SO_4能电离，就是电解质。因此，现象相同本质未必相同，所以，给事物定义要从本质入手才是比较科学的，才能使它区别于其他事物。

综上所述，电解质的概念应该定义为："在水溶液里或熔融状态下能够自身电离的化合物。"

实验35　强弱电解质的判断

一、实验目的

运用数字化实验对强弱电解质在水溶液中电离程度进行比较。

二、实验原理

盐酸是强电解质，在水溶液中完全电离：$HCl = H^+ + Cl^-$

醋酸是弱电解质，在水溶液中不完全电离：$HAc \rightleftharpoons H^+ + Ac^-$

要证明醋酸是弱电解质，只需证明它是部分电离或其溶液中存在电离平衡。

本次实验共分为4组，从4个方面来比较相同浓度（浓度均为0.01mol/L）的盐酸和醋酸、相同pH（pH=2）的盐酸和醋酸。

1.利用pH传感器测定醋酸和盐酸分别加入醋酸铵固体、氯化钠固体后溶液的pH变化。

2.利用pH传感器测定加水稀释10倍后溶液pH变化。

3.利用压强传感器测定体积相同的醋酸和盐酸与过量活泼金属反应

的起始速率，以及产生H_2的量。

4.结合使用pH传感器与滴数传感器，测定体积相同的醋酸和盐酸与碱中和消耗的量。

每组实验的对象是相同浓度（浓度均为0. 01 mol/L）的盐酸和醋酸、相同pH（pH=2）的盐酸和醋酸，但由于浓度为0.01 mol/L的盐酸pH=2，因此，每组实验只需对盐酸采集一次数据。

三、实验装备

1.实验器材：磁力搅拌器、烧杯、磨口锥形瓶、恒压滴定漏斗、移液管、滴数传感器、pH传感器、压强传感器、数据采集器、计算机及相应软件。

2.实验药品：0.01 mol/L(pH=2)HCl溶液、0.01 mol/L HAc溶液、pH=2的HAc溶液、0.1 mol/L NaOH溶液、锌粒、氯化钠固体、醋酸铵固体、蒸馏水。

3.实验装置：

图6.35.1 实验装置示意1

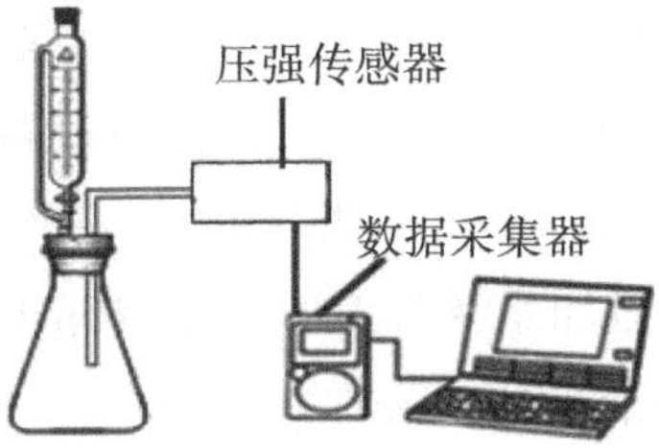

图6.35.2 实验装置示意2

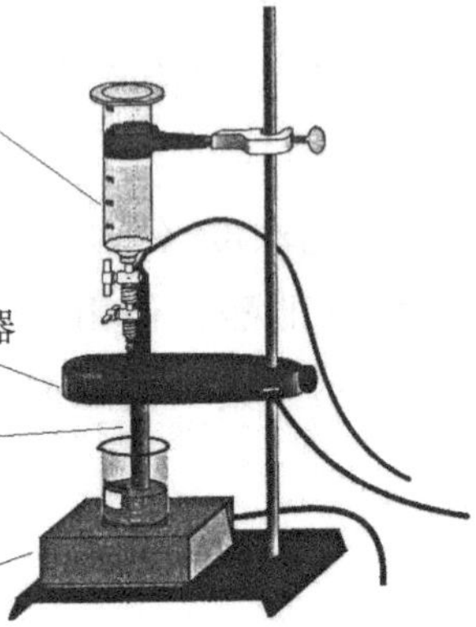

图6.35.3　实验装置示意3

四、实验步骤

1. 测量分别加入醋酸铵固体、氯化钠固体后溶液pH变化。

用移液管依次量取0.01 mol/L(pH=2) HCl溶液、0.0l mol/L HAc、pH=2的HAc溶液25.00 mL，分别放入3只烧杯中；将pH传感器插入烧杯（如图6.35.1所示），待数据稳定后，采集数据；向装有盐酸溶液的烧杯中加入2.5 g氯化钠固体，向装有醋酸溶液的烧杯中加入2.5 g醋酸铵固体。待数据稳定后，停止采集数据。

2. 测量加水稀释10倍后溶液pH变化。

用移液管依次量取0.01 mol/L(pH=2) HCl溶液、0.0l mol/L HAc、pH=2的HAc溶液25.00mL，分别放入3只烧杯中；向烧杯中分别加入225 mL蒸馏水，用pH传感器测量稀释后溶液的pH变化。

3. 测量与过量活泼金属反应的起始速率，以及产生H_2的量。

取3支恒压滴定漏斗，并分别加入25 mL的0.01 mol/L（pH=2） HCl溶液、0.01 mol/L HAc、pH=2的0.01 mol/L HAc；向三支磨口锥形瓶中分别加入2.0 g锌粒；如图6.35.2所示连接实验装置，将压强传感器与恒压滴定漏斗相连，启动数据采集器，待传感器测得的数据相对稳定后，开始往锥形瓶中滴加5 mL酸，注意控制滴加的速度（每秒2～3滴），观察实验现象及显示的数据曲线变化。

4. 测量体积相同的盐酸和醋酸中和碱的量。

用移液管依次量取0.01 mol/L(pH=2) HCl溶液、0.01 mol/L HAc、pH=2的HAc溶液2 500 mL，分别放入3只烧杯中，向滴定管中加入0.1 mol/L的氢氧化钠溶液；将pH传感器插入烧杯中并连接滴数传感器，如图6.35.3所示；启动数据采集器，待传感器测得的数据相对稳定后，开始向烧杯酸溶液中滴加氢氧化钠溶液，并用滴数传感器记录滴定的氢氧化钠溶液体积，观察实验现象及显示的曲线变化。

五、实验数据分析及结论

1. 醋酸和盐酸分别加入醋酸铵固体、氯化钠固体pH变化如图6.35.4所示。

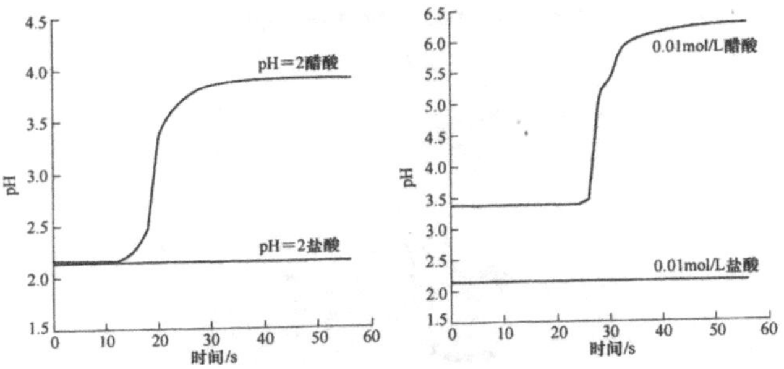

图6.35.4　等浓度和等pH的酸加相应酸的盐后溶液pH随时间的变化曲线

由图6.35.4可知，往等pH的醋酸溶液和盐酸溶液中加入相应酸的盐后，醋酸溶液pH增大，盐酸溶液pH不变；往等浓度的酸醋溶液和盐酸溶液中加入相应酸的盐后，同样是醋酸溶液pH增大，盐酸溶液pH不变。

2. 醋酸和盐酸加水稀释10倍后溶液pH变化如图6.35.5所示。

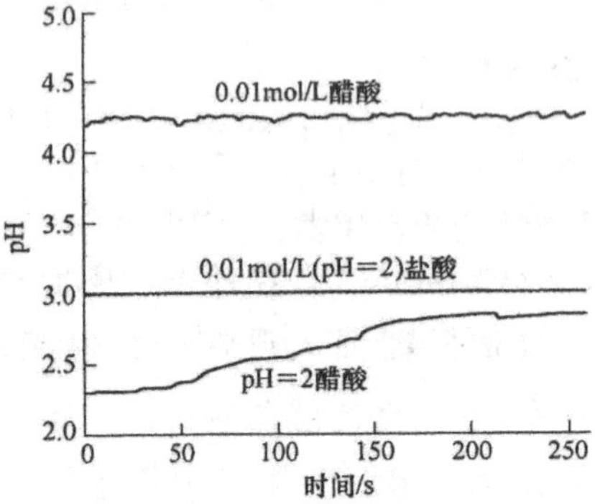

图6.35.5 等浓度和等pH的酸稀释10倍后溶液pH随时间的变化曲线

由图6.35.5可知，加水稀释10倍后，原0.01 mol/L HAc溶液pH>3，原0.01 mol/L HCl溶液pH=3，原pH=2的HAc溶液2<pH<3。

3. 醋酸和盐酸与过量活泼金属反应的起始速率，以及产生H_2的量如图6.35.6所示。

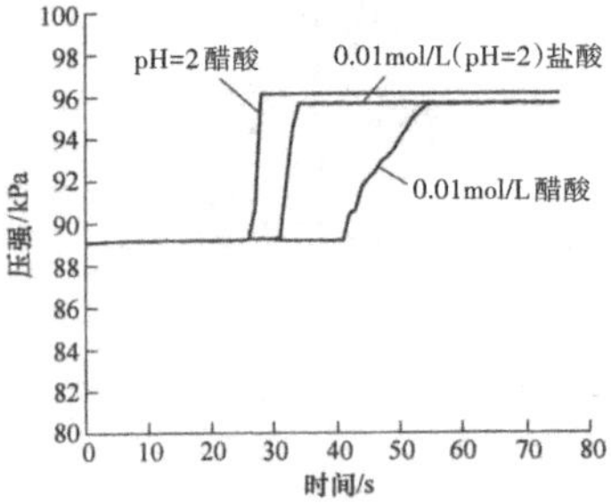

图6.35.6 等浓度和等pH的酸与过量金属锌反应体系压强随时间的变化曲线

由图6.35.6可知，pH=2的HAc溶液与过量金属锌开始反应的速率与0.0l mol/L（pH=2）HCl溶液速率几乎一样，反应速率最小的是0.01 mol/L HAc溶液。

在相同条件下，压强变化越大说明产生的H_2越多，由图6.35.6可知，pH=2的HAc溶液与过量金属锌反应产生的H_2最多，反应速率也最快，而0.01 mol/L（pH =2）HCl溶液和0.0l mol/L HAc溶液与金属锌反应产生H_2一样多。

4. 醋酸和盐酸体积相同时与碱反应，中和碱的量如图6.35.7所示。

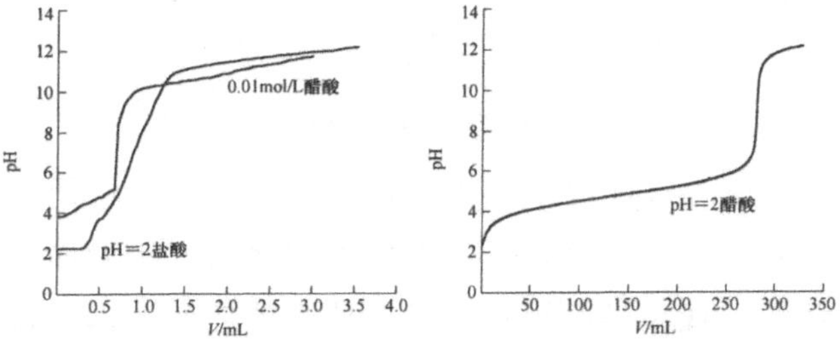

图6.35.7　等浓度和等pH的酸与过量碱反应溶液消耗碱的量

由图6.35.7可知，pH=2的HAc溶液与过量0.1 mol/L NaOH溶液反应至溶液接近中性消耗碱的量比0.01mol/L（pH=2）HCl溶液和0.01 mol/L HAc溶液多很多，大约430倍。

综上所述，相同体积、相同浓度的醋酸、盐酸的比较如表6.35.1所示。

表6.35.1　相同体积、相同浓度的醋酸、盐酸的比较

<table>
<tr><th>项目</th><th>pH</th><th>加入相应盐后pH变化</th><th>加水稀释后pH变化</th><th>与过量金属反应起始速率</th><th>中和碱的量</th></tr>
<tr><td>盐酸</td><td>小</td><td>不变</td><td>变化幅度大</td><td>快</td><td rowspan="2">相同</td></tr>
<tr><td>醋酸</td><td>大</td><td>变大</td><td>变化幅度小</td><td>慢</td></tr>
</table>

相同体积、相同pH的醋酸、盐酸的比较如表6.35.2所示。

表6.35.2　相同体积、相同pH的醋酸、盐酸的比较

<table>
<tr><th>项目</th><th>pH</th><th>加入相应盐后pH变化</th><th>加水稀释后pH变化</th><th>与过量金属反应起始速率</th><th>中和碱的量</th></tr>
<tr><td>盐酸</td><td rowspan="2">相同</td><td>不变</td><td>变化幅度大</td><td rowspan="2">相同</td><td>少</td></tr>
<tr><td>醋酸</td><td>变大</td><td>变化幅度小</td><td>多</td></tr>
</table>

六、讨论与研究

聚合物固体电解质简介

传统电池往往含有电解质溶液，液态的电解质溶液使得传统电池的体积、重量较大，能量密度较低，并容易因泄露、挥发而缩短使用寿命或腐蚀其他器件。现在已经出现使用固体电解质的电池，这类电池有的用到了一种新型材料——聚合物固体电解质。

1. 什么是聚合物固体电解质？

聚合物固体电解质（SPE）又称高分子固体电解质，即$\text{+}[CH_2CH_2O]_n\text{+}$，主要由聚合物和金属盐混合形成。聚合物相当于溶剂，“溶解”金属盐形成固溶体，离子在其中可以定向迁移，具有导电性。

2. SPE有什么优点？

SPE既克服了电解质溶液流动和挥发的缺点，又具有聚合物质量轻、易成薄膜的特色，由它制成的电化学装置耐压、耐冲击、成本低、易于加工。此外，SPE制成的电源功率高、能量密度高、寿命长、低温性能良好，尤其适用于移动电话、笔记本电脑、电动车及其他移动电子装置。图6.35.8所示为一种SPE钾离子电池，其中聚合物固体电解质（凝胶电解质）薄膜与正、负极材料一同卷绕形成电池主体。

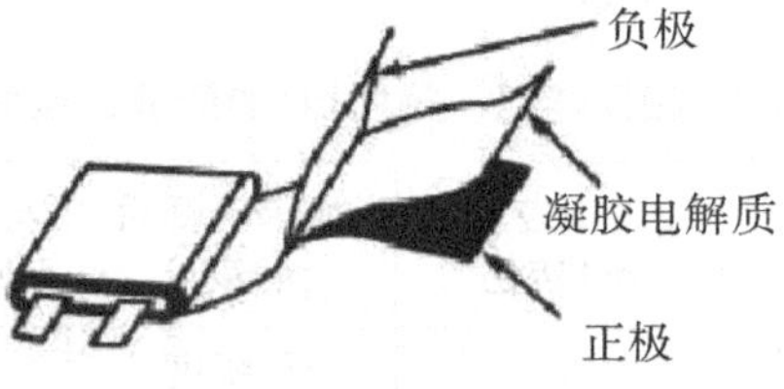

图6.35.8　一种SPE钾离子电池的内部结构

3. SPE是怎样导电的？

（1）离子导体的条件。离子导体有两个必备条件，一是有独立存在的正、负离子，二是离子可以自由移动。在溶液中，盐类溶质电离形成溶剂合离子，液体溶剂的流动性保证离子可以自由移动。在固体中，离子几乎不可能在固体晶格间移动。因此，过去研究和使用的绝大部分离子导体都限于液体。

（2）SPE的离子导电机理。大多数聚合物不存在完整的晶体结构，往往是晶区、非晶区两相并存，即使在所谓的结晶聚合物中也存在着松散分布的非晶区（图6.35.9）。研究发现，SPE的离子导电发生在非晶区，即非晶区的存在是SPE能够导电的一个结构要素。

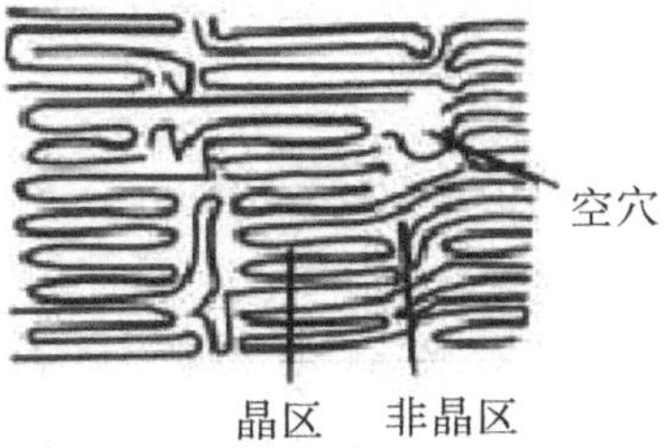

图6.35.9　一种聚合物固体结构模型

SPE的导电过程分为两步：①金属盐在聚合物的作用下解离为阴阳离子，阳离子和高分子形成配位键，类似于盐在水溶液中电离并形成水合离子。②在外电场的作用下，离子借助聚合物的链段运动在聚合物中定向迁移，从而表现出离子导电性。

PEO-锂盐体系的导电机理如图6.35.10所示（圆圈代表PEO中的氧原子）。在该体系中，锂离子与5个氧原子形成配位键（a）。在电场作用下，分子链段运动使原配位键断裂，锂离子向另一配位点迁移（b），形成新的配位键（c），实现定向迁移。

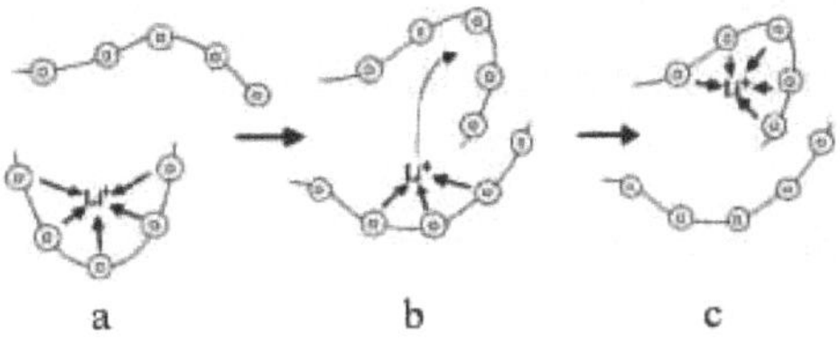

图6.35.10　PEO-钾盐体系导电机理示意

4. SPE的改进方法——加入复合聚合物固体电解质。

按照高分子材料增强理论，在高分子材料中加入某些无机填料能增强高分子的机械性能。复合固体电解质（CSPE）就是在这一理论的指导下诞生的。研究人员惊喜地发现，添加无机粉末后，不但聚合物电解质的机械性能有所改善，其电导率也有所提高，目前认为其原因是加入的无机粉末粒子抑制了聚合物基体的结晶。无机粒子的比表面积越大，对聚合物结晶过程的抑制作用越明显。因此，随着纳米技术的发展，粉末颗粒向超细化发展，纳米级无机填料在SPE中的应用研究越来越受到重视。

CSPE使用的无机填料可以分为两大类，一类是本身无传输离子能力的惰性添加剂，如SiO_2、$A1_2O_3$、 MgO、 ZnO、 TiO_2、玻璃、沸石以及各种黏土；另一类是本身具有传输离子能力的活性添加剂，如Li_3N、$LiAg_4I_5$。后一类填料加入后，离子既可在聚合物相也可在无机填料相中迁移，电导率大幅度提高。

实验36 离子反应

一、实验目的

1. 掌握电导率传感器和pH传感器的使用方法和数据曲线的表示意义。

2. 使用传感器探究反应过程中溶液电导率和pH的变化，理解溶液中离子反应的实质，认识复分解反应的本质。

二、实验原理

离子反应的实质是溶液中“某些离子浓度”的减少，本实验借助电导率传感器和pH传感器测量反应过程中电解质溶液电导率与pH的变化情况，从而判断反应体系中离子浓度的变化，进而研究电解质在水溶液中反应的实质。稀硫酸和氢氧化钡溶液反应的化学方程式可表示为：$Ba(OH)_2+H_2SO_4 \longequal BaSO_4\downarrow+2H_2O$。氢氧化钡溶液呈碱性，向其中加入稀硫酸时生成水，其碱性减弱，pH减小；同时硫酸根离子和钡离子反应生成沉淀，出现浑浊现象。生成物水和硫酸钡分别是难电离的和难溶解的化合物，溶液中的离子浓度减小，使其电导率下降。

三、实验装备

1. 实验器材：磁力搅拌器、滴液管或注射器、100 mL烧杯、pH传感器、电导率传感器、数据采集器、计算机及相应软件。

2. 实验药品：0.01 mol/L $Ba(OH)_2$溶液、0.02 mol/L H_2SO_4溶液。

3. 实验装置：

图6.36.1　实验装置示意

四、实验步骤

1. 如图6.36.1所示，连接计算机、数据采集器、pH传感器、电导率传感器，打开实验系统软件。

2. 量取20 mL 0.01 mol/L $Ba(OH)_2$溶液倒入100 mL烧杯，往烧杯中加入搅拌磁子，将烧杯置于接通电源的磁力搅拌器上。

3.往注射器中加入25 mL左右0.02 mol/L H_2SO_4溶液，将注射器固定于搅拌器自带铁杆上。

4.将pH传感器和电导率传感器置于100 mL烧杯中，打开搅拌器开关，调节磁子转速，使其均匀搅拌溶液且磁子不撞击pH传感器和电导率传感器为宜，同时注意pH传感器与电导率传感器的距离为5 cm以上。

5.点击程序中“采集”按钮，待程序开始采集数据时用注射器往烧杯中加入0.02 mol/L H_2SO_4溶液，直至溶液电导率开始回升，再次点击程序中“采集”按钮停止数据采集。

五、实验数据分析及结论

分析图6.36.2和图6.36.3可知，当pH≈7时意味着$OH^- + H^+ = H_2O$的反应完成，当电导率近似为零时意味着$Ba^{2+} + SO_4^{2-} = BaSO_4\downarrow$的反应也完成了，而它们几乎是同时的。也就是说两个离子反应存在着联系，因此，正确的离子方程式只能是$Ba^{2+} + SO_4^{2-} + 2OH^- + 2H^+ = BaSO_4\downarrow + 2H_2O$。

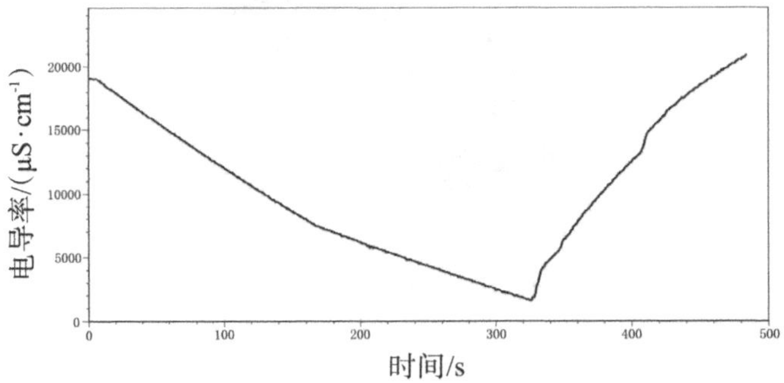

图6.36.2　向氢氧化钡溶液中加稀硫酸时电导率变化曲线

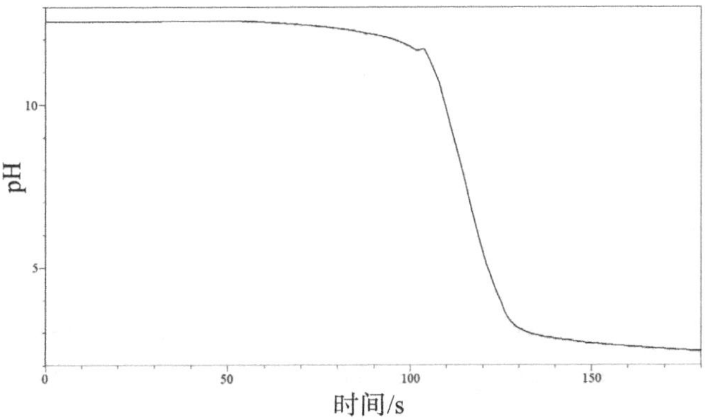

图6.36.3　向氢氧化钡溶液中加稀硫酸时pH变化曲线

六、讨论与研究

分析离子反应发生的条件（或离子反应自发进行方向），应该和分析其他化学反应自发进行条件一样，可以用热力学数据做判据。依据在一定温度、压力条件下，反应的吉布斯自由能$\Delta G=\Delta H-T\Delta S$是否小于0来判断。酸、碱、盐在溶液中的离子互换反应，若有沉淀、气体生成，由于发生了相变，ΔS发生了很大变化；若有难电离物质生成，ΔH有较大的降低。因此，这些离子反应的自由能$\Delta G=\Delta H-T\Delta S$都小于0，都能自发进行。因此，当酸、碱、盐在溶液中的离子互换反应有沉淀、气体、水（难电离物质）生成时，可以判断反应能发生。有沉淀、气体、水（难电离物质）生成的离子互换反应，溶液中某些或某种离子浓度必然降低。但这不意味着，所有的离子反应总是朝着离子浓度降低的方向进行。例如，醋酸和氨水的反应，金属钠和水的反应，离子浓度都增大，由于反应的$\Delta G<0$，都能自发进行。从因果关系上看，离子反应生成沉淀、气体、水（难电离物质）是反应发生的宏观现象，不是反应发生的根本原因。离子反应和所有化学反应一样，反应的推动力是反应自由能的降低。

实验37　冰醋酸的稀释

一、实验目的

1.掌握电导率传感器的使用方法，并借助数据采集器和计算机直接生成数据曲线，便捷、直观地反映稀释冰醋酸时电导率的变化。

2.认识稀释冰醋酸时电导率变化的原因，加深理解加水稀释对电离平衡的影响。

3.掌握电导率变化曲线可用于研究电离平衡原理，并对其进行相关探讨。

二、实验原理

在冰醋酸稀释过程中，刚开始稀释时，电离程度增大的速率大于溶液体积增大的速率，所以溶液中自由移动的离子浓度在增大，溶液导电能力在增强，电导率也在增大。继续加水，电离程度增大的速率小于溶液体积增大的速率，所以溶液中自由移动的离子浓度在减小，溶液导电能力在减弱，电导率也在减小。无限稀释时，变化越来越小，渐渐趋于平缓。

三、实验装备

1.实验器材：磁力搅拌器、50 mL烧杯、1 000 mL烧杯、移液管、50 mL量筒、500 mL量筒、铁架台、电导率传感器、数据采集器、计算机及相应软件。

2.实验药品：冰醋酸、蒸馏水。

3.实验装置：

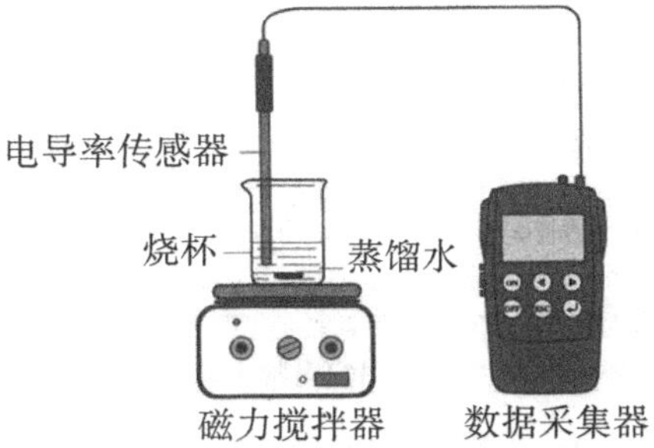

图 6.37.1　实验装置示意

四、实验步骤

1. 用 50 mL 量筒量取 30 ~ 35 mL 冰醋酸置于 500 mL 烧杯中。

2. 向小烧杯中放入小磁子，将大烧杯放在磁力搅拌器上，开始搅拌。

3. 再将洁净的电导率传感器插入小烧杯的冰醋酸中，并连接好数据采集器和计算机。

4. 开始采集数据。

5. 用 500 mL 量筒盛满蒸馏水，将水较为匀速地加入烧杯中，收集数据。

五、实验数据分析及结论

从图 6.37.2 可知，冰醋酸稀释过程中，电导率先增大后减小。冰醋酸是分子构成的，未加水稀释时电导率几乎为零；冰醋酸刚溶于水时，不断电离出 H^+与 CH_3COO^-，这时 H^+与 CH_3COO^-的物质的量不断增加，虽溶液的体积也在不断增大，但前者增大的程度比后者多，离子的物质的量浓度总体上为增大趋势，溶液的电导率呈增大趋势。但随着蒸馏水的不断加入，H^+与 CH_3COO^-的物质的量仍有所增加，但不如溶液的体积增大的程度，导致离子的物质的量浓度降低，溶液的电导率呈下降趋势。

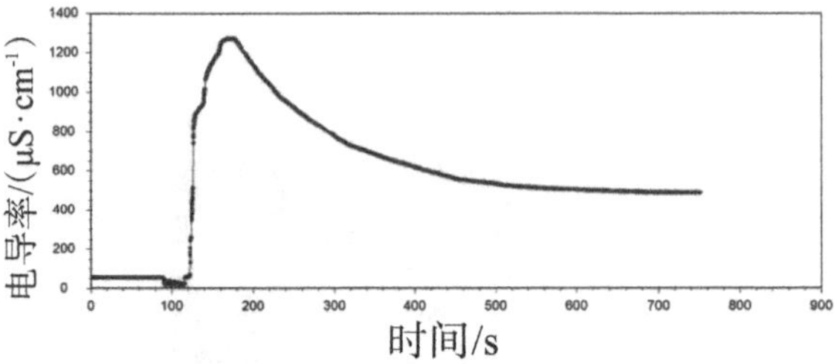

图 6.37.2 冰醋酸稀释过程中电导率变化曲线

六、讨论与研究

一定温度下，冰醋酸加水稀释过程中导电能力变化的研究是教学研究的热点问题，其中以这一热点问题为背景的习题常作为教学素材，但电导率变化趋势就是pH变化趋势吗?各种文献资料给出的研究数据存在很大的差异。浙江省越州中学罗一芳和吴文中老师基于酸碱质子理论和利用 Wolfram Mathematics 应用平台中的“Contour Plot”函数作在1 L冰醋酸中加水后的氢离子浓度变化曲线，如图6.37.3所示。

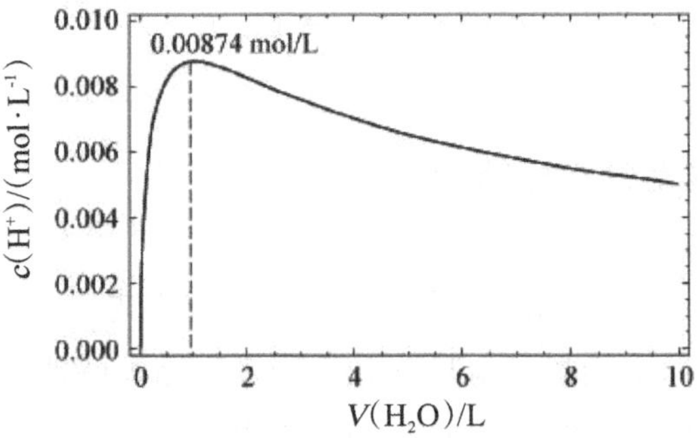

图 6.37.3 在1 L冰醋酸中加水后的 $c(H^+)$ 变化理论曲线

同样方法，利用 Wolfram Mathematics 应用平台作在1L的冰醋酸中加水后的pH变化曲线，如图6.37.4所示。

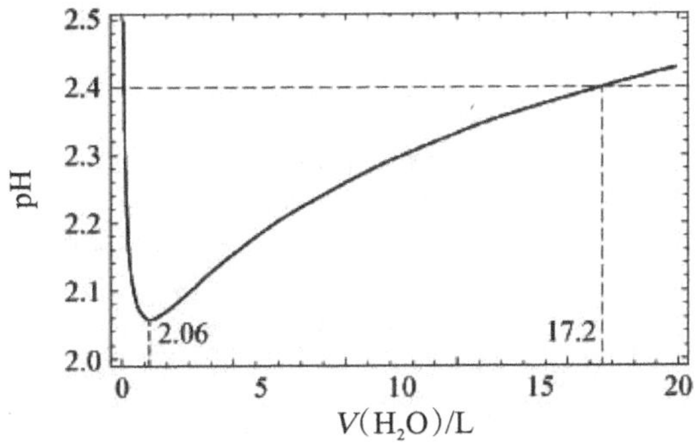

图6.37.4　在1 L冰醋酸中加水后的pH变化理论曲线

理论计算冰醋酸稀释过程中$c(H^+)$的理论值存在最大值并在冰醋酸稀释至$c(CH_3COO^-)$=8.72 mol/L时，即冰醋酸与水的体积比接近1∶1时，$c(H^+)$为0.008 74 mol/L，换算得pH为2.06。从图6.37.4还可以看出，浓度为1 mol/L的醋酸溶液(大约冰醋酸与水的体积比约为1∶17.5)的pH为2.4。

据H^+、CH_3COO^-、OH^-的摩尔电导率分别为349.8 $S \cdot m^2 \cdot mol^{-1}$、40.9 $S \cdot m^2 \cdot mol^{-1}$、198.3 $S \cdot m^2 \cdot mol^{-1}$，利用计算机辅助作冰醋酸被水稀释后的电导率变化理论曲线（25℃），如图6.37.5所示。

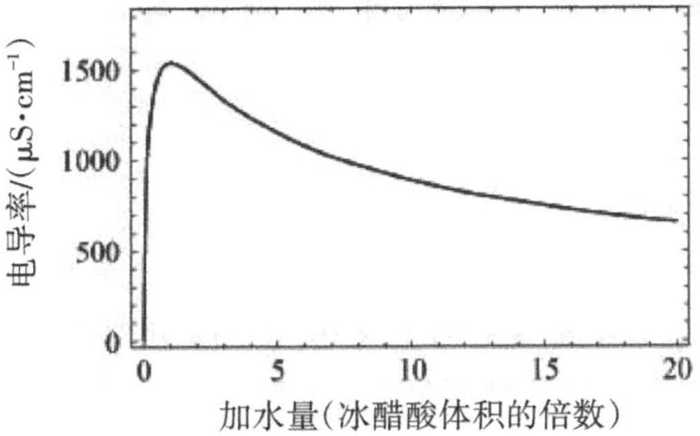

图6.37.5　冰醋酸被水稀释后的电导率变化理论曲线

乙酸晶体结构显示，分子间通过氢键结合为二聚体，二聚体也存在于120℃的蒸气状态。乙酸二聚体有较高的稳定性，通过冰点降低法测定分子量以及X光衍射证明，分子量较小的羧酸如甲酸、乙酸在固态及液态甚至气态均以二聚体形式存在，当$c(CH_3COOH)$较大时，乙酸分子之间可以形成复杂的氢键，而六元环双分子氢键是主体，结构示意图如图6.37.6所示。

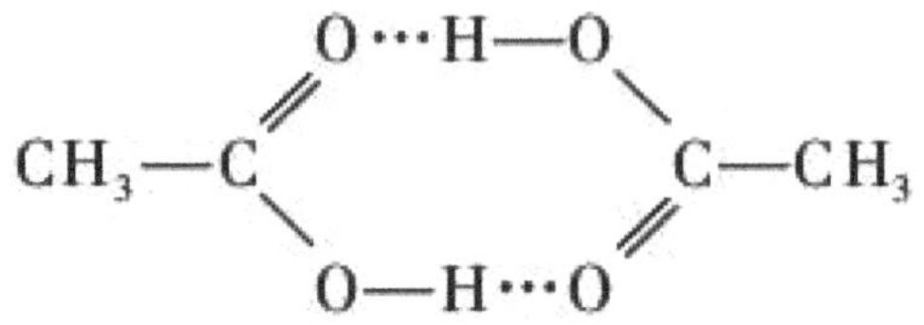

图6.37.6　乙酸二聚体

理论计算简单地认为冰醋酸中只有CH_3COOH存在，若考虑这种双分子氢键的影响，稀释过程中存在着如下平衡可不断释放出CH_3COOH分子：

$$(CH_3COOH)_2 \rightleftharpoons 2CH_3COOH$$

因此，冰醋酸稀释过程中,真实的$c(CH_3COOH)$比理论计算的$c(CH_3COOH)$要小，真实的$c(H^+)$自然就比理论值小，在图像中就表现出pH最小值被延后，即在冰醋酸中加入较多的蒸馏水后，浓醋酸才出现pH最小值。

实验38　酸碱中和滴定曲线的绘制

一、实验目的

1.通过使用pH传感器实时监测中和反应过程中混合溶液pH的变化情况，绘制中和滴定曲线，感受滴定过程中“突跃”的存在。

2.学习利用pH传感器进行酸碱中和滴定，并计算待测溶液的浓度。

二、实验原理

1.向酸（或碱）溶液中滴加碱（或酸）溶液，混合溶液的pH必然会发生变化。使用pH传感器监测混合溶液在滴定过程中pH的变化情况，并借助计算机以图像形式显示出来，即可得到酸碱中和滴定曲线。

2. 酸碱反应过程中，发生反应的酸和碱的物质的量之比等于它们的化学计量数之比。

三、实验装备

1. 实验器材：100 mL烧杯、滴定台、铁架台、滴定管、量筒、磁力搅拌器、滴数传感器、pH传感器、数据采集器、计算机及相应软件。

2. 实验药品：未知浓度氢氧化钠溶液（约0.1000 mol/L）、0.100 0 mol/L盐酸标准溶液。

3. 实验装置：

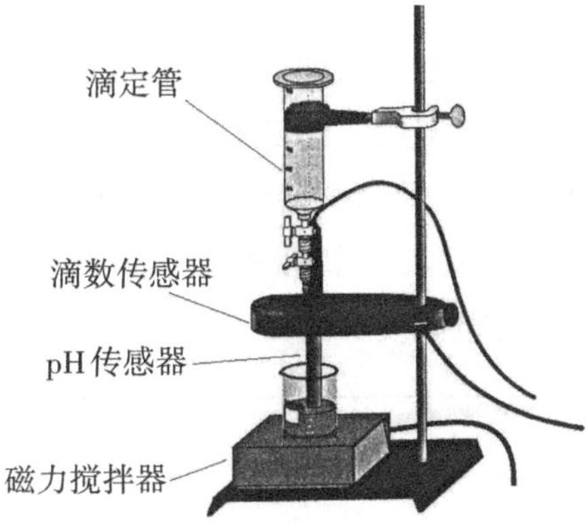

图6.38.1 实验装置示意

四、实验步骤

1. 用标准缓冲溶液校正pH传感器，通过滴数传感器校正滴定管滴出的一滴液体的体积。

2. 使用移液管移取25.00 mL待测氢氧化钠溶液到烧杯中，并滴入2～3滴酚酞溶液（用以对照酚酞溶液变色时的pH）。

3. 将烧杯放在磁力搅拌器上，开始搅拌。

4. 在滴定管中注入约30 mL 0.100 0 mol/L的盐酸（无须排气泡和读刻度，所用标准液的体积由滴数传感器自动给出）。

5. 再将洁净的pH传感器插入烧杯中的氢氧化钠溶液中，并连接好数据采集器和计算机。

6. 开始滴定并收集数据。

7. 完成滴定后，处置烧杯中的混合物。

8. 计算待测氢氧化钠溶液的浓度。

9. 用软件处理得出酸碱中和滴定曲线并加以分析。

五、实验数据分析及结论

由于NaOH完全电离，刚开始加入HCl溶液时pH变化不大，所以开始时图6.38.2中的曲线是稳定的。但随着HCl溶液的加入，H^+浓度增大，pH不断减小，当OH^-被完全中和，溶液中只存在Na^+和Cl^-。这个点表示酸碱中和完毕，并可通过此点显示用去的盐酸溶液的体积，由此可算出待测的氢氧化钠的物质的量浓度。

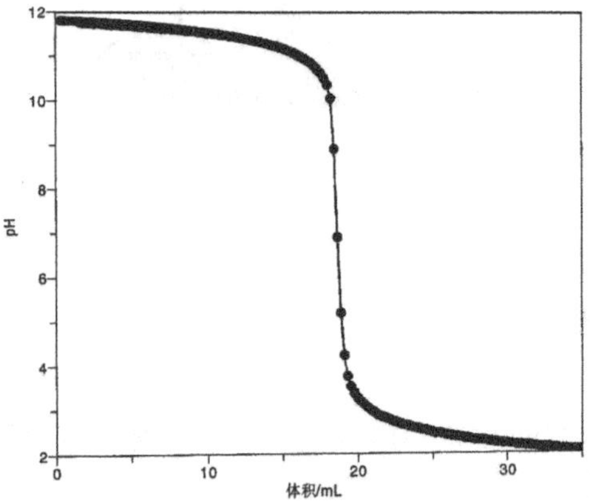

图6.38.2　盐酸滴定氢氧化钠溶液过程中的pH变化曲线

六、讨论与研究

图 6.38.3 为用 0.100 0 mol/L NaOH 溶液滴定 20.00 mL 0.100 0 mol/L CH_3COOH溶液的滴定曲线，分析特殊点和各阶段溶液中的粒子关系。

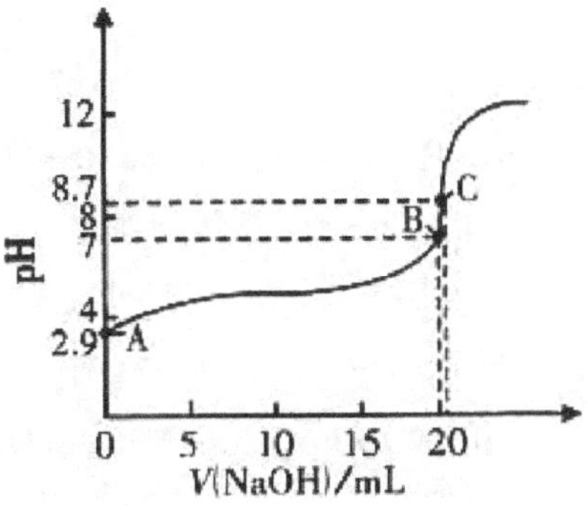

图 6.38.3　0.100 0 mol/L NaOH溶液滴定20.00 mL 0.100 0 mol/L CH_3COOH溶液的pH变化曲线

1. A点（滴定前）。

没有加NaOH溶液时，溶液为0.100 0 $mol\cdot L^{-1}$的CH_3COOH溶液，存在CH_3COOH和H_2O的电离平衡，$c(CH_3COOH)>c(H^+)>c(CH_3COO^-)>c(OH^-)$。

2. AB段（滴定开始后到pH=7中性点前）。

滴定开始后，溶液中溶质为CH_3COONa和CH_3COOH，既有电离平衡，又有水解平衡，且电离平衡和水解平衡相互作用的结果使得$c(H^+)>c(OH^-)$。刚开始阶段，因为加入NaOH溶液量较少，溶液中以CH_3COOH的电离为主，$c(CH_3COO^-)>c(H^+)>c(Na^+)>c(OH^-)$。但是，随着加入NaOH溶液量的增加，NaOH要消耗更多的CH_3COOH，导致溶液中$c(H^+)$减小，$c(Na^+)$增大，又会出现$c(CH_3COO^-)>c(Na^+)>c(H^+)>c(OH^-)$。

3. B点（pH=7中性点）。

B点溶液中溶质为CH_3COONa和CH_3COOH，溶液中既有电离平衡，又有水解平衡，且电离平衡和水解平衡相互作用的结果使得$c(H^+)=c(OH^-)$。

因此，$c(CH_3COO^-)=c(Na^+)>c(H^+)=c(OH^-)$，且$c(CH_3COO^-)>c(CH_3COOH)$。

4. BC段（pH=7中性点后到化学计量点前）。

BC段溶液中溶质为CH_3COONa和CH_3COOH，既有电离平衡，又有水解平衡，且电离平衡和水解平衡相互作用的结果使$c(OH^-)>c(H^+)$。因此，$c(Na^+)>c(CH_3COO^-)>c(OH^-)>c(H^+)$。

5. C点（化学计量点）。

C点为CH_3COONa溶液，溶液中主要存在水解平衡，且水解平衡作用的结果使溶液中$c(OH^-)>c(H^+)$。因此，$c(Na^+)>c(CH_3COO^-)>c(OH^-)>c(H^+)$。

6. C点以后（化学计量点后）。

C点后溶液中溶质主要为CH_3COONa和NaOH，NaOH过量，溶液中主要存在CH_3COONa水解，$c(Na^+)>c(CH_3COO^-)>c(OH^-)>c(H^+)$。随着加入NaOH溶液量的增加，溶液中$c(Na^+)$、$c(OH^-)$增大，又会出现$c(Na^+)>c(OH^-)>c(CH_3COO^-)>c(H^+)$。

实验39　对常见离子的摩尔电导率大小的探究

一、实验目的

用电导率传感器测量几种常见离子的摩尔电导率。

二、实验原理

结合电导率传感器的使用范围，实验中所配制溶液浓度均为0.01mol/L。排除可以水解的离子对实验结果的影响，实验选择药品为：氯化钠、盐酸、氢氧化钠、氯化钾、硝酸钾。将上述药品溶于水后，均会发生电离，其电离方程式为：

$NaCl = Na^+ + Cl^-$　　$HCl = H^+ + Cl^-$　　$NaOH = Na^+ + OH^-$

$KCl = K^+ + Cl^-$　　$KNO_3 = K^+ + NO_3^-$

三、实验装备

1. 实验器材：烧杯、100mL量筒、10mL量筒、胶头滴管、药匙、电导率传感器、数据采集器、计算机及相应软件。

2. 实验药品：氯化钠、盐酸、氢氧化钠、氯化钾、硝酸钾、硝酸钠。

3. 实验装置：

图6.39.1　实验装置示意

四、实验步骤

1. 将上述药品配制成0.01 mol/L的溶液100 mL。

2. 按照图6.39.1将数据采集器、电导率传感器、计算机三者相连接，打开软件。

3. 按顺序将上述溶液依次置于烧杯中。

4. 将电导率传感器放在烧杯中，准备读数。

5. 待数据采集20 s，点击保存实验数据，进行下一组实验。

6. 待反应结束后停止采集，保存实验数据。

五、实验数据分析及结论

从图6.39.2中可以发现，相同浓度的溶液电导率大小关系为：盐酸>氢氧化钠>氯化钾>硝酸钾>氯化钠。实验中用到的溶液为100 ml 0.01 mol/L的溶液，实验可得：阳离子的电导率大小关系排序为：H^+>K^+>Na^+；阴离子的电导率大小关系排序为：OH^->Cl^->NO_3^-，由此推测每种离子的摩尔电导率大小关系亦如此。

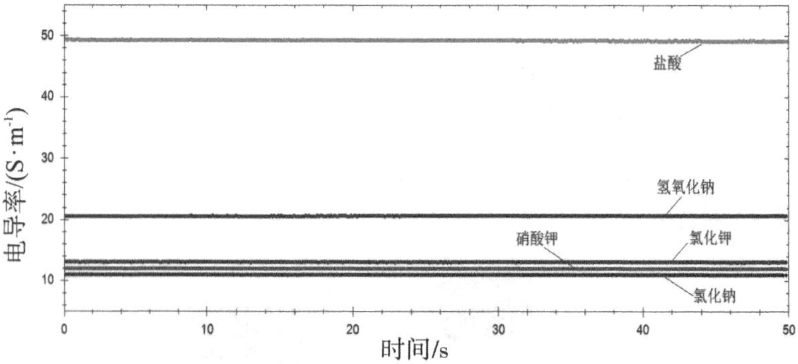

图6.39.2　不同溶液电导率

通过查阅相关书籍，可得到如下参数（表6.39.1）：

表6.39.1　298.15K时一些离子在无限稀的水溶液中的摩尔电导率

正离子	摩尔电导率×10^4/($S·m^2·mol^{-1}$)	负离子	摩尔电导率×10^4/($S·m^2·mol^{-1}$)
H^+	349.82	OH^-	198.0
K^+	73.52	Cl^-	76.34
Na^+	50.11	NO_3^-	71.44

由此可见实验的结论是正确的。

六、讨论与研究

1.理论分析。

电解质溶液的导电能力主要与溶液中离子迁移速率、迁移数有关。而离子迁移率与离子本性（包括离子半径、离子水化程度、所带电荷等）、溶剂性质及电场的电位梯度等有关，同时离子迁移率与迁移数还受离子浓度、温度等因素影响。由此可见，离子的本性不同，它们的导电能力也是有差别的，如图6.39.3所示：物质的量浓度相同时，强酸的电导率最大，强碱次之，盐类较低，至于弱电解质就更低了。

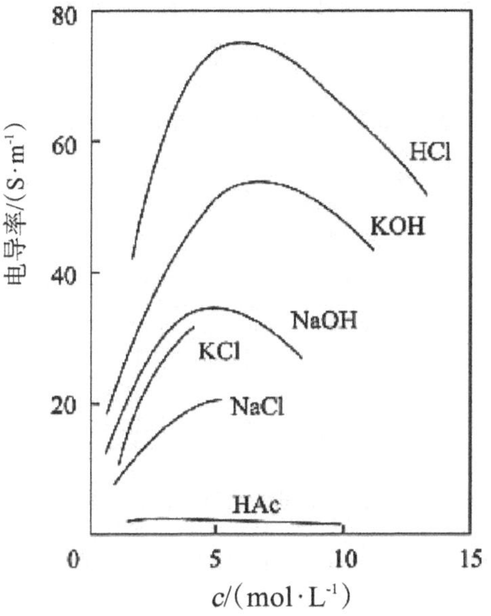

图6.39.3　部分电解质电导率与浓度的关系

那么，为什么强酸、强碱水溶液的导电能力会较强一些呢？有人认为是OH^-和H_3O^+的迁移机理与导电机制和其他离子不同导致的。在水溶液中，单个溶剂化的质子的传导是符合一种快速的链式质子传递机理（即格鲁萨斯电导机理），而并不是质子本身从溶液的一端迁向另一端，如图6.39.4所示。

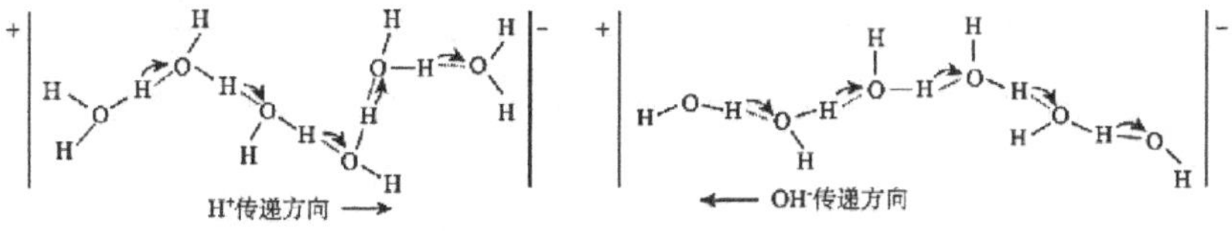

图6.39.4　OH^-和H_3O^+的迁移机理

因为质子可以在水分子间转移，随着质子从一个水分子传到另一个水分子，电流很快沿着氢键被传导。如298.15 K时，H^+的离子迁移率为

36.30×10^{-8} $m^2\cdot s^{-1}\cdot V^{-1}$，$OH^-$的离子迁移率为$20.52\times10^{-8}$ $m^2\cdot s^{-1}\cdot V^{-1}$，$SO_4^{2-}$的离子迁移率为$8.27\times10^{-8}$ $m^2\cdot s^{-1}\cdot V^{-1}$（表6.39.2）。可以看出$OH^-$和$H_3O^+$的迁移率大于$SO_4^{2-}$等其他离子的迁移率，这就是离子浓度较小的NaOH溶液的导电能力反而比Na_2SO_4溶液更强的原因（表6.39.3）。

表6.39.2　298.15 K时离子迁移速率

阳离子	$U/(m^2\cdot s^{-1}\cdot V^{-1})$	阴离子	$U/(m^2\cdot s^{-1}\cdot V^{-1})$
H^+	36.30	OH^-	20.52
K^+	7.62	SO_4^{2-}	8.27
Ba^{2+}	6.59	Cl^-	7.91
Na^+	5.19	NO_3^-	7.40
Li^+	4.01	HCO_3^-	4.61

表6.39.3　NaOH溶液与Na_2SO_4溶液的导电能力比较

溶液	0.01mol/L NaOH	0.01mol/L Na_2SO_4
电导率/($\mu S\cdot cm^{-1}$)	2 956	2 803

从图6.39.3中还可以看出，强电解质的电导率随浓度增加（即导电粒子数的增多）而升高，但当浓度增加到一定程度以后，由于正、负离子之间的相互作用力增大，因而使离子的运动速度降低，电导率反而下降。

基于上述研究可知，溶液导电能力除受离子的浓度影响外，更重要的是由其离子的本性决定。不同电解质的水溶液，即使物质的量浓度相同，导电能力也不相同；同种电解质的水溶液因浓度与导电能力的正相关规律也仅在稀溶液中适用。建议在高中阶段进行电解质溶液导电能力的相关教学时尽量规避单纯用导电能力比较离子浓度大小的情况。

2. 实验探究。

实验1：向50 mL 0.05 mol/L稀盐酸溶液加入少量的氢氧化钠固体，测电导率变化，见图6.39.5。

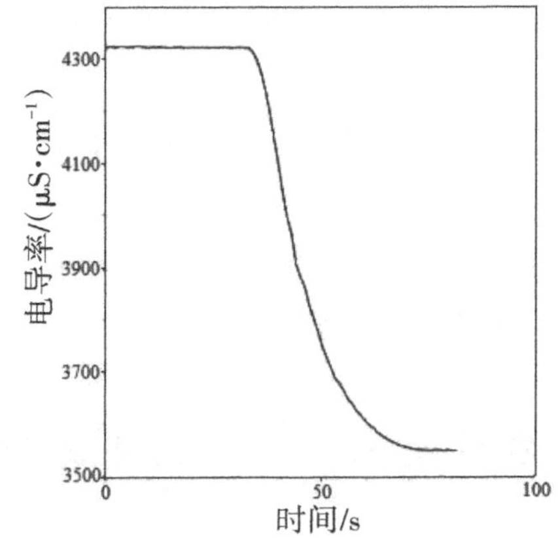

图6.39.5　稀盐酸加入少量的氢氧化钠固体的电导率变化曲线

实验2：向50 mL 0.05 mol/L稀盐酸溶液加入过量的氢氧化钠固体，测电导率变化，见图6.39.6。

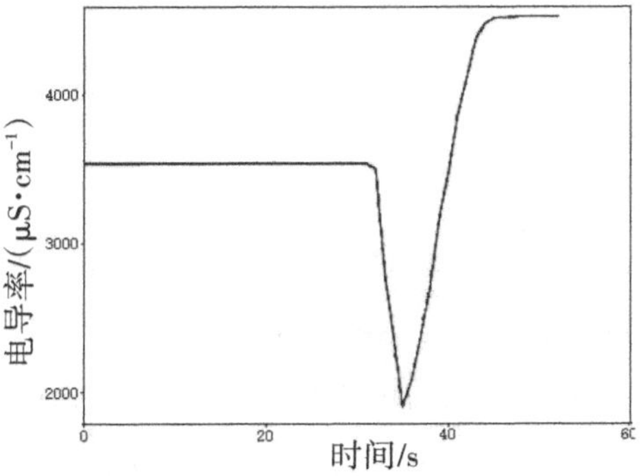

图6.39.6　稀盐酸加入过量的氢氧化钠固体的电导率变化曲线

这里做的两组对比实验，一组实验中控制盐酸过量，另一组实验中控制氢氧化钠过量。图6.39.5中电导率呈现下降趋势，直至不再变化，表明盐酸溶液中加入氢氧化钠固体之后，电导率会下降，当溶液中的氢氧化钠固体反应完时，溶液中的离子种类和数目都不再发生变化，因此电导率数值保持稳定。图6.39.6中电导率先下降后升高，最后趋于不变，该图像同样表明了盐酸溶液中加入少量氢氧化钠固体之后电导率会下降，当溶液中的盐酸被过量的氢氧化钠消耗之后，继续溶解的氢氧化钠会以离子形式增加到溶液中，从而使溶液的电导率上升，当氢氧化钠完全溶解后，溶液的电导率基本不再变化。

图6.39.6中，虽然随着反应的进行减少了H^+，增加了Na^+，但由于两者的摩尔电导率不同，所以体系电导率仍会变化。因此，可以得出结论：溶液电导率不单单和离子数目有关还与离子种类有关，在浓度不高时，电解质的电导率受导电离子种类和数目的影响。

实验40　压强对氨水溶液电离平衡的影响探究

一、实验目的

利用压强传感器探究压强对氨水溶液电离平衡的影响。

二、实验原理

氨气溶于水时，氨气和水结合先生成一水合氨，然后一水合氨电离生成NH_4^+和OH^-，用方程式表示为：$NH_3+H_2O \rightleftharpoons NH_3 \cdot H_2O \rightleftharpoons NH_4^+ + OH^-$。氨气在水中的溶解度随着压强的增大而增大，当压强减小时，氨气从溶液中逸出，浓度减小，平衡向逆反应方向移动，溶液中的离子浓度减小，溶液的电导率减小。因此，通过电导率传感器测量溶液的电导率变化来判断压强对氨水溶液电离平衡的影响。

三、实验装备

1.实验器材：注射器、带试管夹的铁架台、电导率传感器、数据采集器、计算机及相应软件。

2.实验药品：氨水（分析纯）。

3. 实验装置：

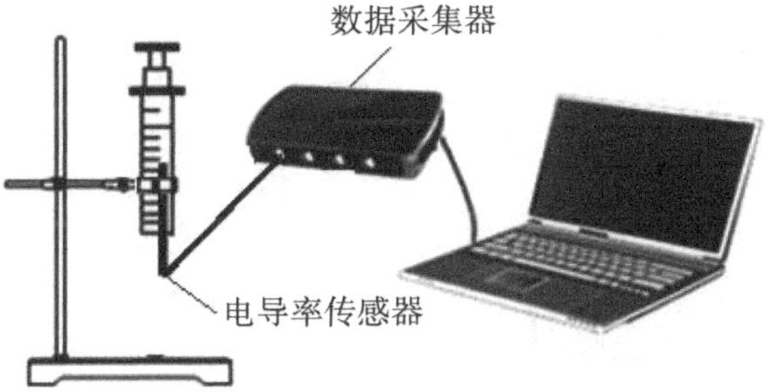

图 6.40.1　实验装置示意

四、实验步骤

1. 向注射器中加入 25 mL 浓氨水，按图 6.40.1 连接电导率传感器、数据采集器及计算机，并保证装置的气密性良好。

2. 塞上注射器活塞，用抽气的方式迅速将注射器拉至 60 mL 以达到迅速降低压强的目的，观察到氨水中有气泡逸出，采集电导率变化图像，待电导率变化趋于平稳后，迅速松开注射器活塞，使得压强恢复至常压，采集电导率变化图像。

五、实验数据分析及结论

因压强突变导致溶液中大量氨气逸出，致使溶液中平衡迅速逆向移动，溶液中离子浓度迅速减小，使得电导率数据发生突变，随后逸出的大量氨气逐渐溶解在氨水溶液中，促使一水合氨的电离平衡正向移动，使得电导率逐渐升高并趋于电离平衡。当松开注射器活塞，压强迅速增加至常压，气相中的氨气在压强作用下迅速溶解并促进一水合氨的电离平衡正向移动，进而影响溶液的电导率，通过实验可以感受到改变压强实质是改变氨分子的浓度以达到改变平衡的目的。

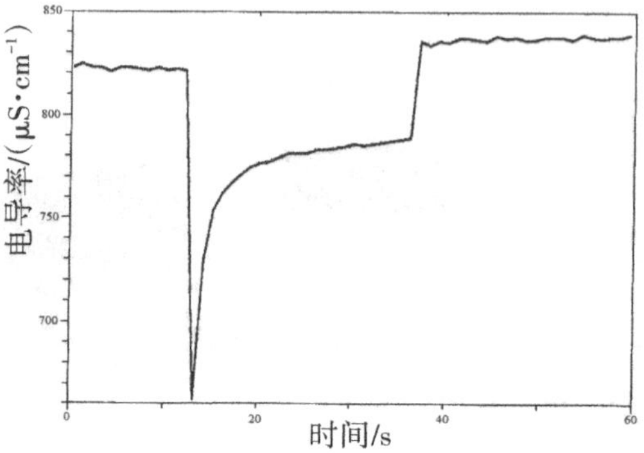

图 6.40.2　压强对氨水溶液导电性的影响

六、讨论与研究

氨水见光不分解，所以理论上氨水不需要放在棕色瓶中，而生产厂家和实验室却都在用棕色瓶存放氨水。针对此问题，通过数字化实验来探究氨水存放在哪种颜色的试剂瓶中更为合适。

氨水在存放过程中，可能发生如下反应:

$$NH_3 + H_2O \rightleftharpoons NH_3 \cdot H_2O$$

$$NH_3 \cdot H_2O \xlongequal{加热} NH_3\uparrow + H_2O$$

当试剂瓶中的氨水受到太阳光照射时，瓶内温度、压强会发生改变。用温度传感器和压强传感器分别测量两种颜色试剂瓶内温度、压强的改变，从而对比出哪种试剂瓶更适合存放氨水。

图 6.40.3　太阳光照射

实验探究1：太阳光照射下，不同颜色的空试剂瓶内压强和温度的变化

取两个体积相同的棕色瓶和无色瓶，将它们和压强传感器、温度传感器按照图6.40.3组合，再与数据采集器相连。用太阳光照射，采集数据，得到的实验数据见图6.40.4和图6.40.5。

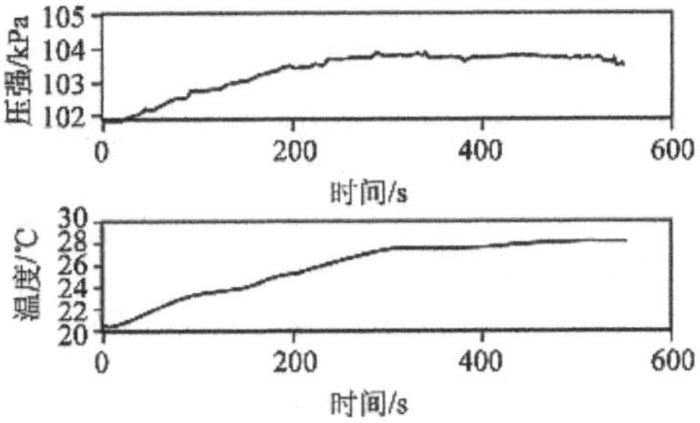

图6.40.4　无色空瓶内压强和温度变化曲线

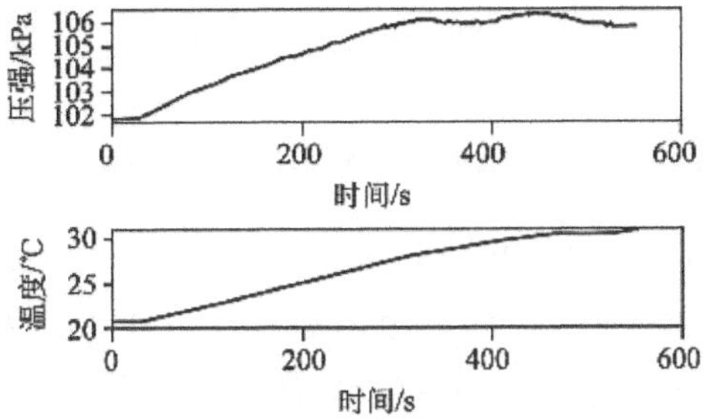

图6.40.5　棕色空瓶内压强和温度变化曲线

从图6.40.4和图6.40.5可知，光照550 s后，无色瓶内温度上升了7.6℃，压强上升了1.7 kPa；棕色瓶内温度上升了10.0℃，压强上升了4.0 kPa。由此得出结论：相同光照条件下，棕色瓶内温度和压强的变化更明显。

实验探究2：太阳光照射下，装有水的不同颜色试剂瓶内压强和温度的变化

利用上述实验装置，在试剂瓶中装入50 mL蒸馏水进行实验。得到的实验数据见图6.40.6和图6.40.7。

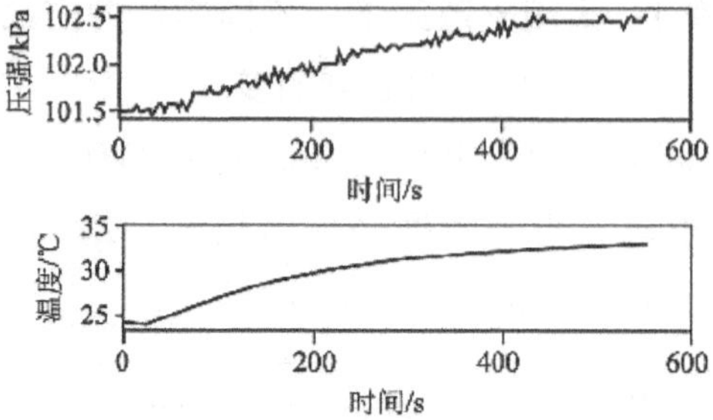

图6.40.6 装有水的无色瓶内压强和温度变化曲线

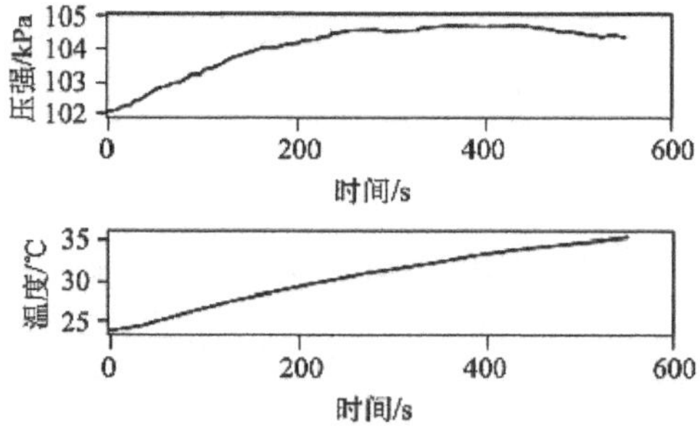

图6.40.7 装有水的棕色瓶内压强和温度变化曲线

从图6.40.6和图6.40.7可知，光照550 s后，无色瓶内温度上升了9.0℃，压强上升了1.1 kPa；棕色瓶内温度上升了11.5℃，压强上升了3.3 kPa。可以得出结论：当盛有等量的蒸馏水时，在相同光照条件下，棕色瓶内温度和压强的变化明显高于无色瓶。

实验探究3：不同光源照射下，装有氨水的不同颜色试剂瓶内压强和温度的变化

利用太阳光、白炽灯和LED灯，分别对装有50 mL 25%氨水的不同颜色试剂瓶进行实验，得到的实验数据见表6.40.1。

表6.40.1 装有氨水的不同颜色试剂瓶内压强和温度的变化

光源	太阳光		白炽灯		LED灯	
瓶身颜色	无色	棕色	无色	棕色	无色	棕色

续表

光源	太阳光		白炽灯		LED灯	
温度变化/℃	11.1	12.5	0.9	3.1	−0.6	−0.6
压强变化/kPa	7.0	13.4	2.3	3.1	−0.6	−1.2

从表6.40.1可以得出结论：当盛有等量的蒸馏水时，利用太阳光和白炽灯照射一段时间后，棕色瓶内温度和压强的变化明显高于无色瓶；利用LED灯照射一段时间后，无色瓶和棕色瓶内温度和压强反而呈下降趋势。

该实验探究了存放氨水试剂瓶颜色的选择，利用数字化实验定量收集数据，通过对比分析实验数据，得出结论：氨水存放在无色试剂瓶中更合适。从理论上来看，当阳光照在棕色瓶和无色瓶上时，大部分光会透过无色瓶，而仅有部分光强度较弱的棕色光能透过棕色瓶，从而避免棕色瓶内物质见光分解；由于棕色瓶吸收了大部分光，特别是具有热效应的红外线，导致棕色瓶内温度更高。据此分析，棕色瓶适合存放见光易分解的物质，但却并不适合存放受热易分解的物质。

实验41　利用数字化实验进行溶解氧的探究

一、实验目的

利用数字化仪器探究温度对于水中溶解氧气含量的影响。

二、实验原理

溶解氧一般是指溶解于水中的氧气。影响溶解氧的因素主要包含：

1. 水样：受到污染的水中含有大量的有机物或无机物，有的物质会和氧气反应，水体受污染的程度越大，溶解氧就应该越少。

2. 水温：水温越高，水中溶解的氧气就越容易逸出，因此溶解氧就越少。

三、实验装备

1. 实验器材：烧杯、溶解氧传感器、温度传感器、数据采集器、计算机及相应软件。

2. 实验药品：河水水样、喷泉水水样、自来水水样。

3. 实验装置：

图6.41.1　实验装置示意

四、实验步骤

1. 测定河水、喷泉水以及实验室中自来水的溶解氧含量。

将数据采集器的采样频率设置为每秒1个，根据实验的需要，采样时间设为180 s。将溶解氧传感器插入不同的水样中测定溶解氧曲线。

2. 测定不同温度下实验室自来水的溶解氧含量。

（1）取约50 mL自来水于小烧杯中，置于磁力搅拌器上。

（2）将温度传感器和溶解氧传感器同时置于小烧杯中，如图6.41.1，示数稳定后开始采集数据。

（3）开启磁力搅拌器上加热按钮，使水温不断升高，测定随温度变化自来水中溶解氧的含量变化。

五、实验数据分析及结论

由实验测得的曲线可知，自来水、河水、喷泉水这三种水中，喷泉水中溶解氧的含量最高。实验室中自来水的溶解氧含量随着温度的升高先增大后减小。

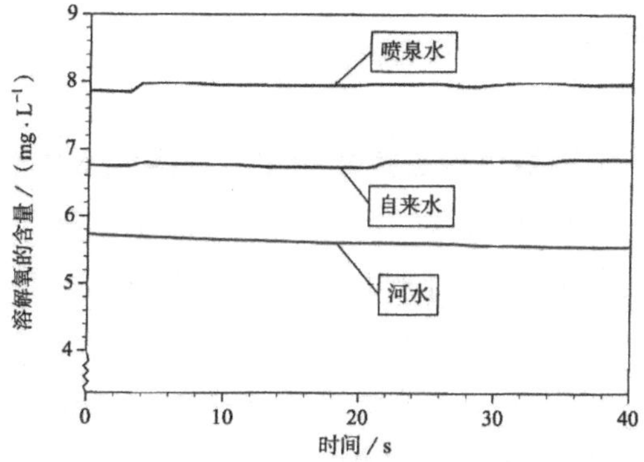

图 6.41.2　不同种类的水中溶解氧的含量变化曲线

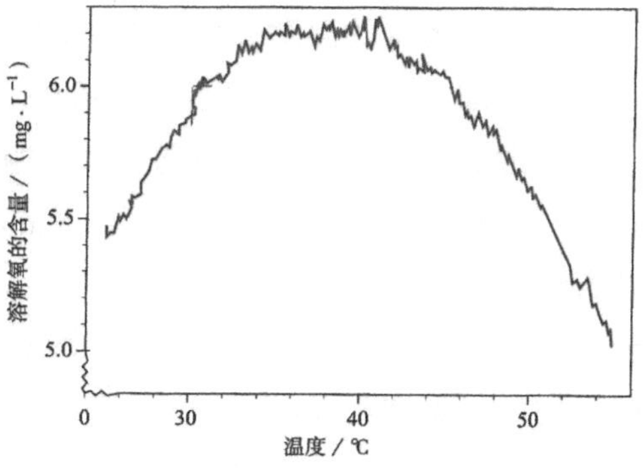

图 6.41.3　自来水中溶解氧含量随温度变化曲线

溶解氧的含量多少不仅受温度这个因素的影响，还受到多方面因素的影响。一方面，绿色植物的光合作用在晚上几乎停止，因此早晨的空气中氧气的含量最低；午后的太阳光线最强，光合作用也就最强，因此空气中氧气的含量最高。空气中氧气的含量直接影响水中溶解氧的含量。空气中氧气的含量越大，水中溶解氧含量就越大，反之则越小。另一方面，自来水是密封在水管中的，与外界大气接触的地方只有水厂的贮水池，一旦进入水管，溶解氧就会保持稳定，不再受外界条件的影响。当自来水再次接触外界大气的时候，溶解氧含量会有所升高。随着温度的升高，溶解氧含量又会下降。

六、讨论与研究

探究实验：基于溶解氧传感技术测定不同类型水中溶解氧的含量

1. 自来水、煮沸的蒸馏水、自然冷却的沸水和骤然冷却的沸水四种水样各做三组，分别标记为自来1、自来2、自来3，煮沸1、煮沸2、煮沸3，自冷1、自冷2、自冷3，骤冷1、骤冷2、骤冷3。

2. 溶解氧含量测定前要向溶解氧的探头中加入电解质，排除溶解氧探头中的空气，待其稳定以后开始测量。先测量三份自来水的溶解氧，再取平均值（见表6.41.1）。

3. 在电炉上煮沸蒸馏水后，分别盛在标记为煮沸1、煮沸2、煮沸3的锥形瓶中，分别测量三份煮沸水的溶解氧，再取平均值（见表6.41.2）。

4. 同样再次取煮沸的蒸馏水，分别迅速装入自冷1、自冷2、自冷3、骤冷1、骤冷2、骤冷3锥形瓶中，并用合适的橡皮塞塞紧。骤冷1、骤冷2、骤冷3置于冰水浴中，使其骤然冷却至室温（约3 min），分别进行测量，再取平均值（见表6.41.3）。

5. 自冷1、自冷2、自冷3置于阴凉处自然冷却至室温（约60 min），分别进行测量，再取平均值（见表6.41.4）。

表6.41.1　自来水中的溶解氧

自来水	1	2	3	平均值
溶解氧/($mg\cdot L^{-1}$)	8.12	8.25	8.06	8.14

表 6.41.2　煮沸蒸馏水中的溶解氧

煮沸的蒸馏水	1	2	3	平均值
溶解氧/($mg \cdot L^{-1}$)	2.34	2.16	2.23	2.24

表 6.41.3　迅速冷却蒸馏水中的溶解氧

迅速冷却的蒸馏水	1	2	3	平均值
溶解氧/($mg \cdot L^{-1}$)	3.75	3.68	3.38	3.60

表 6.41.4　自然冷却蒸馏水中的溶解氧

自然冷却的蒸馏水	1	2	3	平均值
溶解氧/($mol \cdot L^{-1}$)	5.12	5.08	5.03	5.08

根据上述列表可以看出，自来水中的溶解氧含量平均值为8.14 mg/L，煮沸的蒸馏水中的溶解氧含量平均值为2.24 mg/L，自然冷却的蒸馏水中溶解氧含量平均值为5.08mg/L，骤然冷却的蒸馏水中溶氧量平均值为3.60 mg/L。无疑煮沸的蒸馏水中的含氧量是比较低的。

实验42　盐溶液酸碱性的测定

一、实验目的

通过本实验测定盐溶液的酸碱性，探索盐溶液呈现的酸碱性是否存在一定的规律。

二、实验原理

水溶液中盐离子跟水电离出的H^+或OH^-结合生成弱电解质。由强酸和弱碱生成的盐，水解后溶液呈酸性；由强碱和弱酸生成的盐，水解后溶液呈碱性，强酸和强碱所生成的盐不发生水解，溶液呈中性。

三、实验装备

1.实验器材：小烧杯、pH传感器、数据采集器、计算机及相应软件。

2.实验药品：0.1 mol/L的氯化钠、氯化铵、醋酸钠、硝酸钾、碳酸钠、亚硫酸钠、氯化铁和碳酸氢钠溶液。

3.实验装置：

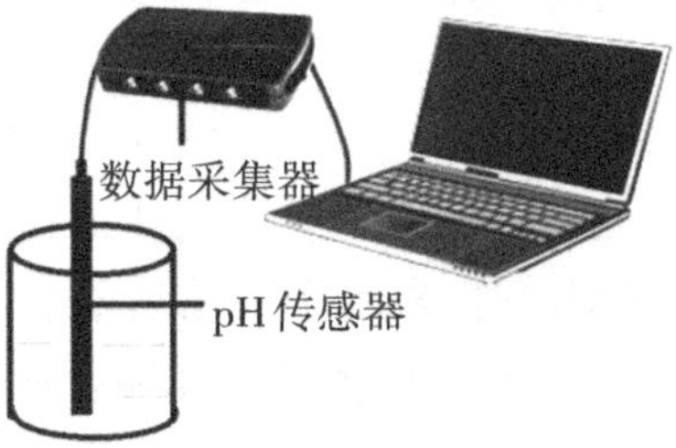

图6.42.1　实验装置示意

四、实验步骤

1.将pH传感器探头放入0.1 mol/L氯化钠溶液，单击“开始”按钮，开始实验，约5 s后，点击“结束”按钮，结束实验。

2.用蒸馏水反复冲洗pH传感器探头。

3.用相同的方法测量0.1 mol/L氯化铵、硝酸钾、醋酸钠、碳酸钠、亚硫酸钠、氯化铁和碳酸氢钠溶液的pH。

五、实验数据分析及结论

实验数据如下表所示：

表 6.42.1　盐溶液的酸碱性实验数据记录表

序号	盐溶液	pH	盐的类型
0	氯化钠($NaCl$)	7.5	强酸强碱盐
1	氯化铵(NH_4Cl)	6.6	强酸弱碱盐
2	硝酸钾(KNO_3)	7.5	强酸强碱盐
3	醋酸钠(CH_3COONa)	9.1	弱酸强碱盐
4	碳酸钠(Na_2CO_3)	11.5	弱酸强碱盐
5	亚硫酸钠(Na_2SO_3)	9.0	弱酸强碱盐
6	氯化铁($FeCl_3$)	1.5	强酸弱碱盐
7	碳酸氢钠($NaHCO_3$)	8.4	弱酸强碱盐

实验结论：

1. 强酸强碱盐在水中只有电离，没有水解。如 $NaCl$ 的电离方程式：$NaCl = Na^+ + Cl^-$。

2. 强酸弱碱盐在水中完全电离，电离出的弱碱根发生水解，溶液显酸性。如 NH_4Cl 的水解离子方程式为：$NH_4^+ + H_2O \rightleftharpoons NH_3 \cdot H_2O + H^+$。

3. 强碱弱酸盐在水中完全电离，电离出的弱酸根发生水解，溶液显碱性。如 CH_3COONa 水解离子方程式为：$CH_3COO^- + H_2O \rightleftharpoons CH_3COOH + OH^-$。

六、讨论与研究

能水解的盐溶液中水的电离度一定比纯水大吗？

通过对水解平衡常数的计算和电离平衡常数的比较，不难发现 $NaHSO_3$、$NaHC_2O_4$、NaH_2PO_3 等盐溶液中，由于弱酸根离子的电离程度超过其水解程度使溶液显酸性，以上溶液中水的电离程度小于纯水的电离程度。

“越弱越水解”规律是正确的吗？

利用盐类水解程度判断弱酸酸性强弱常作为高中化学教学中一条重

要规律被归纳为“越弱越水解”。其具体含义为：弱酸酸性越弱，对应的酸根离子水解能力越强。在习题教学中，一般将等温等浓度下弱酸盐水溶液的pH作为对应弱酸酸性强弱的判据。

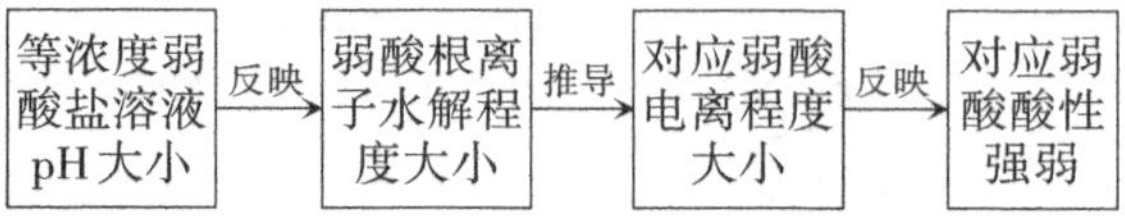

图6.42.3　“越弱越水解”规律判断弱酸酸性的内在逻辑

使用以上逻辑判断时，必须注意“等浓度一元弱酸盐或多元弱酸正盐溶液的pH”可以真实反映“弱酸根离子水解程度”。而多元弱酸酸式盐溶液的pH由于受到水解与电离的双重影响，不适宜作为多元弱酸酸性比较的依据。

为了说明二元弱酸的K_{a_2}的大小对弱酸酸式盐溶液的pH存在的影响，可再举一例计算如下：

已知铬酸(H_2CrO_4)的$K_{a_1}=1.8\times10^{-1}$、$K_{a_2}=3.2\times10^{-7}$，草酸($H_2C_2O_4$)的$K_{a_1}=5.9\times10^{-2}$、$K_{a_2}=6.4\times10^{-5}$。0.1 mol/L $KHCrO_4$和KHC_2O_4溶液的pH见表6.42.2。

表6.42.2　同浓度的$KHCrO_4$和KHC_2O_4溶液的pH计算结果

弱酸酸式盐	对应弱酸	K_{a_1}	K_{a_2}	$c(H^+)$计算公式与结果	pH
$KHCrO_4$	H_2CrO_4	1.8×10^{-1}	3.2×10^{-7}	Ⅱ式：1.44×10^{-4}	3.84
KHC_2O_4	$H_2C_2O_4$	5.9×10^{-2}	6.4×10^{-5}	Ⅱ式：1.54×10^{-3}	2.81

根据计算结果，同浓度$KHCrO_4$溶液的pH大于KHC_2O_4溶液的pH。如果利用“越弱越水解”规律解释，则应得出H_2CrO_4酸性小于$H_2C_2O_4$的结论。但事实正好相反，因为$K_{a_1}(H_2CrO_4)>K_{a_1}(H_2C_2O_4)$，故$H_2CrO_4$酸性大于$H_2C_2O_4$。由此可见，利用“越弱越水解”规律判断弱酸酸性强弱并非具有普适性，在涉及多元弱酸酸式盐溶液时，该判据是不合适的。

实验43　温度对盐类水解平衡的影响探究

一、实验目的

利用数字化实验探究温度对盐类（氯化铵）水解的影响。

二、实验原理

盐是由金属离子（或铵根离子）与酸根离子组成的化合物。除了强酸强碱形成的盐类以外，绝大多数的盐类水溶液都不为中性，而呈现一定的酸性或碱性，其本质原因是盐类的水解。通常强酸弱碱盐水解呈酸性，而强碱弱酸盐水解呈碱性。盐溶液的水解程度与多个外因有关，其中盐溶液的温度和浓度是重要的因素。阳离子水解产生氢离子，使溶液呈酸性，因此，阳离子水解程度与溶液中氢离子浓度存在对应关系，氢离子的浓度又直接体现在溶液的pH上，所以我们可以通过测定溶液pH和温度的数值，推出溶液中的氢离子浓度与温度的对应关系。在该实验中：$NH_4^+ + H_2O \rightleftharpoons NH_3 \cdot H_2O + H^+$。根据水解方程式，我们可以清晰地看出铵根离子水解和氢离子的关系，因为在整个实验过程中溶液的体积不变，且初始加入的氯化铵的量是一定的，氢离子的浓度能够直接反映铵根离子的水解程度。

三、实验装备

1. 实验器材：电磁搅拌器、50 mL烧杯、100 mL量筒、药匙、电子天平、蒸馏水洗瓶、温度传感器、pH传感器、数据采集器、计算机及相应软件。

2.实验药品：氯化铵晶体（分析纯）。

3.实验装置：

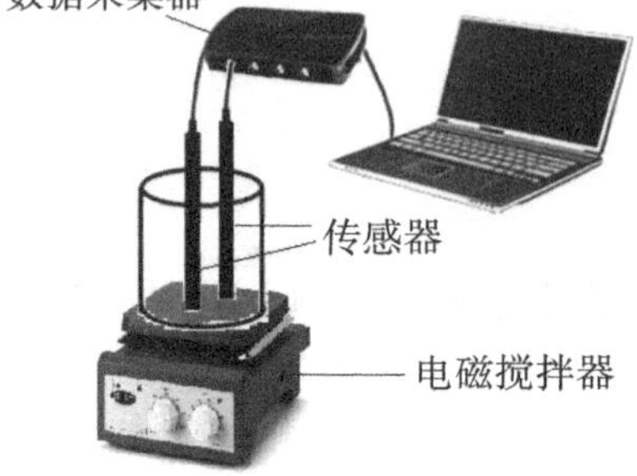

图6.43.1　实验装置示意

四、实验步骤

1.如图6.43.1所示，将温度传感器、pH传感器以及计算机连接好，打开数据采集软件，将x轴和y轴分别设置为温度和pH。

2.用电子天平称取1.605 g氯化铵晶体，倒入50 mL的烧杯中，加入蒸馏水至30 mL刻度处配成1.0 mol/L的氯化铵溶液，放入磁子，用磁力搅拌器搅拌均匀。将pH传感器和温度传感器浸入烧杯内的溶液中，当系统显示屏示数稳定后，测其pH，采集数据。

3.开启磁力搅拌器加热，当温度达到70℃左右时，停止采集数据。

4.取出pH传感器和温度传感器，用水冲洗干净，用滤纸小心吸干电极外表的水分，实验结束。

五、实验数据分析及结论

如图6.43.2所示，在20℃时溶液的pH是5.7，温度升高到75℃时溶液的pH是4.1。可以得出结论：随着温度升高，氯化铵溶液pH逐渐减小，说明升高温度有利于水解。

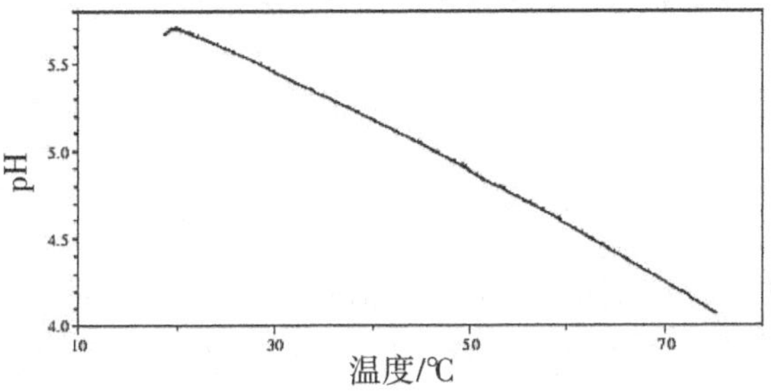

图6.43.2　不同温度下NH_4Cl溶液pH变化曲线

六、讨论与研究

盐类水解是吸热过程，升高温度有利于水解。氯化铵溶液中铵根离子水解生成一水合氨和氢离子，升高温度水解程度增大，氢离子浓度增大，溶液的pH变小。同时，还存在水的微弱电离，水的电离也为吸热过程，随着温度的升高，K_w增大，pH也变小。通过查阅资料，表6.43.1是水在不同温度下的电离pK_w。

表6.43.1　水在不同温度下的电离pK_w

温度/℃	pK_w	温度/℃	pK_w
0	14.944	60	13.017
5	14.734	65	12.908
10	14.535	70	12.800
15	14.346	75	12.699
20	14.167	80	12.598
25	13.997	85	12.510
30	13.833	90	12.422
35	13.680	95	12.341
40	13.535	100	12.259
45	13.396	110	12.126
50	13.262	120	12.002
55	13.137	130	11.907

表6.43.2　水在20℃和75℃下的ΔpH、ΔpOH

温度/℃	pK_w	pH	ΔpH	pOH	ΔpOH
20	14.167	5.7	1.6	8.467	0.132
75	12.699	4.1		8.599	

通过计算可知，当溶液的温度由20℃升高到75℃时，溶液的$c(H^+)$增大了$10^{1.6}$，而由水电离增大的$c(H^+)$为$10^{0.132}$。因此，水的电离变化可以忽略不计。

实验44　浓度对盐类水解平衡的影响探究

一、实验目的

1.探究盐的浓度对水解平衡的影响。

2.探究改变水解产物浓度对水解平衡的影响。

二、实验原理

Na_2CO_3溶液中电离出的CO_3^{2-}属于弱酸的酸根，会与水电离出的H^+发生反应生成HCO_3^-，造成$c(OH^-)>c(H^+)$，溶液显碱性，整理后就获得：$CO_3^{2-}+H_2O \rightleftharpoons HCO_3^-+OH^-$（因溶液的碱性主要受一级水解影响）。

三、实验装备

1.实验器材：磁力搅拌器、烧杯、药匙、pH传感器、计算机及相应软件。

2.实验药品：0.01 mol/L的Na_2CO_3溶液、Na_2CO_3粉末、$NaHCO_3$粉末。

3.实验装置：

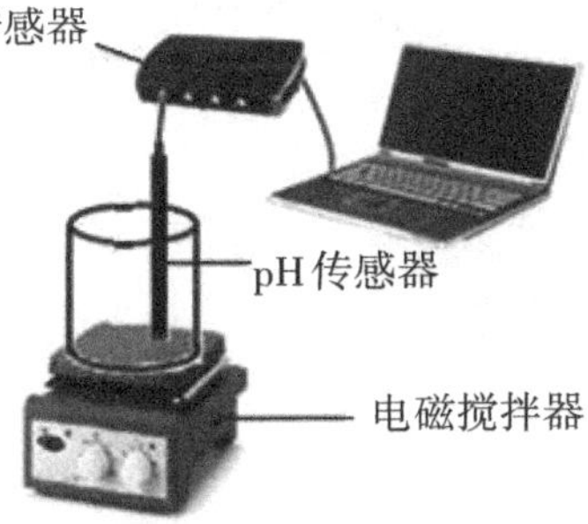

图6.44.1　实验装置示意

四、实验步骤

1. 在烧杯中加入50 mL 0.01 mol/L的Na_2CO_3溶液，插入pH传感器。

2. 打开数据采集器采集pH数据，打开磁力搅拌器，直到计算机屏幕显示的pH稳定后，先慢慢加入Na_2CO_3粉末，再慢慢加入$NaHCO_3$粉末。记录相关数据，完成实验。

3. 重复以上步骤，待计算机屏幕显示的pH稳定后，先慢慢加入$NaHCO_3$粉末，再慢慢加入Na_2CO_3粉末。记录相关数据，完成实验。

五、实验数据分析及结论

向盛有50 mL 0.01 mol/L Na_2CO_3溶液的烧杯中慢慢加入Na_2CO_3粉末，溶液中$CO_3^{2-}+H_2O \rightleftharpoons HCO_3^-+OH^-$平衡向正反应方向移动，$c(OH^-)$增大，溶液的pH上升，曲线呈上升趋势，碱性增强；再慢慢加入$NaHCO_3$粉末，溶液中$CO_3^{2-}+H_2O \rightleftharpoons HCO_3^-+OH^-$平衡向逆反应方向移动，$c(OH^-)$减小，溶液的pH下降，曲线呈下降趋势，碱性减弱。

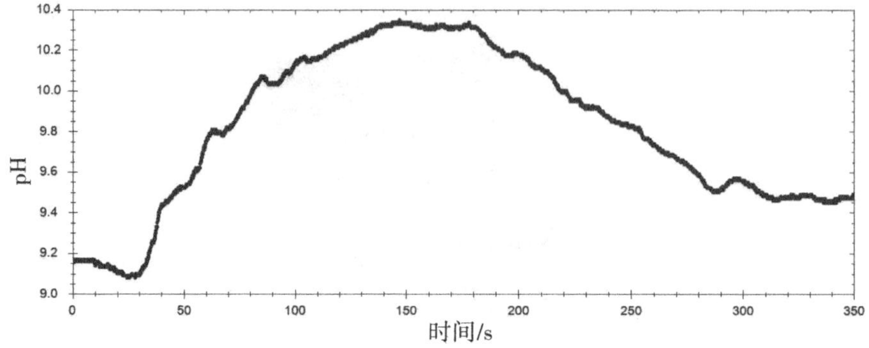

图6.44.2　先加碳酸钠粉末，后加碳酸氢钠粉末pH变化曲线图

向盛有50 mL 0.01 mol/L Na_2CO_3溶液的烧杯中慢慢加入$NaHCO_3$粉末，溶液中$CO_3^{2-}+H_2O \rightleftharpoons HCO_3^-+OH^-$平衡向逆反应方向移动，$c(OH^-)$减小，溶液的pH下降，曲线呈下降趋势，碱性减弱；再慢慢加入Na_2CO_3粉末，溶液中$CO_3^{2-}+H_2O \rightleftharpoons HCO_3^-+OH^-$平衡向正反应方向移动，$c(OH^-)$增大，溶液的pH上升，曲线呈上升趋势，碱性增强。

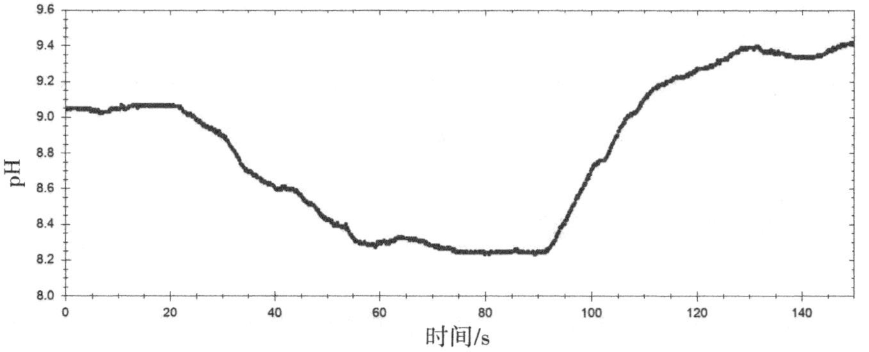

图6.44.3　先加碳酸氢钠粉末，后加碳酸钠粉末pH变化曲线图

可以得出结论：在盐类水解平衡中，增加盐的浓度有利于水解，增加水解生成的离子浓度不利于盐的水解。

六、讨论与研究

探究实验：温度与Na_2CO_3水解过程溶液pH的关系

1. 如图6.44.4所示，先将温度传感器和pH传感器通过数据采集器与计算机相连，再将装有碳酸钠溶液的烧杯置于磁力加热搅拌器上，并放入小磁子，把温度传感器和pH传感器插入溶液中。

2. 用25 mL移液管量取25 mL 1.0 mol/L碳酸钠溶液，注入100 mL烧杯中，并放入磁子。

3. 打开软件，用滤纸将pH传感器（蒸馏水洗净）擦净后插入烧杯中。

4. 开启磁力搅拌器，缓慢搅拌，点击“采集”按钮，采集数据。

5. 重复以上操作，分别测量0.1 mol/L碳酸钠溶液和1.0 mol/L醋酸钠溶液的pH。

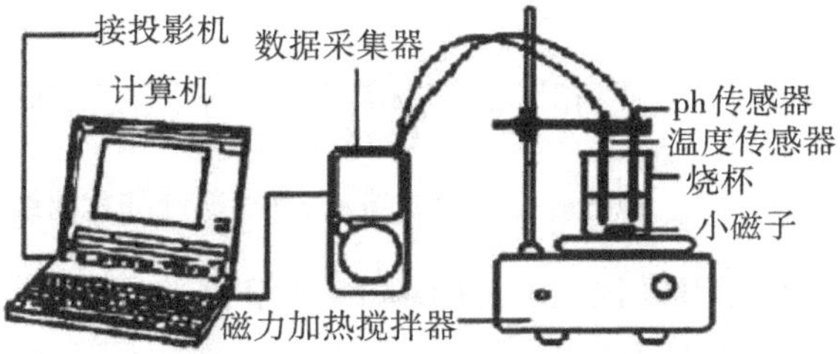

图6.44.4　实验装置示意

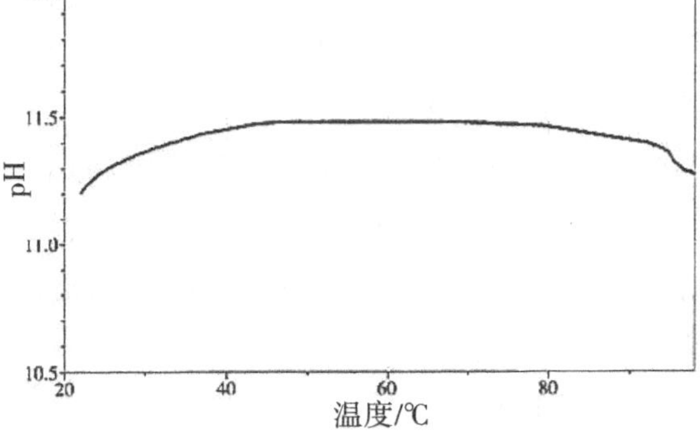

图6.44.5　1.0 mol/L碳酸钠溶液pH随温度变化曲线

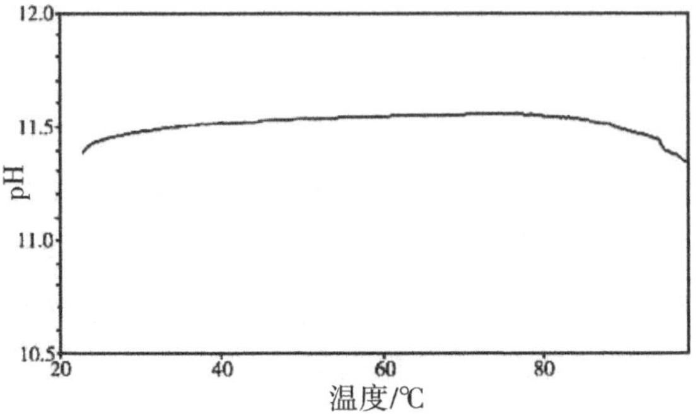

图6.44.6　0.1 mol/L碳酸钠溶液pH随温度变化曲线

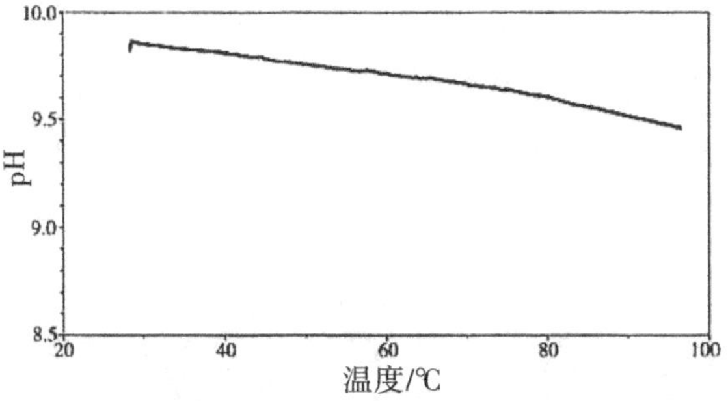

图6.44.7　1.0 mol/L醋酸钠溶液pH随温度变化曲线

从图6.44.5中可以看出1.0 mol/L碳酸钠溶液pH随温度的升高先变大再变小，并不是随着温度的升高一直增大。从图6.44.6中可看出0.1 mol/L碳酸钠溶液pH随温度的升高先变大再变小，也不是随着温度的升高一直增大。从图6.44.7可看出醋酸钠溶液的pH随温度的升高逐渐减小，也不是随着温度的升高一直增大，说明对于碳酸钠溶液的pH随温度的变化而出现的减小的情况并不是偶然现象。

通过以上实验可知，像碳酸钠溶液这样的强碱弱酸盐溶液水解后的pH并不是随温度升高而增大。对于碳酸钠溶液，是先增大后减小，而对于醋酸钠溶液则是逐渐减小的。导致这种现象的原因是什么？

1.醋酸钠溶液pH与温度关系的理论推导。

NaAc溶液中存在以下平衡：

$$Ac^- + H_2O \rightleftharpoons HAc + OH^- \quad K_h = K_w/K_a$$

$$H_2O \rightleftharpoons H^+ + OH^-$$

已知：25℃时 $K_h = 5 \times 10^{-10}$，当 $c/K_h > 500$ 时，可用近似公式：

$c(OH^-) = (cK_h)^{1/2}$

对于反应 $Ac^- + H_2O \rightleftharpoons HAc + OH^-$，查得数据：

$\Delta_f H_m^\ominus(Ac^-) = -488.86\ kJ \cdot mol^{-1}$　$\Delta_f H_m^\ominus(H_2O) = -285.84\ kJ \cdot mol^{-1}$

$\Delta_f H_m^\ominus(HAc) = -488.44\ kJ \cdot mol^{-1}$　$\Delta_f H_m^\ominus(OH^-) = -299.95\ kJ \cdot mol^{-1}$

气体常数R=8.31441 J/(k· mol)，假定在10 ~ 55℃区间内 $\Delta_r H_m^\ominus$、$\Delta_r S_m^\ominus$ 基本保持不变，由范特霍夫方程，将25℃时的 K_h 代入，即可求得不同温度下的水解平衡常数。再由 $c(OH^-)=(cK_h)^{1/2}$，求出不同温度下 $c(OH^-)$。

再查得不同温度下的 K_w（见表6.44.1），便可计算出不同温度下0.10 mol/L NaAc溶液的pH（见表6.44.2）。

表6.44.1　不同温度下的 K_w

温度/℃	pK_w	温度/℃	pK_w
0	14.944	60	13.017
5	14.734	65	12.908
10	14.535	70	12.800
15	14.346	75	12.699
20	14.167	80	12.598
25	13.997	85	12.510
30	13.833	90	12.422
35	13.680	95	12.341
40	13.535	100	12.259
45	13.396	110	12.126
50	13.262	120	12.002
55	13.137	130	11.907

表6.44.2　不同温度下pK_w、K_h及0.1mol/L NaAc溶液的pH、$c(OH^-)$

温度/℃	pK_w	K_h	pH	$c(OH^-)/(mol \cdot L^{-1})$
25	13.997	5.495×10^{-10}	8.87	7.46×10^{-6}
35	13.680	1.15×10^{-9}	8.71	1.07×10^{-5}

续表

温度/℃	pK_w	K_h	pH	$c(OH^-)/(mol·L^{-1})$
45	13.396	2.3×10^{-9}	8.58	1.53×10^{-5}
55	13.137	4.40×10^{-9}	8.46	2.10×10^{-5}

2.碳酸钠溶液pH与温度关系的理论推导。

Na_2CO_3溶液中存在以下平衡：

$CO_3^{2-}+H_2O \rightleftharpoons HCO_3^-+OH^-$　$K_{h_1}=K_w/K_{a_2}$

$HCO_3^-+H_2O \rightleftharpoons H_2CO_3+OH^-$　$K_{h_2}=K_w/K_{a_1}$

$H_2O \rightleftharpoons H^++OH^-$　K_w

$HCO_3^- \rightleftharpoons H^++CO_3^{2-}$　K_{a_2}

根据上述同样方法，计算出不同温度下0.10 mol/L Na_2CO_3溶液的pH（表6.44.3）。

表6.44.3　不同温度下pK_w、K_h及0.1 mol/L Na_2CO_3溶液的pH、$c(OH^-)$

温度/℃	pK_w	K_h	pH	$c(OH^-)/(mol·L^{-1})$
10	14.535	3.9×10^{-5}	11.83	1.97×10^{-3}
20	14.167	1.09×10^{-4}	11.68	3.26×10^{-3}
25	13.997	1.78×10^{-4}	11.62	4.20×10^{-3}
35	13.680	4.50×10^{-4}	11.51	6.76×10^{-3}
45	13.396	1.07×10^{-3}	11.41	1.03×10^{-2}
55	13.137	2.42×10^{-3}	11.32	1.52×10^{-2}

由于弱酸根离子水解均为吸热的可逆过程，随着温度的升高，水解常数大，溶液中$c(OH^-)$会增大，这体现了“升温促进水解”的规律是正确的。正如人教版高中化学教材中指出：“用纯碱溶液清洗油污时，加热可以增强去污力的原因，在于升温可以促进碳酸钠的水解，使溶液中$c(OH^-)$增大”。

由于在溶液中同时还存在水的微弱电离，水的电离也为吸热过程，随着温度升高，K_w增大，溶液pH的大小取决于pK_w、pOH两者之差，温度升高后，K_w增大致使pK_w减小，K_h增大使溶液中$c(OH^-)$增大，也致使pOH减小，最终溶液pH应视两者变化的幅度来确定。通常K_w增大致使pK_w减小的趋势大于K_h增大使溶液的pOH减小的趋势，所以，随着温度的升高，强碱弱酸盐溶液的pH是减小的。

因此，在实际教学中，对于强碱弱酸盐溶液升高温度，我们不能简单地用pH增大来说明促进了弱酸根离子水解，具体pH是增大还是减小要通过实验测定才能确定。

实验45 氯离子对金属腐蚀速率的影响探究

一、实验目的

利用数字化实验探究氯离子对金属腐蚀速率的影响。

二、实验原理

由氯离子本身的性质决定，氯离子容易破坏金属表面的氧化膜等而加快金属的腐蚀，氯离子作为配体和过渡元素形成金属配离子后，还原能力增强，氧化能力减弱，从而加快金属的腐蚀速率。

三、实验装备

1. 实验器材：电池槽、小烧杯、磁力加热搅拌器、20 mL量筒、漏斗、小试剂瓶、药匙、温度传感器、电流传感器、电势传感器、压力传感器、数据采集器、计算机及相应软件等。

2. 实验药品：铜片、锌片、铝片、镁条、铁粉、NaCl固体、0.1 mol/L $CuSO_4$溶液、0.1 mol/L $Fe_2(SO_4)_3$溶液、蒸馏水等。

3.实验装置：

图6.45.1　实验装置示意1

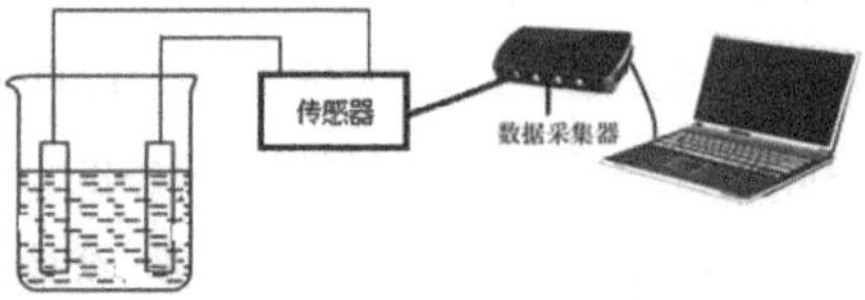

图6.45.2　实验装置示意2

四、实验步骤

1.探究Cl^-对Mg和$CuSO_4$溶液反应的影响。

（1）取20 mL 0.1 mol/L $CuSO_4$溶液于A、B两个相同的100 mL小烧杯中，在B烧杯中加入5 g NaCl固体使其溶解。

（2）将温度传感器、数据采集器、计算机连接好，并将温度传感器插入A烧杯中，如图6.45.1所示。

（3）打开计算机上的数据采集软件，点击“采集”按钮进行数据采集，同时向$CuSO_4$溶液中加入适量镁条，继续采集一段时间，点击“停止”按钮，保存数据，获得实验图像。

（4）将温度传感器洗涤干净后插入B烧杯中，向烧杯中加入等量的镁条，点击“采集”按钮进行数据采集，此时选择“保存最新实验数据”按钮，采集一段时间，点击“停止”按钮，保存数据，获得实验图像。

2.探究Cl^-对Cu–Zn原电池反应的影响。

（1）按图6.45.2连接好实验装置，连接计算机、数据采集器、电流传感器，打开计算机，进入数据采集软件系统。

（2）向电池槽内加入适量0.1 mol/L $CuSO_4$溶液，放入磁子，开启磁力搅拌器，将铜片和锌片置入电池槽内，保持一定的距离并静止不动。

（3）点击“采集”按钮进行数据采集，约30 s后，通过漏斗向电池槽内匀速加入少量NaCl固体，继续采集一段时间，点击“停止”按钮停止采集，保存数据，获得实验图像。

（4）如图6.45.2连接好实验装置，只是把电流传感器换成电势传感器，打开计算机数据采集软件系统。

（5）操作同上述步骤（2）和（3）。记录单液Cu-Zn原电池电势在加入NaCl固体前后电势的变化，保存数据，获得实验图像。

3. 探究Cl^-对Fe与$Fe_2(SO_4)_3$溶液反应的影响。

（1）将压力传感器、数据采集器、计算机连接好，打开数据采集软件系统。

（2）取A、B两个相同小试剂瓶，其中各加入等量铁粉，并在B瓶内加入2 g NaCl固体。

（3）向A瓶内加入10 mL 0.1mol/L $Fe_2(SO_4)_3$溶液，迅速塞上连有压力传感器的橡胶塞。点击“采集”按钮进行数据采集，待压力达到130 kPa以上时停止采集，保存数据，获得实验图像。

（4）向B瓶内加入10 mL 0.1mol/L $Fe_2(SO_4)_3$溶液，迅速塞上连有压力传感器的橡胶塞。点击“采集”按钮进行数据采集，待压力达到130 kPa以上时停止采集，保存数据，获得实验图像。

五、实验数据分析及结论

1. 探究Cl^-对Mg和$CuSO_4$溶液反应的影响。

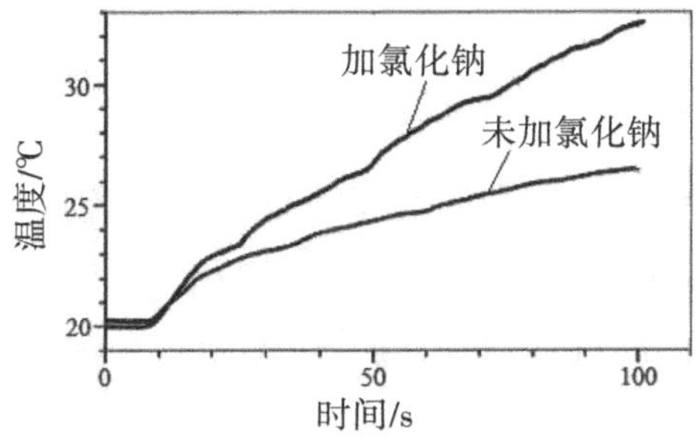

图6.45.3　Mg和$CuSO_4$溶液在有Cl^-或没有Cl^-存在的情况下反应温度随时间变化曲线

在实验探究中，都是金属镁单质与硫酸铜溶液反应，因该反应是放热反应，用温度传感器测反应温度的变化，A烧杯没有加氯化钠，没有引入Cl^-；B烧杯加氯化钠，引入Cl^-。从反应曲线可以看出，加入Cl^-可以加快Mg与$CuSO_4$溶液反应的化学反应速率，温度升高较快。

目前比较权威的解释是：Cl^-能够破坏覆盖在镁表面的MgO或$Mg(OH)_2$的紧密程度，使H^+等更容易和镁发生化学反应，加快化学反应速率。

2.探究Cl^-对Cu–Zn原电池反应的影响。

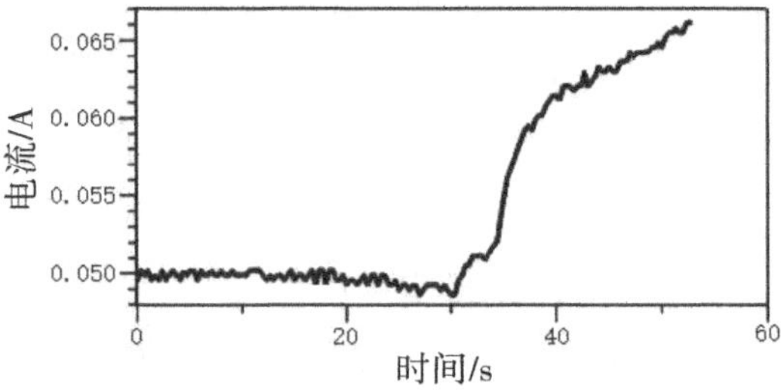

图6.45.4　Cu-Zn原电池加入氯化钠前后电流随时间变化曲线

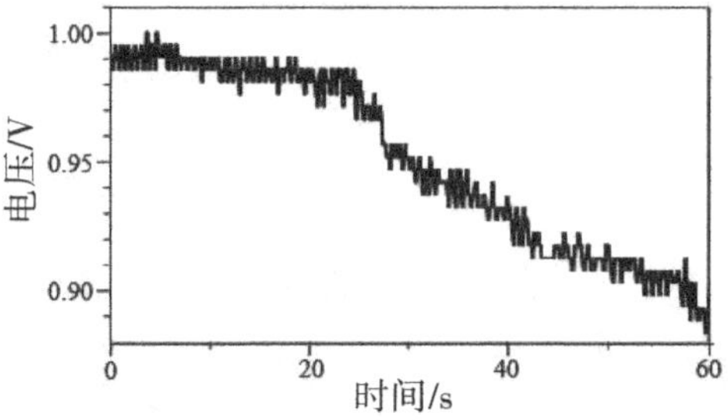

图6.45.5　Cu-Zn原电池加入氯化钠前后电势随时间变化曲线

由于金属单质在水溶液中的反应大都伴随着原电池反应，因此，设计了一个原电池反应探究Cl^-对原电池反应的电流及电势的影响。

从图6.45.4中可以看出，在没有盐桥的单液Cu–Zn原电池中，如果在硫酸铜溶液中加入固体NaCl后，随着固体NaCl的溶解，测得的电流会增大；而在图6.45.5中可以看出，向原电池的电解质溶液中加入固体NaCl后，随着固体NaCl的溶解，电势则会明显减小。

在原电池的电解质中加入氯化钠后，溶液中离子浓度增大，溶液的导电率也增大，这将有利于原电池反应的发生，体现在电流强度上也增大。

氯离子的引入，Cu–Zn原电池的电势减小，是因为溶液中的Cu^{2+}与Cl^-形成了配合物，降低了溶液中Cu^{2+}的浓度，从而作为氧化型的Cu^{2+}的氧化能力减弱了。根据能斯特方程，若氧化型金属离子浓度下降，则φ值会下降；因为此实验是单液原电池，并且测量时间较短（大约1 min），溶液中Zn^{2+}浓度较小，对$\varphi(Zn^{2+}/Zn)$的影响可以忽略，因此测得的电势随着固体氯化钠的溶解而呈下降趋势。

综合电流和电势的变化，可以看出尽管Cl^-可以降低Cu–Zn原电池的电势，但由于电流增大，金属腐蚀速率会加快，金属腐蚀是以形成原电池的电化学腐蚀为主。

当然，配合物的形成对电势的影响是相对的，因形成配合物而促进金属溶解的例子很多，例如Au，很难溶解于单一酸，而易溶于王水。

$$Au^{3+}+3e^- = Au \qquad \varphi=+1.498V$$

$$AuCl_4^-+3e^- = Au+4Cl^- \qquad \varphi=+1.00V$$

从上述电极电势可以看出，因为Au^{3+}与Cl^-形成了较稳定的配合物，降低了Au^{3+}的氧化性，增大了Au的还原性，促进了Au的溶解。

3.探究Cl^-对Fe和$Fe_2(SO_4)_3$溶液反应的影响。

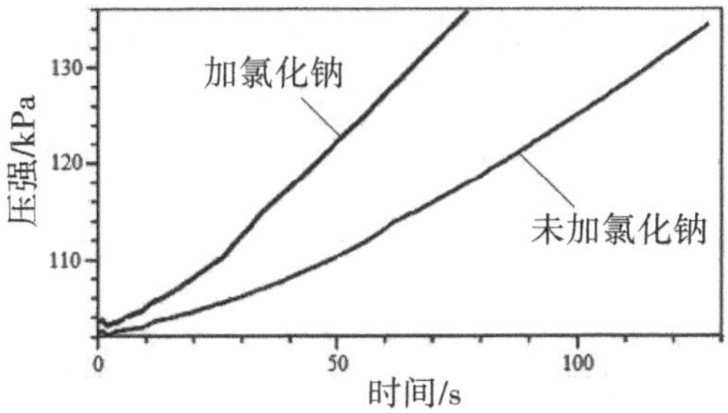

图6.45.6　Fe和$Fe_2(SO_4)_3$溶液在有Cl^-或没有Cl^-存在的情况下反应压力随时间变化曲线

在实验探究中，0.1 mol/L $Fe_2(SO_4)_3$溶液与铁单质反应，用压力传感器测压强的变化。由于Fe^{3+}的水解程度较大，水溶液显较强的酸性，所以向$Fe_2(SO_4)_3$溶液加入铁单质会很快产生气体，该气体为H_2。发生的反应有：

$$Fe^{3+}+H_2O \rightleftharpoons Fe(OH)^{2+}+H^+$$

$$2Fe^{3+}+Fe = 3Fe^{2+}$$

$$Fe+2H^+ = Fe^{2+}+H_2\uparrow$$

从图6.45.6可知，Cl^-能加快$Fe_2(SO_4)_3$溶液与铁单质反应的化学反应速率。在不加NaCl时，压力达到130 kPa时需要120 s；当加入NaCl时，压力达到130 kPa时只需要65 s，可见，Cl^-能加快$Fe_2(SO_4)_3$溶液与铁单质反应。

4.实验结论。

氯离子能加快金属的腐蚀速率是一种较普遍的现象。其腐蚀原理可以分为两种情况：第一种情况是因为氯离子本身的性质决定，容易破坏金属表面的氧化膜等而加快金属的腐蚀；第二种情况是氯离子作为配体和过渡元素形成金属配离子后，还原能力增强，氧化能力减弱，从而加快金属的腐蚀速率。

在原电池反应中，如果氯离子和氧化型阳离子形成配离子后，尽管氧化型离子的氧化性减弱，电极电势减小，但若电解质溶液导电能力增大，电流增强，仍会加快负极金属的腐蚀速率。同时也证明金属腐蚀以电化学腐蚀为主。

六、讨论与研究

从热力学和动力学两方面研究Cl^-对金属表面保护膜（如氧化物、氢氧化物）的破坏作用，并通过实验验证Cl^-对常见金属及其化合物与酸溶液反应的作用原理，认为Cl^-的“离子钻入效应”及“配位作用”是影响反应速率的主因。

1.氯离子的“配位作用”。

浓HNO_3具有强氧化性，但浓HNO_3并不能直接氧化金属Au。实验室常使用王水来溶解金属Au，化学方程式为$Au+HNO_3+4HCl = HAuCl_4+NO+2H_2O$。

若不使用王水，而是在浓HNO_3中加一定量NaCl固体或往浓HCl中加一定量KNO_3固体，得到的溶液也具有溶解金属Au的性质，同时也能溶解一些难溶物（如HgS），这都是因为Cl^-的配位效应起了作用。Cl^-与许多金属离子都能形成稳定或较稳定的配合离子（如$ZnCl_4^-$、$AuCl_4^-$、$FeCl^-$、$CuCl_4^{2-}$等），现以Cu与浓HCl反应得到H_2为例说明Cl^-的配位作用对化学反应的影响。

Cu^+/Cu电对的标准电极电位φ=0.521 V，但若有Cl^-存在时，计算$CuCl_2^-+e^- = Cu+2Cl^-$的电极电位如下（已知$CuCl_2^-$的稳定常数$K_{稳}=10^{5.5}$）。

则$CuCl_2^-+e^- = Cu+2Cl^-$的条件电极电位:

$\varphi(CuCl_2^-/Cu)=\varphi^\ominus+0.059\,2\ \lg c(Cu^+)=\varphi^\ominus+0.059\,2\times \lg\{c(CuCl_2^-)/[K_{稳}\cdot c^2(Cl^-)]\}$

当$CuCl_2^-$、Cl^-浓度为1 mol/L时，φ（$CuCl_2^-/Cu$）$=0.521-0.0592\times \lg 10^{5.5} = 0.195\,4$ V。

由于Cl^-的存在，与Cu^+形成稳定的配合物，降低了金属的电极电位，使反应的趋势增大。若同时增大$c(H^+)$及$c(Cl^-)$，则$\varphi(H^+/H_2)$变得更正，而$\varphi(CuCl_2^-/Cu)$变得更负，这就是金属铜能与浓HCl发生反应得到H_2的理论分析。

例如，铜屑与浓盐酸混合后，无明显现象，加热一段时间后，可见有气泡生成，溶液逐渐变绿色，最终呈墨绿色，实验验证产生的气体是H_2。

CuCl是无色的，溶液变绿是因为Cu^+在空气中被氧化成Cu^{2+}，与Cl^-配位得棕黄色的$CuCl_4^{2-}$(四氯合铜配离子)，再与水分子配位得蓝色的$Cu(H_2O)_4^{2+}$(四水合铜配离子)，黄色和蓝色混合成绿色。

以上实验说明，由于Cl^-的配位作用，使得某些金属的条件电极电位变得更负，使反应的总电势变大，显然，Cl^-的配位作用可以使一个看似不能自发进行的反应在一定条件下发生。

常见金属（如A1、Fe、Zn等）都能与Cl^-形成配合物，从而使得这些金属在有无Cl^-的溶液中发生的反应有差异，这与利用含有F^-的浓HNO_3来溶解连王水都无法溶解的Nb（铌）和Ta（钽）的道理一样，其原因基于F^-与许多金属离子形成配合物更稳定的事实。

Mg^{2+}并不能与Cl^-形成稳定的配合物，但单质Mg为什么与NH_4Cl溶液有显著反应，而与同pH的$(NH_4)_2SO_4$溶液反应则相对较慢？

2.氯离子对氧化物晶体的“离子钻入效应”。

肖特基缺陷是晶体的一种缺陷方式，主要是由于晶体表面附近的原子热运动到表面，在原来的原子位置留出“空位”，然后内部邻近的原子再进入这个“空位”，看起来就好像是晶体内部原子跑到晶体表面来了，图6.45.7为MgO晶体缺陷示意图。

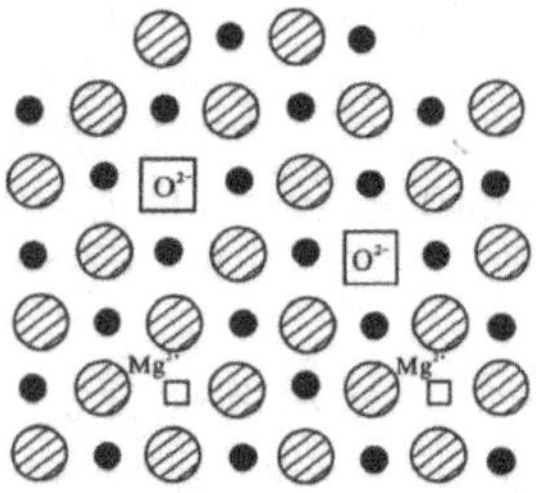

图6.45.7　MgO晶体缺陷（肖特基缺陷）示意

当MgO表面形成“空位”时，内部的离子会及时补充“空位”，但若恰好此时有其他离子占据这些“空位”（空位并没有想象得那么多，但足够多），MgO晶体又会在晶体表面的其他位置不断形成“空位”，从而其他离子也就能持续不断地占据这些“空位”。在这个过程中这些离子客观上起到了破坏晶体结构的作用，使得MgO中的Mg^{2+}和O^{2-}不断离开原有晶体表面形成相对自由的Mg^{2+}和O^{2-}（O^{2-}离开晶体表面后，能和水分子或H^+结合分别得到OH^-或H_2O）。本文把这种现象称为“离子钻入现象”，如使MgO晶体溶解的事实则被称为“离子钻入效应”。

遗憾的是并不是任何离子都有“能力”占据这些“空位”，只有当“空位”离子（半径为r_1或r_2）和占据离子（半径为r_2或r_1）满足以下关系时才能有效发生（假定$r_2 > r_1$，其中（r_2-r_1）/r_2用A来表示）：当$A<15\%$，容易发生；当$15\% < A < 30\%$，可以发生；当$A > 30\%$，难以发生。某些阴离子的离子半径如表6.45.1所示。

表6.45.1 几种阴离子半径以及A值

离子	离子半径/nm	A	结论
O^{2-}	0.14	参照离子	—
Br^-	0.196	28.57%	较难发生
Cl^-	0.181	22.6%	可以发生
F^-	0.133	5.2%	容易发生

表6.45.1中的A值表明，Br^-较难出现“离子钻入效应”，难以使MgO溶解，而Cl^-、F^-等明显具备产生“离子钻入效应”的条件，且F^-更具优势（F^-形成配合物更稳定，其半径更接近O^{2-}），可以推断：SO_4^{2-}、NO_3^-等不可能出现“离子钻入效应”（对MgO晶体而言）。Cl^-的“配位作用”以及“离子钻入效应”的共同作用都是反应发生的驱动力。

金属Mg、Al从热力学角度而言，都能和水发生反应，且能进行到底，但常温下，Mg、Al与水反应困难，显然动力学上的原因是主要的，而对于热力学上不支持的反应（如金属Au与浓硝酸），则Cl^-的“配位作用”支配了化学反应。

凑巧的是，许多常见金属（如Mg、A1、Zn、Fe）与酸溶液作用时，首先在金属表面形成氧化物或氢氧化物，而Cl^-恰好与O^{2-}半径相近，也与OH^-半径接近，Cl^-能顺利钻入晶体替换O^{2-}或OH^-而发生“离子钻入效应”，不得不说是一个偶然。

实验46　沉淀溶解平衡探究

一、实验目的

1.帮助学生构建难溶电解质的溶解平衡的概念。

2.促进学生形成“变化观念与平衡思想”“证据推理与模型认知”学科核心素养。

二、实验原理

碳酸钙溶于水之后，电离出碳酸根离子和钙离子，溶液中的离子浓度增大，导电性增强，用电导率传感器进行检测。碳酸根离子在溶液中水解，会使溶液变为碱性，取上层清液滴加饱和碳酸钠溶液，出现沉淀现象不明显（传统方法的缺点），可以用浊度传感器检测。

三、实验装备

1.实验器材：100 mL烧杯、玻璃棒、试管、胶头滴管、浊度传感器（配套玻璃瓶）、电导率传感器、数据采集器、计算机及相应软件。

2.实验药品：$CaCO_3$固体、去离子水、饱和Na_2CO_3溶液。

3.实验装置：

图6.46.1　电导率测定装置示意

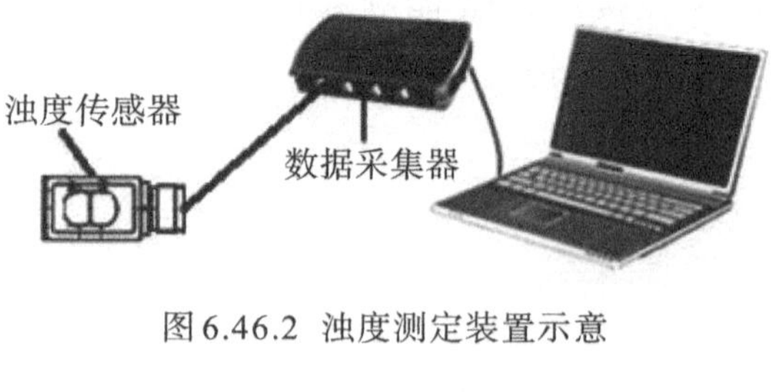

图6.46.2　浊度测定装置示意

四、实验步骤

1. 将电导率传感器与实验装置按照图6.46.1组合，再与数据采集器相连。

2. 取60 mL去离子水于烧杯中，打开磁力搅拌器，开始采集数据。

3. 向其中加入0.1 g $CaCO_3$样品，当数据稳定后，结束采集。

4. 测定结束后将溶液静置。

5. 取上层清液于玻璃瓶中，利用浊度传感器测定其浊度值。

6. 将玻璃瓶中溶液倒出一半，向其中加入相同体积的饱和Na_2CO_3溶液，立即放入浊度传感器中，测定其浊度值的变化。

五、实验数据分析及结论

从图6.46.3中可知，向去离子水中加入0.1 g $CaCO_3$样品后，发现溶液电导率缓慢上升，表明$CaCO_3$溶解，电离生成碳酸根离子和钙离子，使得溶液中离子浓度上升，电导率增大。

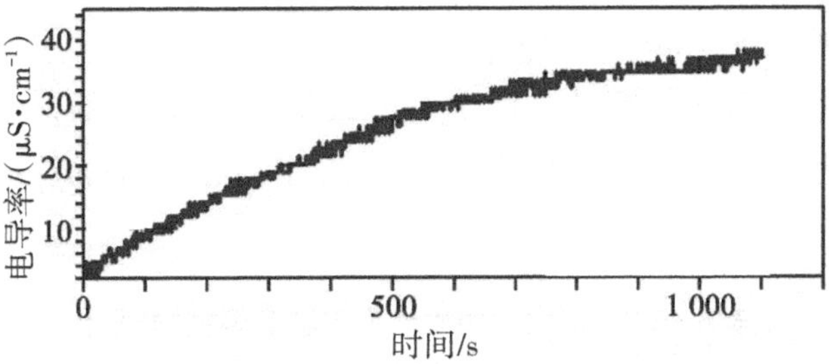

图6.46.3　碳酸钙溶于水的过程中溶液电导率的变化图

从表6.46.1中数据可以发现，在上层清液中加入饱和Na_2CO_3溶液后，体系的浊度明显增大，表明溶液中有$CaCO_3$沉淀生成，证明$CaCO_3$的溶解过程是可逆的。

表6.46.1 不同物质体系的浊度值

物质体系	浊度/NTU
$CaCO_3$上层清液	29.2
饱和Na_2CO_3溶液	41.2
$CaCO_3$上层清液与饱和Na_2CO_3溶液的混合液	235.7

六、讨论与研究

难溶电解质溶度积越小，溶解度一定越小吗

从表6.46.2可知：

1. 相同类型的难溶电解质（如同是AB型或AB_2型），溶度积K_{sp}：$CaCO_3>BaSO_4$，溶解度S：$CaCO_3>BaSO_4$；溶度积K_{sp}：$Mg(OH)_2<PbCl_2$，溶解度S:$Mg(OH)_2<PbCl_2$。

在相同温度下，对于相同类型的难溶电解质，可用溶度积直接比较其溶解度的相对大小，溶度积K_{sp}越小的，溶解度S也越小。

2. 不同类型的难溶电解质，如Ag_2CrO_4和$BaSO_4$。溶度积K_{sp}：$BaSO_4>Ag_2CrO_4$，溶解度S：$BaSO_4<Ag_2CrO_4$。

可知，对于不同类型的难溶电解质，溶度积K_{sp}小的，溶解度S不一定小。这是因为不同类型的难溶物AmBn的化学式中的m、n不同，对K_{sp}的影响很大。

表6.46.2 同类型物质溶度积和溶解度的对比

难溶电解质类型	难溶电解质	K_{sp}	S/mol·L^{-1}
AB型	$BaSO_4$ $CaCO_3$	1.1×10^{-10} 9.1×10^{-6}	1.1×10^{-5} 3.0×10^{-3}
AB_2型	$PbCl_2$ $Mg(OH)_2$	1.6×10^{-5} 1.8×10^{-11}	1.6×10^{-2} 1.7×10^{-4}
A_2B型	Ag_2SO_4 Ag_2CrO_4	1.4×10^{-5} 1.1×10^{-12}	1.5×10^{-2} 6.5×10^{-5}

第七章　化学与生活

化学是一门生动的、贴近生活的、探求自然奥秘的学科，生活中充满着化学的踪影，生活中处处有化学。日常生活以及材料、能源、环境、生命科学等诸多问题，都体现了化学与人类社会发展的密切关系以及化学发展的最新成果。随着生活水平的提高，人们越来越追求健康、高品位的生活，化学与生活的联系也日趋密切。

21世纪，生活与化学的联系会日益加大，人们对衣食住行等各方面新的需求都与化学紧密相连。人们要用化学方法不断创造新的技术和产品，例如基因疗法、转基因食品干细胞技术、生态环保型服装、智能材料、生物质洁净能源、纳米生物技术等；创造新药品，战胜癌症、艾滋病、SARS等病毒性疾病，战胜阿尔茨海默病、心脏病与脑卒中等影响健康长寿的顽疾。

实验47　人体呼出气体中氧气含量的测定

一、实验目的

1.了解二氧化碳传感器、湿度传感器和氧气传感器的原理、构成并掌握使用方法。

2.在实验操作中认识数据采集器及其软件的应用。

3.将数字化实验与教学融合，培养学生对化学的兴趣和科学严谨的态度。

二、实验原理

运用数字化实验测定人体呼出气体中各成分的含量。

三、实验装备

实验器材：保鲜袋、二氧化碳传感器、湿度传感器、氧气传感器、数据采集器、计算机及相应软件。

四、实验步骤

1. 先把塑料保鲜袋内的空气尽量排尽，然后将二氧化碳传感器、湿度传感器和氧气传感器一起放入其中。

2. 开始采集数据，大约 30 s 后，向保鲜袋中吹入气体，直到袋子鼓起，扎紧袋口。此时袋内大约有 2.5 L 气体。

3. 继续采集数据到曲线基本水平为止。重复以上实验 2 ~ 3 次，实验数据取平均值。

五、实验数据分析及结论

实验当天为阴天，空气湿度较大，实测相对湿度为 75.91%。向保鲜袋内吹入气体后，相对湿度很快上升到 100%，然后又缓慢降低到 95.84%（见图 7.47.1）。相对湿度降低的原因可能是刚吹入的气体温度较高，且含有较多的水蒸气，然后有一部分水蒸气在袋壁冷凝为小水珠，从而导致相对湿度下降。

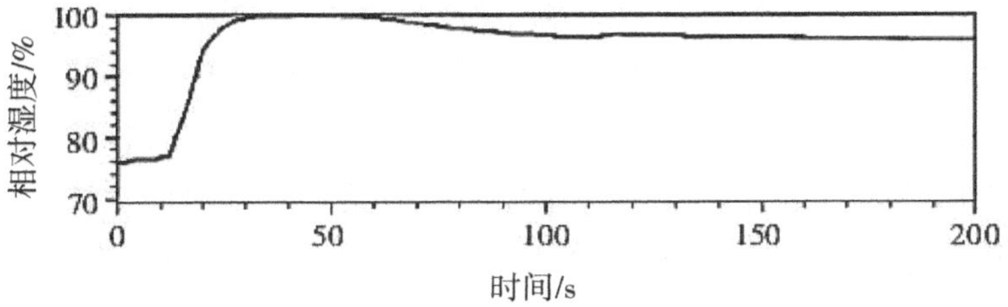

图 7.47.1 人呼出气体中相对湿度的变化曲线

室温和常压条件下，混合气体中的水蒸气即使处于饱和状态下，所占的体积分数也很小，所以水蒸气的含量在呼出气体中与在空气中相差不大。但如果在干燥的环境中进行实验，这一差值将会有所增加。值得说明的是，水蒸气在空气中的含量随季节、天气、温度、地域等不同变化很大，其体积分数一般在0%～4%之间变动。

氧气传感器很灵敏，响应较快。随着气体的吹入，曲线立即开始快速下降并保持基本不变。而在停止吹入气体并扎住袋口后，曲线略有上升（见图 7.47.2）。曲线上升的原因可能是：呼出的气体温度和湿度都较高，随着水蒸气的凝结，水蒸气的体积分数有所减小，导致氧气体积分数略有增大。

在该次测量中，室内空气中氧气的体积分数为20.77%。用保鲜袋收集正常呼出的气体，氧气的体积分数为17.17%。两者相差3.60%，这说明氧气的含量在正常呼出的气体中有了较为明显的减小。

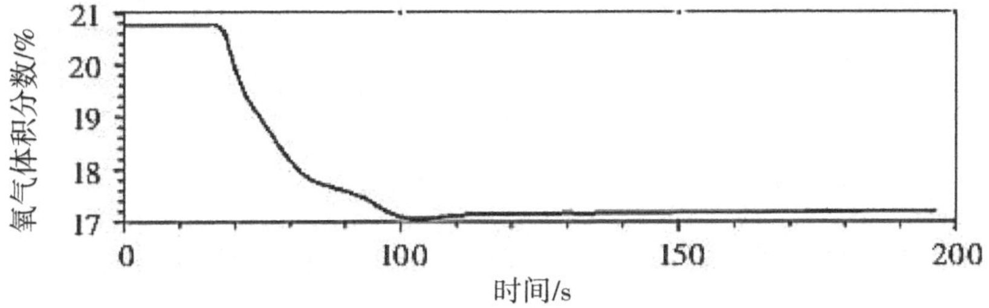

图 7.47.2 人呼出气体中氧气体积分数的变化曲线

二氧化碳传感器是利用二氧化碳对红外线的吸收来进行测量的，对二氧化碳浓度变化的响应较为缓慢。因此，在停止吹入气体后，二氧化碳的曲线变化相对氧气的曲线来说，要延迟一段时间才保持基本不变。二氧化碳传感器采集的数据单位为ppm，转化为百分数后，室内空气中二氧化碳的体积分数为0.056%。用保鲜袋收集正常呼出的气体，二氧化碳的体积分数为3.67%（见图7.47.3）。两者相差3.61%，即二氧化碳在正常呼出的气体中的含量与空气相比有了非常显著的增加。

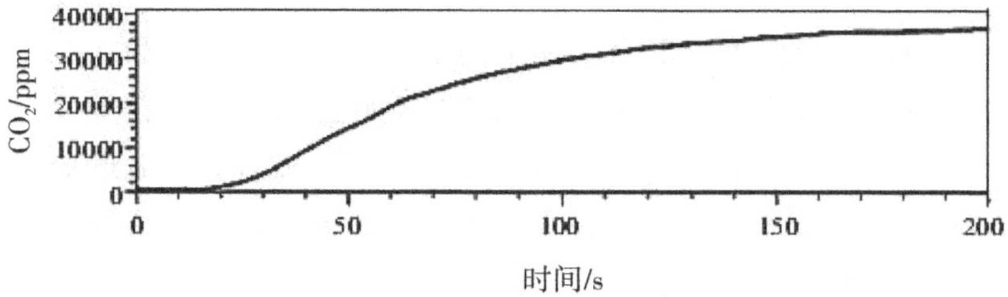

图7.47.3　人呼出气体中二氧化碳体积分数的变化曲线

六、讨论与研究

通过查阅资料，对室内空气与正常呼吸方式呼出的气体含量进行比较。

表7.47.1　室内空气与正常呼吸方式呼出的气体含量比较

体积分数	室内空气	正常呼出的气体	变化值
氧气	20.77%	17.17%	−3.60%
二氧化碳	0.056%	3.67%	3.61%
水蒸气	1.98%	2.50%	0.52%
氮气及稀有气体	未测定		

通过表7.47.1可以看出，正常呼吸方式呼出的气体与室内空气相比较，氧气和二氧化碳的含量变化较大且变化值基本相同，而水蒸气的含量变化较小。那么是什么原因导致氧气和二氧化碳的含量变化值基本相同呢？从元素守恒角度考虑，在相同条件下，氧气在人体内发生化学反

应被消耗后，最终将会生成相同体积的二氧化碳。这就导致了正常呼吸过程中氧气体积分数的减小值接近二氧化碳体积分数的增加值。

如果收集快速呼出的气体，测得氧气含量为18.12%，而二氧化碳气体的含量为2.61%。即氧气的含量比正常呼出的气体高，二氧化碳的含量比正常呼出的气体低。原因是快速呼出气体时，空气在人体内停留时间较短，来不及与肺泡内的气体进行较为完全的交换。

若连续呼、吸塑料袋内气体，发现氧气含量会持续降低，而二氧化碳含量会持续升高。当氧气体积分数降到11.18%时，二氧化碳体积分数升到7.02%时，此时实验人员感觉胸闷、呼吸急促，应立即停止实验。在此过程中，水蒸气的含量则一直接近饱和。该数据表明，当吸入气体中氧气的体积分数小于11.18%时，会造成呼吸严重困难。

表7.47.2 不同呼吸方式呼出的气体含量比较

体积分数	正常呼出	快速呼出	连续呼吸袋内气体
氧气	17.17%	18.12%	11.18%
二氧化碳	3.67%	2.61%	7.02%
水蒸气	2.50%	2.46%	2.59%

从表7.47.2可以看出，采取不同的呼吸方式，呼出的气体中氧气和二氧化碳的含量存在较大的差别，尤其在连续呼吸袋内气体时差值更为明显。而三种呼吸方式呼出的气体中水蒸气的含量则很接近。

实验48 红磷、白磷在密闭容器中燃烧的耗氧量探究

一、实验目的

运用数字化实验测定红磷、白磷在密闭容器中燃烧的耗氧量。

二、实验原理

在密闭空间中点燃过量红磷和白磷，运用氧气传感器测量红磷和白磷燃烧的耗氧量。

三、实验装备

1. 实验器材：塑料瓶（去底，剪平）、生料带、面团、三颈烧瓶、铝片、氧气传感器、数据采集器、计算机及相应软件。

2. 实验药品：红磷、白磷。

3. 实验装置：

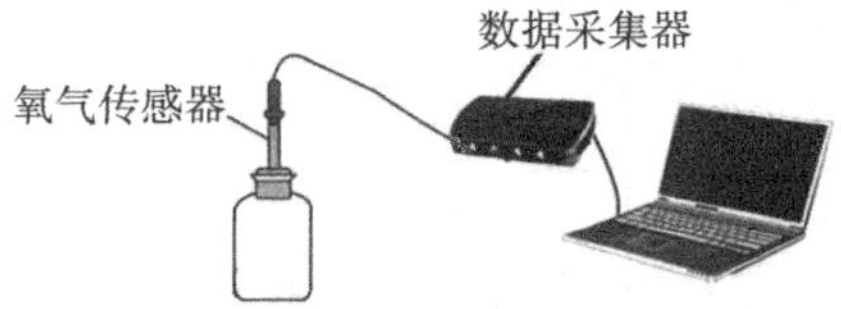

图 7.48.1　测量红磷燃烧前后氧气含量装置示意

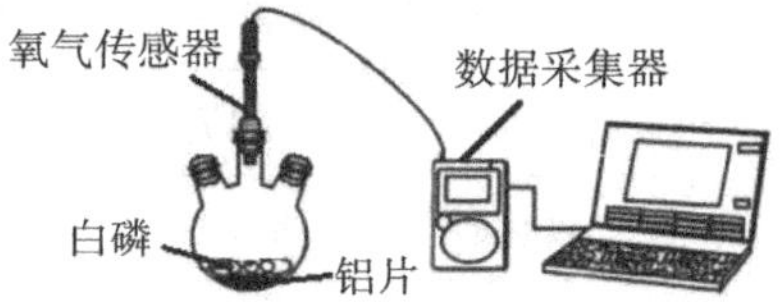

图 7.48.2　测量白磷燃烧前后氧气含量的装置示意

四、实验步骤

1. 按照图 7.48.1 连接实验装置，将氧气传感器包裹生料带插在塑料瓶上，在面团中央放一铝片，将足量红磷放在铝片捏成的凹槽中，点燃后放到铝片上，点击“采集”按钮，然后迅速将无底塑料瓶罩在面团上，直到数据不再变化，停止采集，并保存数据。

2. 如图 7.48.2 连接好实验装置，使用氧气传感器测量三颈瓶中白磷燃烧前后的氧气含量变化，为避免白磷燃烧过程中产生的高温使三颈瓶炸裂，将白磷放在三颈瓶中的铝片上，塞紧橡皮塞，点击软件的“采集”

按钮。将三颈瓶放入热水浴中，待白磷燃烧后从热水浴中取出，静置，直到数据不再变化，停止采集，保存数据。

五、实验数据分析及结论

图7.48.3清楚地表明，在此实验条件下无论是红磷还是白磷，都不能使容器内的氧气完全耗尽。多次实验结果基本一致，即红磷燃烧后氧气的残留量约为7%，白磷燃烧后氧气的残留量约为2%~3%。

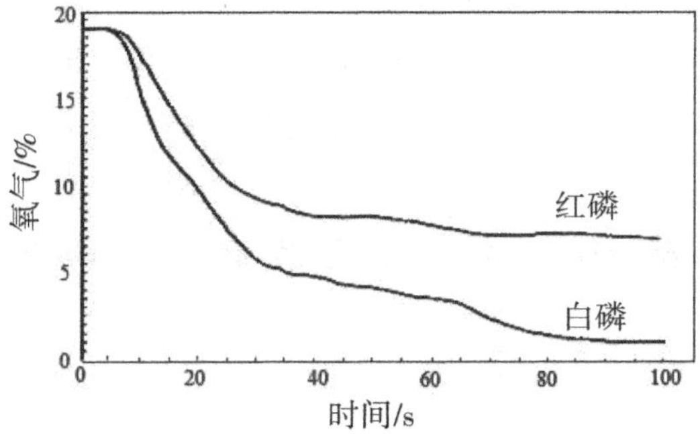

图7.48.3　红磷、白磷燃烧时耗氧量的对比

教材中使用红磷在密闭容器中燃烧是无法消耗密闭容器中所有氧气的，即使用白磷也无法完全消耗密闭容器中所有氧气，但实验效果比用红磷更好。在进行“空气中氧气含量测定”教学中，使用白磷替代红磷，在密闭条件下的实验可以避免污染，同时，也能够较为准确地测量空气中氧气的含量。

六、讨论与研究

红磷着火点是260℃，在一个密闭容器中，随着红磷燃烧的进行，氧气的含量逐渐减少，反应逐渐变慢，放出的热量也会逐渐减少，最终会使温度降低到红磷的着火点以下，所以不待氧气完全消耗完，燃烧就可能停止下来。而白磷的着火点较低，只有约40℃，比红磷更容易燃烧，需要燃烧来维持其燃点温度的热量也比红磷小得多，所以燃烧的时间更长，消耗的氧气比红磷更多，自然残留量更少。

为了验证实验结果，运用物理化学的相关知识进行计算，过程如下：

查阅数据：两种不同状态磷的标准生成吉布斯自由能分别为：

$\Delta_f G_m^\ominus$(P，红磷)= −12.028 kJ·mol^{-1}，$\Delta_f G_m^\ominus$(P，白磷)= 0

则根据反应的吉布斯自由能变化$\Delta_r G_m^\ominus$的计算公式：$\Delta_r G_m^\ominus = \sum v_B \Delta_f G_m(B)$

因为$\Delta_r G_m^\ominus$(P，白磷)<$\Delta_r G_m^\ominus$(P，红磷)，而$\Delta_r G_m^\ominus = -RT\ln K$，$\Delta_r G_m^\ominus$越小，$K$越大，所以$K_{白磷} > K_{红磷}$。

即在磷过量、氧气起始压力相等、容器体积相同等条件下反应，比较达到平衡时消耗的氧气量，白磷就要多于红磷，也就是说平衡时体系中$p(O_2)_{白磷} < p(O_2)_{红磷}$。这样的估算结果与实验结论是相吻合的。

实验49　二氧化碳温室效应的探究

一、实验目的

1.掌握温度传感器的使用方法，验证CO_2的温室效应。

2.了解CO_2温室效应的原理。

二、实验原理

CO_2是引起温室效应的主要气体之一，学生从书中都了解到这样的事实，但对于这样的事实却没有真实的体验。如果用温度计测定分别充有空气和CO_2的锥形瓶在受到相同时间和强度的阳光照射下的温度变化，会因为温度计不够精确以及不容易观察而影响实验的效果。而改用温度传感器，不仅能精确测定温度，还能通过曲线变化直观地看到温度的变化情况。同时利用CO_2传感器还能够测定实验所收集CO_2的具体浓度值，来比较不同浓度CO_2造成温室效应的程度。

三、实验装备

1. 实验器材：镊子、锥子瓶、平底烧瓶、双孔橡皮塞、长颈漏斗、玻璃导管、橡胶管、500 ml圆底烧瓶、单孔橡皮塞、温度传感器、数据采集器、计算机及相应软件。

2. 实验药品：$CaCO_3$固体，稀HCl溶液。

3. 实验装置：

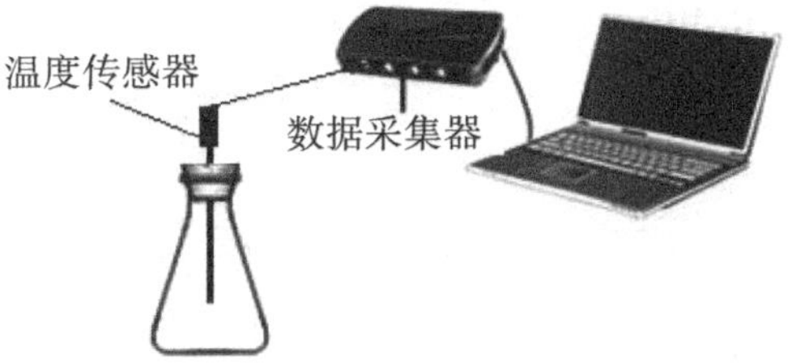

图 7.49.1　实验装置示意

四、实验步骤

1. 用250 mL的干燥锥形瓶收集1瓶CO_2气体，并用带有小孔的橡胶塞塞好。在收集好气体的锥形瓶橡胶塞边缘和小孔处涂抹凡士林，以防漏气。

2. 另取一相同规格的干燥锥形瓶，用带有小孔的橡胶塞塞好。同样在橡胶塞边缘和小孔处涂上凡士林，用作对照实验。

3. 将两个锥形瓶放在阳光下，分别将温度传感器穿过橡胶塞中间的小孔插入锥形瓶中。如图7.49.1连接好装置，然后进行数据采集。

五、实验数据分析及结论

由图7.49.2可知，集满二氧化碳和装满空气的锥形瓶在阳光的照射下温度会逐渐升高，但集满二氧化碳的锥形瓶中温度上升得更高，说明二氧化碳的保温效果比空气强，也印证了二氧化碳能产生温室效应。

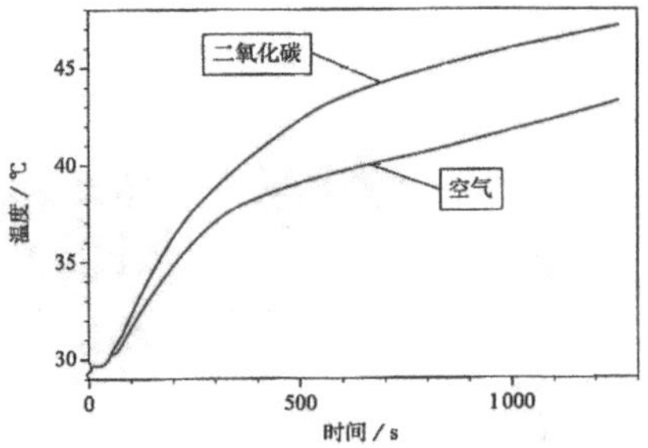

图7.49.2　盛有空气和二氧化碳的锥形瓶中温度的变化曲线

六、讨论与研究

空气里也有少量的CO_2，那么在相同室外太阳光照射和地面辐射的条件下，是否CO_2浓度越大，温室效应越强呢？含不同浓度CO_2的空气的温室效应强度相同吗？大气的温室效应与CO_2浓度的关系如何？比较在室外太阳光照射下含不同浓度CO_2的空气的温室效应强度。

取8个500 mL的干燥玻璃瓶，用注射器分别注入5 mL、10 mL、15 mL、20 mL、50 mL、100 mL、150 mL和200 mL的水，并用塞子塞紧瓶口。分别将玻璃瓶倒放在水槽中，通过排水法收集不同体积的CO_2，得到8瓶含不同浓度CO_2的空气混合物。

先将4瓶装有5 mL、10 mL、15 mL和20 mL CO_2的玻璃瓶放在室外太阳光下，连接好温度传感器。

打开数据采集器，将温度传感器连接到数据采集器的端口，设置数据采集模式为每1/10 s采集一次，共采集200个数据，每30 min观察一次温度值。

实验完成后，再用收集有50 mL、100 mL、150 mL和200 mL CO_2的瓶子重复实验，共采集500个数据。实验结果见表7.49.1和图7.49.3、图7.49.4。

表7.49.1　室外太阳光照射条件下不同浓度二氧化碳的空气的平均温度表

二氧化碳浓度	1%	2%	3%	4%	10%	20%	30%	40%
平均温度/℃	28.54	28.79	29.21	29.73	36.38	36.70	38.09	38.38

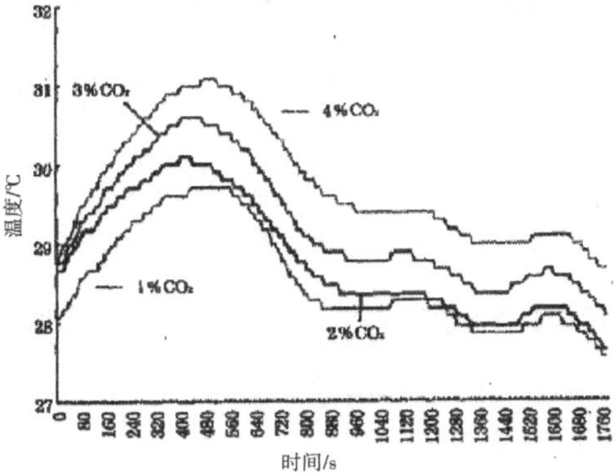

图7.49.3　室外太阳光照射下含较低不同浓度CO_2的空气的温度变化曲线

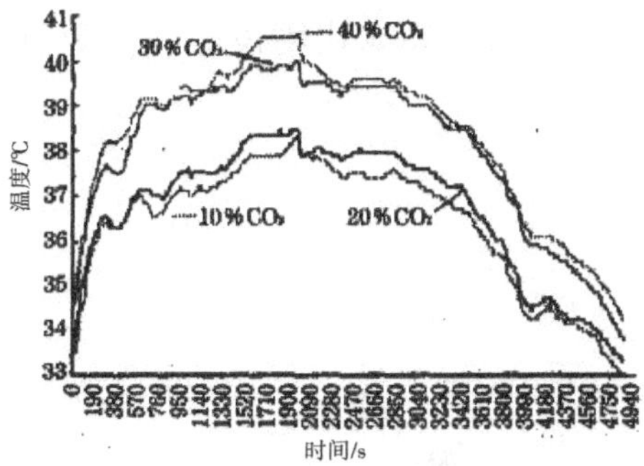

图7.49.4　室外太阳光照射下含较高不同浓度CO_2的空气的温度变化曲线

由表7.49.1可以看出随着CO_2浓度的增大，平均气温也随之升高。图

7.49.3和图7.49.4也表明随着空气中CO_2浓度的增大，气温不断升高，温室效应不断增强，而且低浓度组的实验比高浓度组的区分性好。

实验50　蜡烛在燃烧过程中氧气和二氧化碳浓度的变化探究

一、实验目的

通过本实验探究蜡烛在密闭容器中的燃烧过程，观察和描述蜡烛在燃烧前后的变化，以及揭示燃烧中CO_2和O_2浓度的变化过程。

二、实验原理

蜡烛在密闭容器中燃烧消耗氧气，放出二氧化碳，利用传感器可以探究氧气和二氧化碳浓度的变化过程。

三、实验装备

1. 实验器材：三颈烧瓶、二氧化碳传感器、氧气传感器、数据采集器、计算机及相应软件。
2. 实验药品：蜡烛。
3. 实验装置：

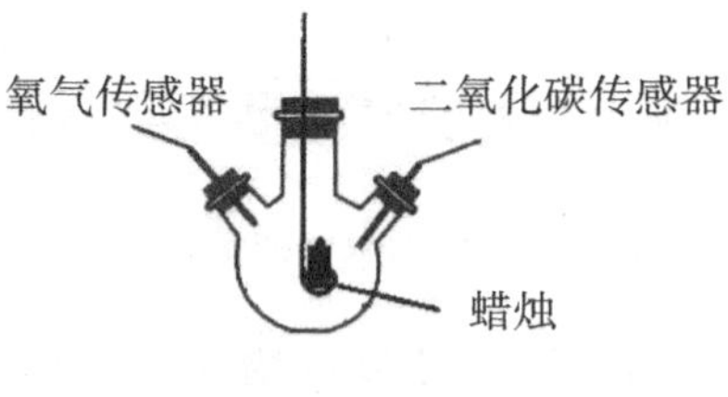

图7.50.1　实验装置示意

四、实验步骤

1. 将二氧化碳传感器和氧气传感器与数据采集器连接好，打开软件，采集数据。

2. 待数据稳定后，点燃蜡烛，迅速插入三颈烧瓶中，密闭好容器。

3. 记录蜡烛在密闭容器中燃烧时氧气和二氧化碳的变化情况。

4. 待蜡烛熄灭后，结束实验。

五、实验数据分析及结论

通过实验曲线可知，蜡烛在密闭容器中燃烧时二氧化碳浓度逐渐增大，氧气浓度逐渐减小。同时可以看出，过量的蜡烛在密闭容器中燃烧确实不能将容器中的氧气完全耗尽，密闭容器中的氧气含量下降到12.9%时，蜡烛就完全熄灭了。

蜡烛燃烧会产生CO_2，CO_2的密度大于空气的密度，它会慢慢下沉。当CO_2接触到蜡烛火焰时就会使蜡烛熄灭，而不再继续消耗氧气。

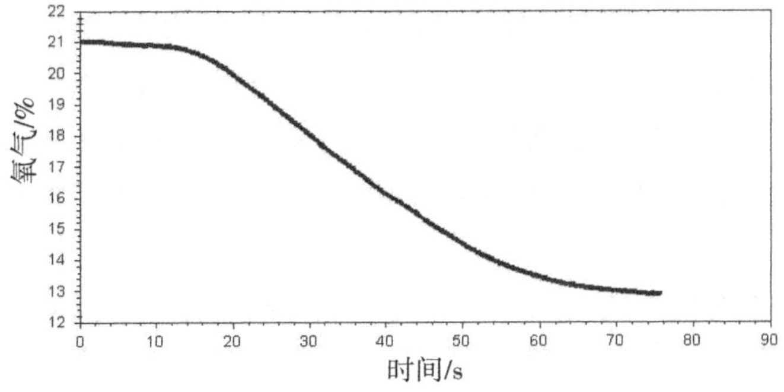

图 7.50.2　蜡烛在密闭容器中燃烧氧气浓度变化曲线

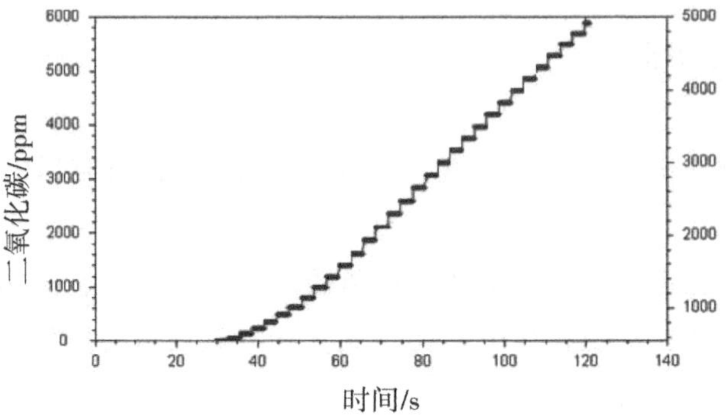

图 7.50.3　蜡烛在密闭容器中燃烧二氧化碳浓度变化曲线

六、讨论与研究

蜡烛的非常规熄灭是指在密闭容器中，高处蜡烛比低处蜡烛先熄灭。多数文献指出这是由于蜡烛燃烧产生的高温二氧化碳在容器顶部聚集，并由高向低扩散，从而导致了蜡烛的非常规熄灭现象，然而大部分研究都是从定性观察的角度加以判断，并没有进一步进行定量验证和分析。

华南师范大学化学教学与资源研究所钱扬义教授利用数字化手持技术，对测得的二氧化碳浓度曲线及温度曲线进行分析后发现，在实验中，密闭容器内除了高温二氧化碳在顶部聚集，并扩散到中下部，与此同时也有部分低温二氧化碳由低处向上聚集，但速率明显小于前者；高处扩散的二氧化碳比低处二氧化碳首先覆盖蜡烛，便出现了非常规熄灭的现象。

蜡烛采取何种方式熄灭，不仅与二氧化碳的分布特点有关，且与容器的空间及蜡烛高度的比例有关。在蜡烛熄灭过程中，高处向下扩散的高温二氧化碳速率要大于低处向上扩散的低温二氧化碳，蜡烛的高度设置直接影响了蜡烛熄灭的方式；当蜡烛高度设置在高处向下扩散的二氧化碳区域内，则蜡烛会采取非常规熄灭的方式，如图 7.50.4；反之，当蜡烛高度较低，在低处向上扩散的二氧化碳区域内，便会出现常规熄灭的现象，如图7.50.5。而常规熄灭与非常规熄灭的区域划分，则与实验装置的空间大小有关。

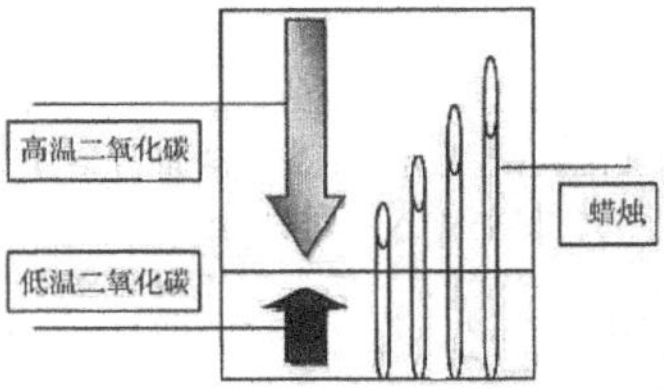

图7.50.4　非常规熄灭原理示意

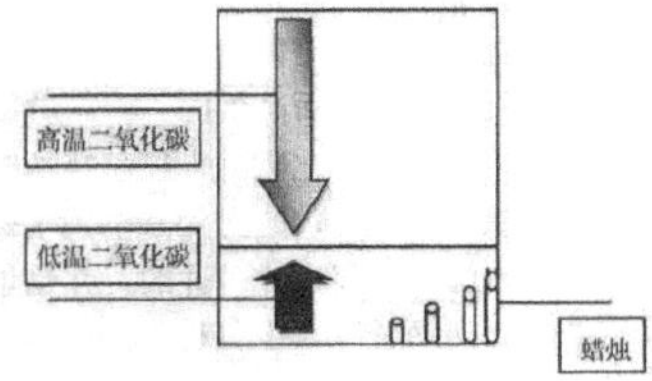

图7.50.5　常规熄灭原理示意

实验51　利用数字化实验探究水果电池

一、实验目的

利用电压传感器探究影响水果电池电压大小的因素。

二、实验原理

水果的果汁中含有H^+，起到电解质的作用。如果插入两种活动性不同的金属片，用导线将它们连接起来，其中活泼性强的金属失去电子，成为原电池的负极；活泼金属失去的电子经过导线流入另一不活泼电极，使溶液中的H^+还原成H_2，该电极成为原电池的正极。正极附近的溶液中H^+的减少使活泼金属离子从负极向正极移动，从而电极和溶液间形成闭合回路。使用电压传感器读数精准，易于探究电极材料、电解质、电极间距对电池的影响。

三、实验装备

1. 实验器材：铜片、锌片、铁片、碳棒、直尺、电压传感器、数据采集器、计算机及相应软件。

2.实验药品：橘子、柠檬、圣女果、苹果、梨。

3.实验装置：

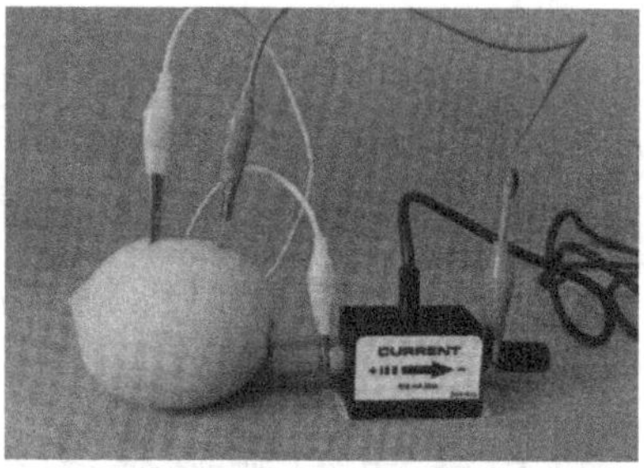

图7.51.1　实验装置

四、实验步骤

1.如图7.51.1所示，将电压传感器、数据采集器与计算机相连接。

2.在橘子上插入锌片、铜片作为电极，电极间距设定为1.5 cm，用导线连接电极和电压传感器。

3.打开软件，设置测量时间为120 s，测量橘子水果电池所产生的电压。

4.将橘子换成柠檬、苹果、梨、圣女果等水果，重复上述步骤，测得各水果电池的电压。

五、实验数据分析及结论

表7.51.1　不同水果电池所产生的电压

水果	苹果	柠檬	梨	圣女果	橘
电压/V	0.978 9	0.934 5	0.923 4	0.895 3	0.850 0

由实验数据可以发现，其他条件相同时，不同水果电池所产生的电压不相同，因此可以得出结论：水果电池的电压与水果本身有关。将水

果电池对应于原电池模型，即原电池的电解质溶液不同，这里主要包括电解质的含量和种类两个方面，它们同时影响了离子的迁移数目和速率，从而导致电压的偏差。例如在本组实验中，橘子与柠檬的差异较大，凭生活经验，我们会发现柠檬较酸，其中的柠檬酸电离出的H^+较多，使得柠檬组成的水果电池电压较大。而苹果电池的电压大于柠檬，则可能由于苹果中果酸含量较丰富。

六、讨论与研究

探究实验1：不同电极材料对水果电池电压的影响

1. 如图7.51.1所示，将电压传感器、数据采集器与计算机相连接。

2. 在柠檬切面上插上锌片、铜片作为电极，电极间距设定为1.5 cm，用导线连接电极和电压传感器。

3. 打开软件，设置测量时间为120 s，测量柠檬水果电池所产生的电压。

4. 将铜片分别换成铁片、碳棒，与锌片组成电极，重复上述步骤，测得不同电极材料的水果电池的电压。

表7.51.2　不同电极材料的水果电池所产生的电压

电极	锌–碳棒	锌–铜	锌–铁
电压/V	1.088	1.049	0.555 3

根据以上数据，我们能够得出结论：其他条件相同时，水果电池的电压与电极材料有关。其中，电极间的活泼性差异越大，水果电池所产生的电压也就越大。将水果电池对应于原电池模型，根据电势差，电极间的活泼性差异使得电极两端的电势差不同，且电极间活泼性差异越大，电势差越大，从而产生的电压就越大。在本组实验中，可以很明显地看出，锌–铁电极所产生的电压比锌–碳棒小很多。

探究实验2：电极间距离对水果电池电压的影响

选取柠檬作为实验水果，锌片、铜片作为电极，连续改变电极间的距离，测量柠檬在不同电极间距条件下所产生的电压。

表7.51.3　电极间距离对水果电池所产生的电压

电极间距/cm	1.0	2.0	3.0
电压/V	0.983 8	0.960 1	0.930 9

从本组实验数据可以得到结论：其他条件相同时，水果电池的电压与电极间的距离有关，且电极间距离越大，水果电池的电压就越小。将水果电池对应于原电池模型，电极间的间距其实改变的是离子迁移的距离，距离越远，根据电势差的定义（电荷q在电场中从A点移动到B点，电场力所做的功W_{AB}与电荷q的比值，叫做AB两点间的电势差，用U_{AB}表示，$U_{AB}=W_{AB}/q$），电场力对电荷所做的功W_{AB}就越大，电荷q不变，内电压就越大，总电压一定时，电压表测出的外电压就越小。

实验52　饮料中维生素C含量的测定

一、实验目的

1.学习氧化还原传感器的使用方法，用数字化实验呈现出直观具体的数据，感受氧化还原反应过程的动态变化。

2.体会数字化仪器在化学实验中所起的直观、形象的作用，体会科技进步、技术更新对化学实验所起的促进作用。

二、实验原理

用氧化还原（ORP）传感器测量某溶液充当氧化试剂或还原试剂的能力。ORP传感器经常被用于测定氧化还原反应的终点。当氧化还原反应接近终点时，电势会发生突跃，直接通过绘制的体积—电势曲线来判定滴定终点。本实验用标准碘液滴定维生素C，当标准碘液恰好完全反应时，ORP传感器测量的电势将迅速增加，此时电势的变化最大，根据氧化还原滴定曲线，进行数据处理，进而计算样品饮料中维生素C的含量。

三、实验装备

1. 实验器材：25 mL移液管、磁力搅拌器、ORP传感器、滴数传感器、数据采集器、计算机及其配套软件。

2. 实验药品：含维生素C饮料样品、1.0×10^{-4} mol/L标准碘液、蒸馏水。

3. 实验装置：

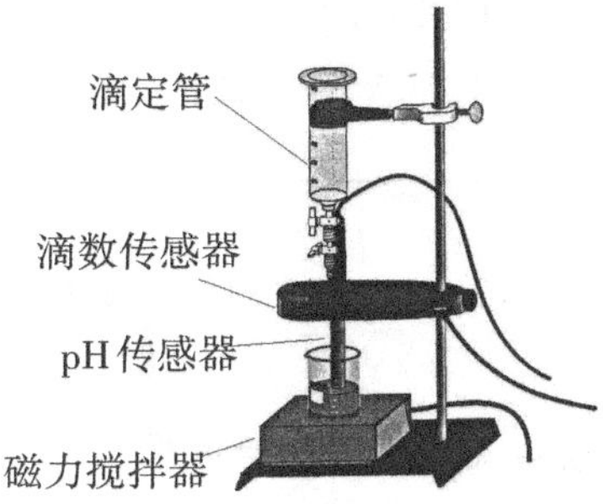

图7.52.1　实验装置示意

四、实验步骤

1. 如图7.52.1所示，将ORP传感器、滴数传感器分别与数据采集器相连，数据采集器再与计算机相连，再将磁力搅拌器、小烧杯、ORP传感器、滴定管依次安装好，打开软件。

2. 用移液管移取25.00 mL含维生素C的饮料于小烧杯中，再用标准碘液润洗滴定管，装液，准备滴定。

3.先点击软件中数据采集按钮，再打开磁力搅拌器，最后缓慢打开滴定管活塞，让标准碘液逐滴滴下，计算机自动记录数据。

五、实验数据分析及结论

图7.52.2为标准碘液滴定25.00 mL含维生素C的饮料过程中ORP传感器测量溶液的电势随体积变化的曲线图，其中横坐标为标准碘液滴加的体积（单位：mL），纵坐标为ORP传感器测量溶液的电势（单位：mV）。图7.52.3为标准碘液滴定饮料中维生素C含量的一阶导数与体积的曲线图，其中横坐标为标准碘液滴加的体积（单位：mL），纵坐标为对图7.52.2数据所求的导数。图7.52.3说明滴定过程中，当标准碘液滴加到27.89 mL时，ORP传感器测量溶液的电势变化率最快，即为恰好完全反应。样品中维生素C浓度为1.12×10^{-4} mol/L。

一瓶该饮料（445 mL）中所含维生素C质量m=87.8 mg。

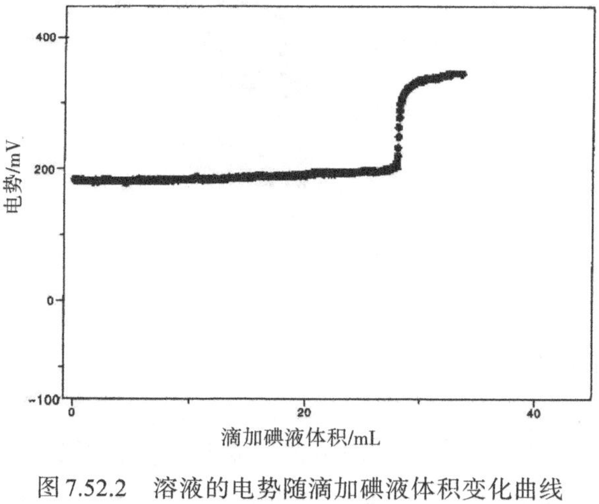

图7.52.2　溶液的电势随滴加碘液体积变化曲线

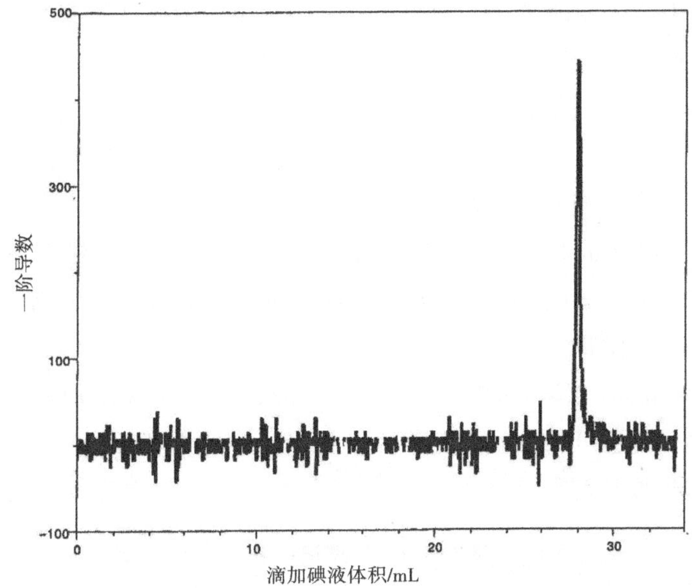

图 7.52.3　饮料中维生素C含量的一阶导数与滴加碘液体积的关系曲线

六、讨论与研究

维生素C又称抗坏血酸。1907年挪威化学家霍尔斯特在柠檬汁中发现维生素C，1934年才获得纯品。维生素C是无色晶体，属于水溶性维生素，易溶于水，水溶液呈酸性。维生素C为酸性己糖衍生物，是烯醇式己糖酸内酯，有L型和D型两种异构体，但是只有L型有生理功效，能维持正常的新陈代谢，维持骨骼、肌肉和血管的正常生理作用，增强肌体抵抗力，缺乏时易患坏血病，导致皮下、牙龈的血管出血，抵抗力下降。近年来，科学家们还发现，维生素C能阻止亚硝酸盐和仲胺在胃内结合成致癌物质——亚脱胺，从而降低癌的发病率。

目前，市场上有多种补充维生素C的片剂，有儿童专用的，也有成人服用的，有些价格很低，有些价格高昂。那么，是否价格高的产品补充维生素C的功用就一定好呢？江苏省常州高级中学许立邦等老师对5种片剂进行维生素C含量的测定，并对商品的性价比进行分析。

实验采用传统的碘量法。实验需要测定含量，对实验结果的精确度要求较高，因此需进行滴定操作，利用滴定法测定药品中维生素C的含量。

1. 自备维生素C药片，并记录药瓶上所标示的剂量。

2. 将此维生素C药片置于锥形瓶中，加入50 mL蒸馏水，略微浸泡后，再以玻璃棒压碎并充分搅拌使之溶解。

3. 量取4 mL 1 mol/L HCl溶液及2滴2%淀粉指示剂加于锥形瓶中。

4. 洗净一支25 mL滴定管，并用I_2溶液润洗两次后，再装满。记录滴定管中溶液的初体积（V_i）。

5. 以0.05 mol/L I_2溶液滴定维生素C溶液，直到溶液出现蓝黑色并且持续半分钟不褪色时，达到滴定终点。记录滴定终体积（V_f）。

实验结果如下表所示：

表7.52.1　数据记录表

片剂	每片价格/元	初读数 V_i/mL	终读数 V_f/mL	实际耗碘量/mL	每片维生素C含量/mg
常州产维生素C片Ⅰ	0.035	0.30	11.90	11.60	204.16
常州产维生素C片Ⅱ	0.065	0.34	11.50	11.16	196.42
维C糖	0.15	0.42	1.24	0.82	14.43
安利维生素C片	1.11	0.20	8.20	8.00	140.80
成长快乐维生素C片	1.20	0.30	6.00	5.70	100.32

从以上实验结果可以看出：不同的维生素C片剂的市场价格相差较大，因此产品的性价比也有着很大的差异。在测定的几种产品中，一些广告做得多的品牌以及一些知名度较高的品牌的维生素C含量则低得多，性价比也不高。在一些维生素缺乏的人群中，补充维生素C除了通过改善饮食结构，多吃蔬菜水果外，还需补充维生素片剂。显然，在购买维生素C产品时，不能只看品牌，只重价格，认为“贵的一定是好的”。我

们应该从实效着眼，注重产品的性价比，价格不高、性能较好的产品才是消费者的最佳选择。

实验53　“84消毒液”漂白性的影响因素探究

一、实验目的

运用数字化实验探究酸度、温度及光照三个因素影响“84消毒液”的漂白性能。

二、实验原理

1.酸度。

“84消毒液”的主要成分次氯酸钠是一种强碱弱酸盐，次氯酸钠在水中会发生如下反应：

$$ClO^- + H_2O \rightleftharpoons HClO + OH^-$$

$$ClO^- + 2H^+ + Cl^- \rightleftharpoons Cl_2 + H_2O$$

因此，“84消毒液”中的主要成分会随着氢离子浓度改变而改变。查阅文献可知，pH与次氯酸钠溶液的平衡关系如图7.53.1所示：当“84消毒液”的pH小于2时，溶液中的主要成分为Cl_2；当pH为4～6时，溶液的主要成分为HClO，当溶液的pH大于8时，溶液中的主要成分为ClO^-。因此，随着“84消毒液”的pH变化，溶液的主要组成成分会发生变化。

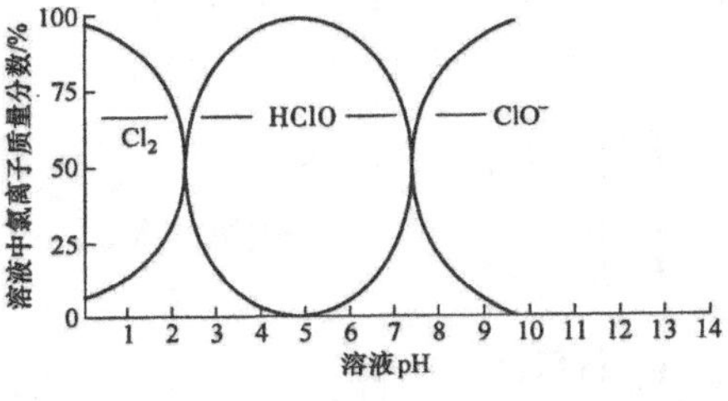

图7.53.1　pH与次氯酸钠溶液体系的平衡关系

2.温度及光照。

次氯酸钠溶液不稳定、易分解，在光照和受热条件下分解速率加快，分解原理如下：

$$2ClO^- = 2Cl^- + O_2$$

$$3ClO^- = ClO_3^- + 2Cl^-$$

随着光照和温度升高，溶液中的有效氯质量分数降低，氧化能力也会改变。因此，我们利用氧化还原传感器测量不同温度和光照条件下溶液的氧化还原能力变化以研究温度和光照对“84消毒液”氧化能力的影响。

三、实验装备

1.实验器材：磁力搅拌器、烧杯、胶头滴管、铁架台、pH传感器、氧化还原（ORP）传感器、数据采集器、计算机及相应软件。

2.实验药品：0.1mol/L氢氧化钠溶液、酚酞溶液、“84消毒液”。

3.实验装置：

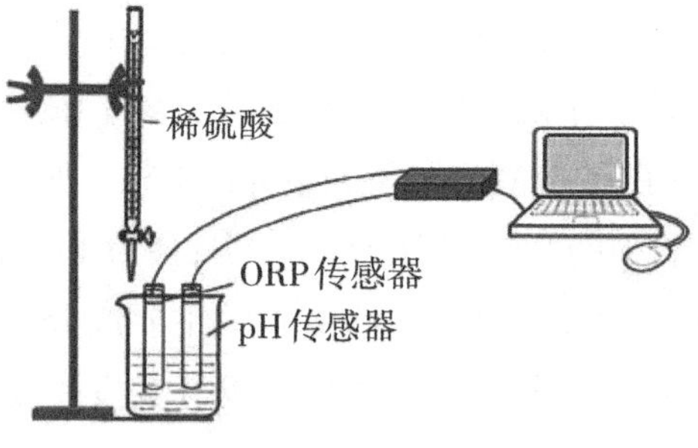

图7.53.2 实验装置示意

四、实验步骤

1.如图7.53.2所示连接实验装置，取30 mL “84消毒液”倒入烧杯中，将pH传感器和ORP传感器浸入装有“84消毒液”的烧杯中；打开装有0.5 mol/L稀硫酸溶液的酸式滴定管，向“84消毒液”中滴加稀硫酸；启动数据采集器，绘制加入稀硫酸过程中“84消毒液”的pH与ORP的变化曲线。

2. 取烧杯倒入“84消毒液”30 mL，将烧杯放置在100 W白炽灯下光照，利用氧化还原传感器测量ORP变化。

3. 取四个烧杯，分别倒入30 mL“84消毒液”。将四个烧杯分别放入20℃、30℃、40℃、50℃水浴中加热，绘制ORP变化曲线。

五、实验数据分析及结论

从图7.53.3可以看出：随着“84消毒液”pH的降低，其ORP逐渐增大；当pH＜10时，ORP的值变化幅度较大，之所以有这样的变化是因为pH＜10时，加入的稀硫酸与溶液中的OH^-反应，随着OH^-不断被消耗，加入的H^+和溶液中的ClO^-结合形成了HClO，且HClO的氧化能力远远大于ClO^-，从而引起了突变，这与图7.53.1的结论相吻合。另外，在实验过程中发现，当溶液的pH<7时，会逸出大量氯气。

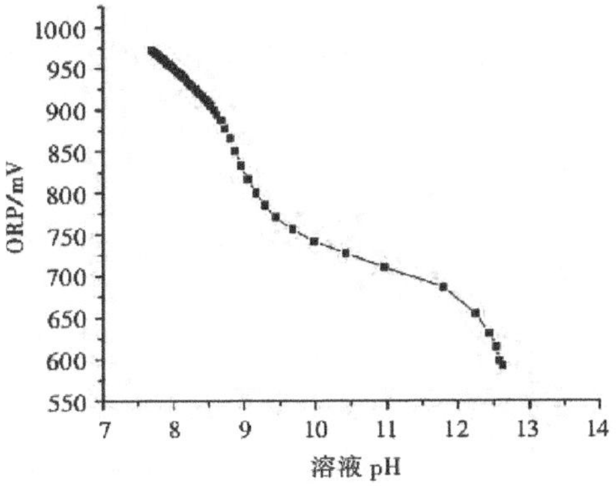

图7.53.3　pH对“84消毒液”ORP的影响

常温下，“84消毒液”的氧化性随pH降低而增大。“84消毒液”的漂白性实质是利用其氧化性将有色物质氧化为无色物质。因此，为实现更好的漂白效果，工业使用“84消毒液”时，可加入少量酸调节“84消毒液”pH至8～10（pH<8时产生氯气）。而家庭使用“84消毒液”时用量较少，空气中的二氧化碳溶于水就可起弱酸作用，因此不必加酸。家庭使用“84消毒液”时，之所以不可将其与酸性洗涤剂混合使用，是为了防止产生有毒的氯气。

由图7.53.4、图7.53.5可知，光照和温度都会影响“84消毒液”的氧化能力，且温度越高、光照时间越长，次氯酸钠分解速率越快。因此，“84消毒液”在储存时，应放置在避光的阴凉处，在使用时不能用热水稀释，防止“84消毒液”漂白性减弱。

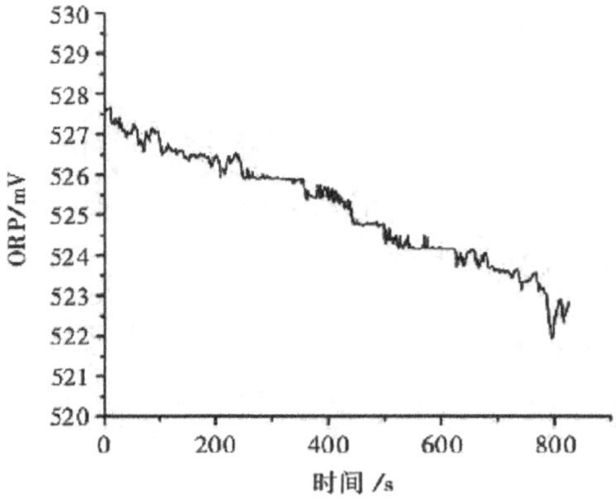

图7.53.4　光照对“84消毒液”氧化性的影响

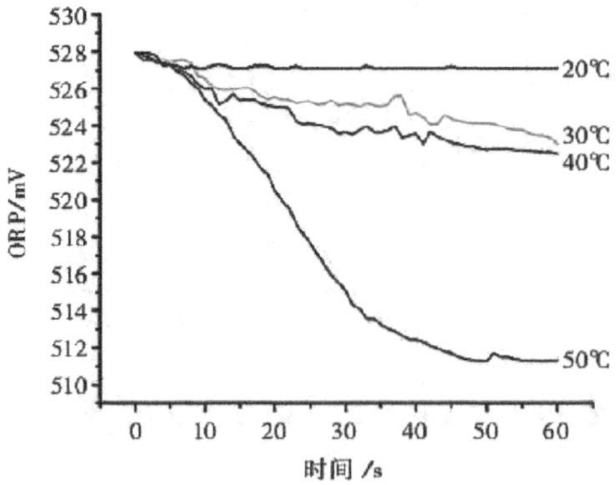

图7.53.5　温度对“84消毒液”氧化性的影响

六、讨论与研究

探究实验："84消毒液"漂白性的实质

"84消毒液"是一种以次氯酸钠为主的高效消毒剂，因其具有杀菌漂白效果，被广泛应用于生活中。为认识"84消毒液"的漂白性，在少量含有酚酞的氢氧化钠溶液中不断滴加"84消毒液"，溶液红色褪去。那么"84消毒液"漂白含有酚酞的氢氧化钠溶液的实质是什么？

首先，酚酞的变色范围是8.2～10.0，在酸性溶液中，酚酞以无色存在，当溶液呈碱性时，酚酞分子结构会转变为醌式结构，溶液呈现红色，而这种醌式结构极其不稳定，遇到强碱或强氧化剂时，醌式结构被破坏转变为羧酸盐等而呈现无色，如图7.53.6所示。

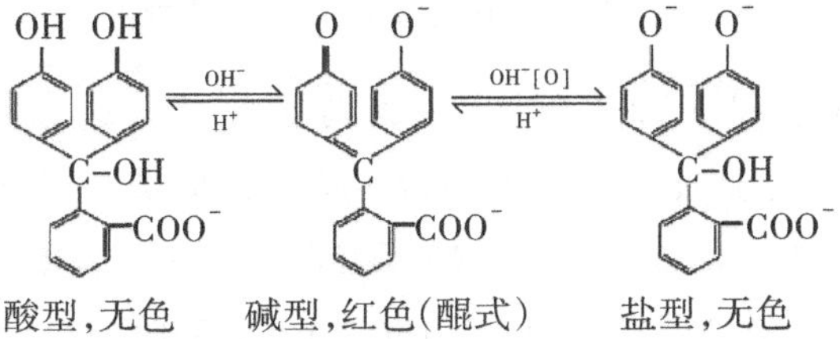

图7.53.6　酚酞多种结构的转化

另外，"84消毒液"的主要成分为次氯酸钠（NaClO），次氯酸钠溶液中存在ClO^-、HClO、Cl_2，且都具有氧化性，当向含有酚酞的氢氧化钠溶液中滴加"84消毒液"后，溶液红色褪去，褪色过程中可能发生了如下的反应：

可能1：酚酞的显色范围是8.2～10.0，"84消毒液"中的HClO、Cl_2与NaOH发生反应，溶液的pH降低到8.2以下，致使酚酞显无色。

可能2：具有氧化性的ClO^-、HClO、Cl_2将酚酞氧化成其他物质，致使溶液中不存在酚酞，所以溶液红色褪去。

可能3：以上两种可能同时发生。

取30 mL pH=13.0的氢氧化钠溶液并加入2滴酚酞溶液，向溶液中不断滴加"84消毒液"，直至溶液红色褪去，并用pH传感器测定漂白（褪色）后溶液的pH，见图7.53.7。向漂白后的溶液中滴加2滴酚酞溶液，溶液再次变红。

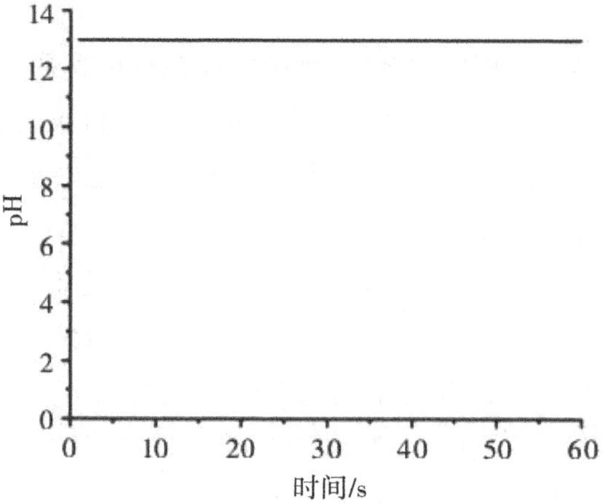

图7.53.7　含有酚酞的氢氧化钠溶液中逐滴加入“84消毒液”pH随时间变化曲线

观察实验现象和图7.53.7可知，逐滴加入“84消毒液”后，溶液的pH保持不变，由此验证假设1和假设3错误；向漂白后的溶液中滴加酚酞溶液，溶液再次变红，说明“84消毒液”漂白含有酚酞的氢氧化钠溶液的实质是具有强氧化性的ClO^-、HClO、Cl_2将酚酞氧化，即假设2正确。

实验54　“暖宝宝”发热原理探究

一、基本信息

某品牌“暖宝宝”的基本信息如下：

品名：某品牌贴身暖宝宝
成分：
袋内物质：铁粉、水、活性炭、吸水树脂、食盐、蛭石等
内袋材料：微孔透气无纺布

外袋材料：不透气塑料

用法：临使用前，打开外袋取出内袋，直接贴在衣服上。

通过查阅化学文献，收集学生对“暖宝宝”中不熟悉的物质的资料如下：

蛭石是一种层状结构的含镁的水铝硅酸盐次生变质矿物，成分为$(Mg,Fe,Al)_3[(Si,Al)_4O_{10}(OH)_2]\cdot 4H_2O$，耐1 000℃高温，不会与低于5%的稀硫酸反应，耐碱，一般不与其他物质反应，是很好的保温材料。

活性炭具有疏松多孔的结构。

吸水树脂是一种新型的高分子材料，它能够吸收自身重量几百倍至一千倍的水分，吸水能力极强，保水能力极高，所吸水分不能被简单的物理方法挤出，并且可反复释水、吸水。可用作土壤保水剂、婴儿尿不湿等。

二、实验目的

利用数字化仪器探究“暖宝宝”的发热过程及其原理。

三、实验原理

“暖宝宝”的发热原理主要是“暖宝宝”中的铁与氧气作用而放热。配料表中的食盐、活性炭、水等加快了铁的氧化，从而使热量更快地散发出来。

四、实验装备

1.实验器材：三颈烧瓶、温度传感器、二氧化碳传感器、氧气传感器、计算机及相应软件。

2. 实验药品：某品牌“暖宝宝”。

3. 实验装置：

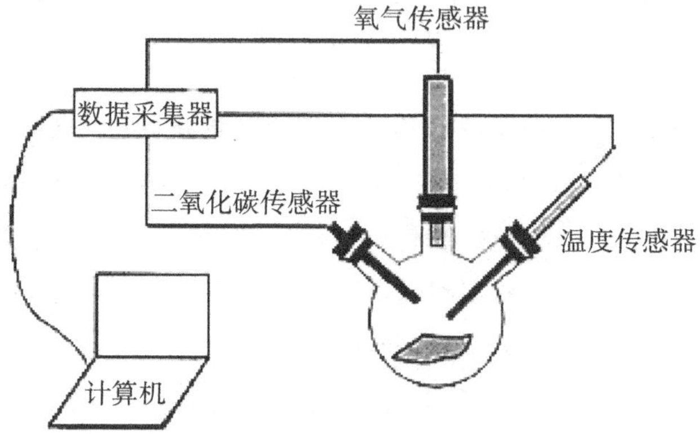

图 7.54.1　实验装置示意

五、实验步骤

1. 如图 7.54.1 所示，将数据采集器、二氧化碳传感器、温度传感器、氧气传感器、数据采集器与计算机相连接，打开实验系统软件。

2. 取约 2 g 的“暖宝宝”粉末加入三颈烧瓶中，开始采集数据。

六、实验数据分析及结论

从图 7.54.2、图 7.54.3、图 7.54.4 中我们可以知道，随着时间的延长，反应不断发生并放出热量，使反应瓶内温度升高，二氧化碳的体积分数没有发生变化，但是氧气却在不断减少，这说明“暖宝宝”中的某种成分反应时消耗了氧气。再进一步探讨，这种消耗氧气的物质不是碳，因为二氧化碳并没有增加，所以推测是铁与氧气作用而放热。

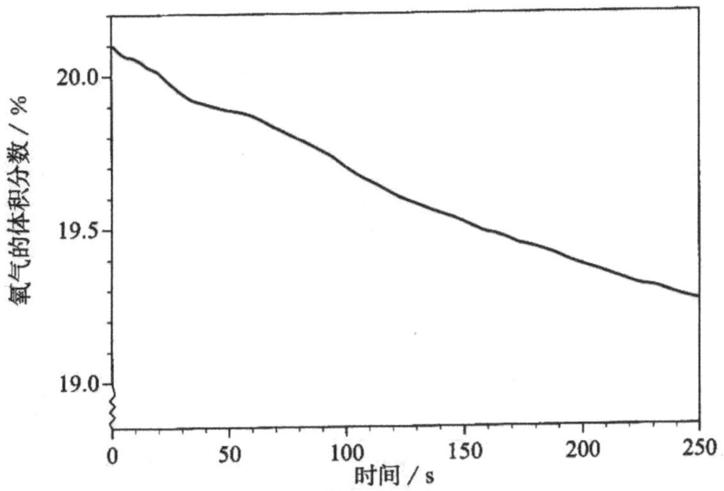

图 7.54.2　氧气的体积分数随时间的变化曲线

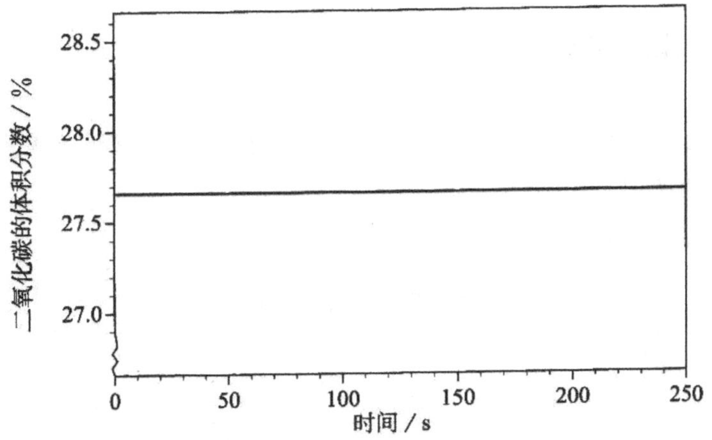

图 7.54.3　二氧化碳的体积分数随时间的变化曲线

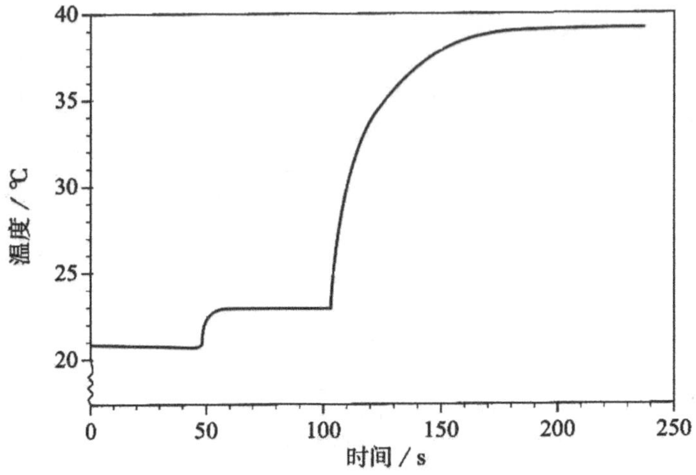

图 7.54.4　温度随时间的变化曲线

七、讨论与研究

进一步设计实验对“暖宝宝”进行深度探究，获取对“暖宝宝”放热原理新的认识。

实验药品见表7.54.1。

表 7.54.1　实验药品

实验	实验药品
实验一	5 g铁粉(还原铁粉,下同)
实验二	5 g铁粉、1.5 mL水
实验三	5 g铁粉、1 g氯化钠
实验四	5 g铁粉、1 g氯化钠、1.5 mL水
实验五	5 g铁粉、1 g氯化钠、1.5 mL水、0.5 g活性炭粉
实验六	5 g暖宝宝

实验装置如图7.54.5。

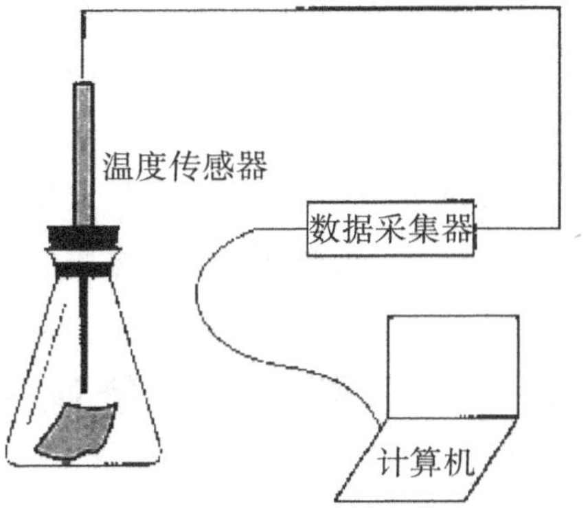

图 7.54.5　利用温度传感器探究“暖宝宝”发热原理装置示意

按图 7.54.5 连接装置，设置采集频率、采集时间。分别将实验一至实验六的药品放入锥形瓶中，点击计算机屏幕上的“开始”按钮，观察计算机屏幕上的曲线变化，实验结果如图 7.54.6 所示。

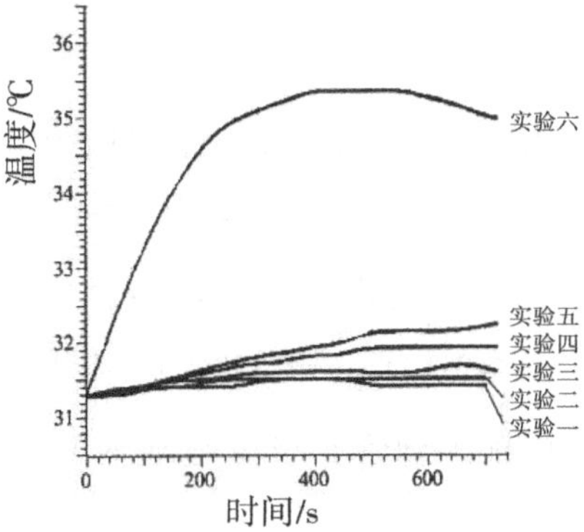

图 7.54.6　利用温度传感器探究“暖宝宝”发热原理实验结果

根据数字化实验采集的信息，对实验一至实验四进行分析，可知铁的锈蚀需要水，同时实验四 600 s 时在实验一 ~ 实验四四个实验中温度最高，说明氯化钠可以加快铁的锈蚀。实验五在加入活性炭后温度变化比前面四个实验都大。通过信息检索和对信息的比较分析可知，铁粉、活性炭、食盐水构成原电池反应，加快铁的氧化，将化学能转变为热能。实验六虽然“暖宝宝”中铁粉质量要比前五个实验要少，但实验温度变化却明显高于其他实验。通过信息检索和对信息的比较分析可知，“暖宝宝”中的蛭石是很好的保温材料，可以减少与外界的热交换，吸水树脂可反复释水，从而维持反应的持续进行。同时，活性炭疏松多孔的结构使得铁粉与其他物质接触非常充分（多次实验证明，用磁铁难以将铁粉从“暖宝宝”中分离出来），从而加快了反应速率。

实验55　明矾净水实验的探究

一、实验目的

利用浊度传感器探究明矾净水的多个因素。

二、实验原理

明矾[$KAl(SO_4)_2\cdot 12H_2O$]在水中可以发生如下电离：

$$KAl(SO_4)_2 = K^+ + Al^{3+} + 2SO_4^{2-}$$

而Al^{3+}很容易水解，生成胶状的$Al(OH)_3$：

$$Al^{3+} + 3H_2O \rightleftharpoons Al(OH)_3 + 3H^+$$

$Al(OH)_3$胶体的吸附能力很强，可以吸附水中悬浮的杂质，并形成沉淀，使水澄清。

影响明矾净水效果的因素比较复杂，主要包括：温度、pH、杂质性质和浓度、明矾用量等。考虑到实际教学需要，可从浊液pH、明矾用量、不同助凝剂三个方面来探究明矾净水效果。

三、实验装备

1.实验器材：烧杯、pH传感器、浊度传感器、数据采集器、计算机及相应材料。

2. 实验药品：饱和明矾溶液、氢氧化钠、盐酸、碳酸钠、碳酸氢钠、硅酸钠。

3. 实验装置：

图 7.55.1 实验装置示意

四、实验步骤

1. 浊液 pH 的影响。根据溶度积原理，溶液的 pH 对氢氧化铝胶体的形成有很大的影响。因此，调节悬浊液的 H^{+}浓度，可能会改变悬浮固体小颗粒的沉降速度。取同一悬浊液，pH 在 4 ~ 11 之间进行调节，滴加 3 滴饱和明矾溶液，用浊度传感器测量净水 6 min 前后悬浊液的浊度。

2. 明矾用量的影响。调节悬浊液的 pH=10.5，量取 15 mL 悬浊液倒入比色瓶中，根据表 7.55.2 的用量滴加饱和明矾溶液，旋上盖子，上下颠倒几次后放进浊度传感器的槽中，测量净水 6 min 前后悬浊液的浊度。

3. 不同助凝剂的影响。调节悬浊液的 pH=10.5，取 15 mL 悬浊液后按表 7.55.3 加入助凝剂，然后滴加 4 滴饱和明矾溶液，测量净水 6 min 前后悬浊液的浊度。

五、实验数据分析及结论

1. 浊液 pH 的影响。

表 7.55.1　不同pH的悬浊液净水实验数据

pH	4.1	6.3	7.5	9.5	10.6	11.1
净水前浊度/NTU	127.0	284.4	186.9	146.4	217.1	287.6
净水后浊度/NTU	123.6	279.6	173.8	166.8	181.1	250.3
浊度变化值/NTU	−3.4	−4.8	−13.1	20.4	−36	−37.3

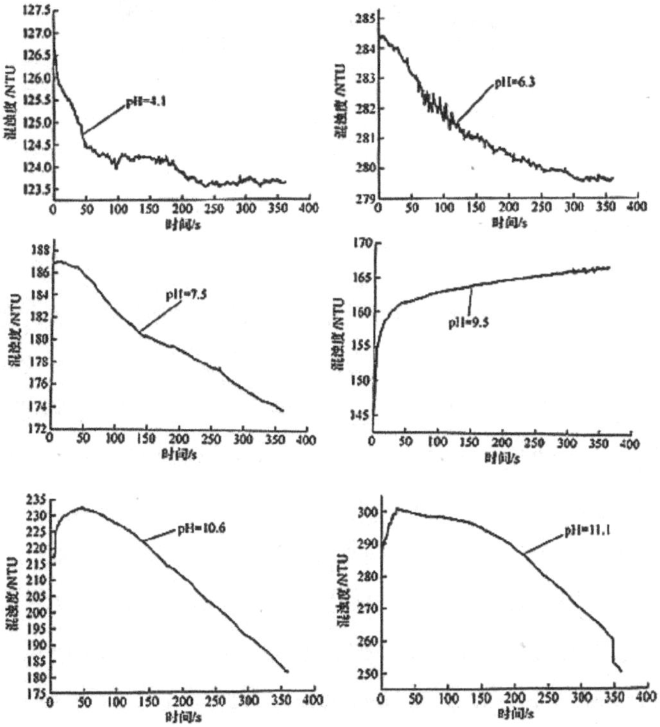

图 7.55.2　不同pH下明矾净水混浊度变化曲线

结合图7.55.2和表7.55.1可知：

（1）pH=4.1～7.5，混浊度的变化是自然沉降所导致的，几乎没有氢氧化铝胶体生成。

（2）pH=9.5，产生氢氧化铝胶体，浊度也随之缓慢增大，且在6 min内未能及时沉降。

（3）pH=10.6～11.1，迅速产生氢氧化铝胶体，浊度快速增大，约1.5 min

迅速沉降，6 min内悬浊液变得较澄清。

因此，若想在较短时间看到明矾净水的理想效果，可将悬浊液的pH调节到10.6～11.1。此外，从曲线上看，可以直观地看出明矾净水的过程：明矾胶体的生成（混浊度升高）—絮凝（混浊度升高）—沉降（混浊度降低）。

2. 明矾用量的影响。

表7.55.2　明矾用量的影响

饱和明矾用量/滴	1	2	4	8
净水前浊度/NTU	295.3	326.0	222.2	158.8
净水后浊度/NTU	331.7	289.0	169.2	188.5
浊度变化值/NTU	36.4	–37	–53	29.7

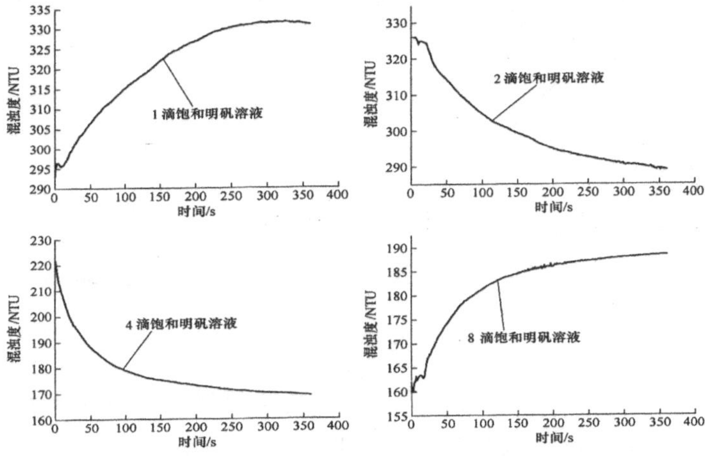

图7.55.3　不同明矾用量下净水混浊度变化曲线

从图7.55.3和表7.55.2可以看出：15 mL悬浊液所需要的饱和明矾溶液的用量为2～4滴，净水效果理想。加入1滴量过少或加入8滴量过多，净水效果均不理想。因此，净化15 mL悬浊液滴加饱和明矾溶液2～4滴为宜。

3. 不同助凝剂对明矾净水效果的影响。

表 7.55.3　不同助凝剂对明矾净水效果的影响

助凝剂3滴	蒸馏水	饱和碳酸钠	饱和硅酸钠	饱和碳酸氢钠
净水前浊度/NTU	239.8	534.3	250.6	319.5
净水后浊度/NTU	225.0	344.4	233.2	283.2
浊度变化值/NTU	−14.8	−189.9	−17.4	−36.3

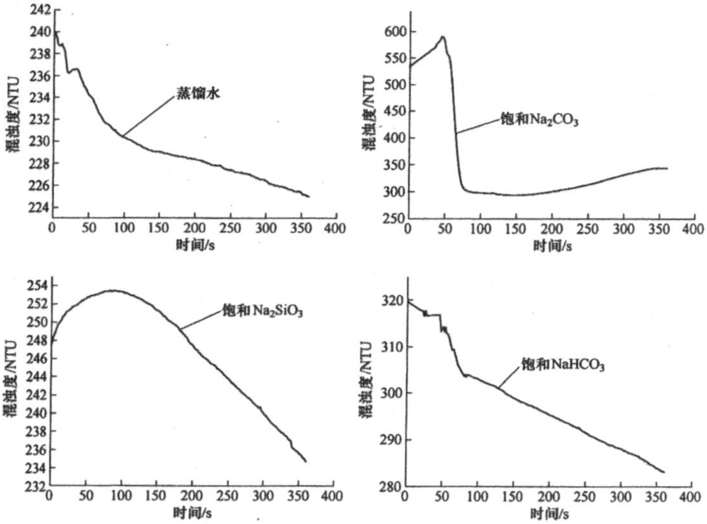

图 7.55.4　不同助凝剂下明矾净水混浊度变化曲线

从图 7.55.4 和表 7.55.3 可以发现：3 种助凝剂能不同程度地提高明矾净水效果，饱和 Na_2CO_3 溶液的助凝效果显著高于 Na_2SiO_3 和 $NaHCO_3$，最后为蒸馏水。

因此，在课堂教学中，可滴加 2 ~ 3 滴饱和 Na_2CO_3 或 $NaHCO_3$ 溶液来提高明矾净水的效果。

六、讨论与研究

明矾的主要成分是硫酸铝钾（又名钾明矾）和硫酸铝胺（又名胺明矾）。

硫酸铝钾，学名“十二水硫酸铝钾”，分子式为$KAl(SO_4)\cdot 12H_2O$，无色结晶或粉末，无气味，微甜而有涩味、有收敛性，又称钾铝矾、铝明矾，其晶体外表常呈八面体，有玻璃光泽。在干燥空气中风化失去结晶水，在潮湿空气中得到结晶水。易溶于甘油，能溶于水，水溶液呈酸性，水解后有氢氧化铝胶状物沉淀。

明矾是常用的复合膨松剂中的酸性剂。常见的在烘焙中不可缺少的膨松剂、泡打粉中就含有明矾，明矾与碳酸盐发生反应产生二氧化碳气体，使面胚膨胀，形成致密多孔组织，使产品膨松、柔软或酥脆；同时控制反应速度，充分提高膨松剂的效能。另外，还能调整食品酸碱度。

而对于水产加工制品如海蜇，明矾又是不可缺少的脱水剂。明矾遇水后呈酸性，可使海蜇保持凝固状态，在具有一定厚度的同时增加海蜇的弹性。明矾在鱼糜制品即食用鱼皮等产品加工过程中也偶有添加，主要起着护色、抗氧化和凝固等作用。

除此之外，食品级别的明矾在布丁中作防凝固剂和增稠剂，在蔬菜罐头食品中调控酸碱度，在酱瓜等泡菜中作防腐剂和脱水剂，在芝士中作凝结剂和增稠剂，在一些特定的酒中作着色剂或加速一些烈酒澄清。

虽然明矾用作食品添加剂历史悠久，但现代研究却发现明矾对人们健康存在危害，主要体现在金属元素铝在人体内的慢性积累，明矾中的铝被人体吸收后很难排出体外，会残留在人的肺、骨骼、肝、脑等处慢慢蓄积。铝的大量蓄积，会损害大脑及神经细胞。近年来，很多研究指出铝与阿尔茨海默病有密切关系。蓄积在人体内的铝还可能引发贫血、骨质疏松等。此外，铝超标对儿童的影响更大，不仅影响儿童骨骼的生长，还会使婴幼儿的神经发育受损导致智力发育障碍。但由于铝对人体的危害是一个缓慢、长期的过程，所以易被人们轻视。然而一旦发现，却已经是后果比较严重、不可恢复的了。

实验 56　“鱼浮灵”增氧原理的探究

一、实验目的

运用数字化实验探究“鱼浮灵”的增氧原理，与学生一起体验化学实验探究的历程。

二、实验原理

通过产品说明和查阅资料，得知“鱼浮灵”主要成分是过氧碳酸钠（$2Na_2CO_3 \cdot 3H_2O_2$），俗称固体双氧水。溶液中，Na_2CO_3水解呈碱性，促进H_2O_2分解，起到增氧的效果。

三、实验装备

1. 实验器材：磁力搅拌器、100 mL烧杯、洗气瓶、量筒、溶解氧传感器、pH传感器、数据采集器、计算机及相应软件等。

2. 实验药品：鱼浮灵、NaCl、Na_2CO_3、6 mol/L NaOH溶液、4%H_2O_2、蒸馏水。

3. 实验装置：

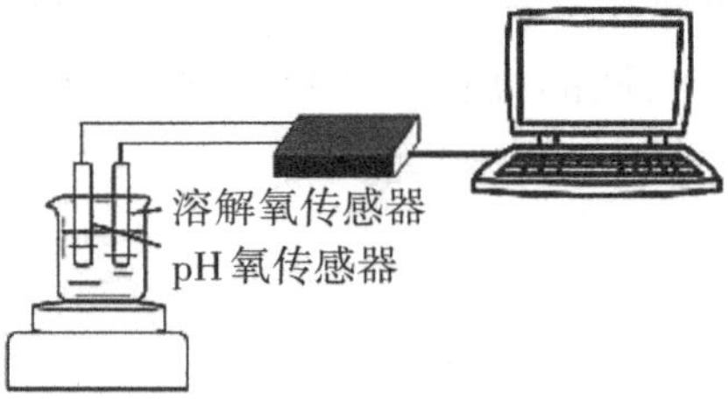

图 7.56.1　实验装置示意

四、实验步骤

1. 向100 mL烧杯中加入80 mL蒸馏水，插入溶解氧传感器探头、pH传感器探头，连接数据采集器，打开磁力搅拌器，加入6.7 g“鱼浮灵”，测定溶液中pH及溶解氧。

2. 向100 mL烧杯中加入80 mL H_2O_2(4%)，后续操作步骤同（1）；待数值变化平稳后加入少量NaCl固体；待数值变化平稳后再加入少量Na_2CO_3固体，观察数值变化。

3. 向100 mL烧杯中加入80 mL H_2O_2(4%)，后续操作步骤同（1）；待数值变化平稳后加入少量NaOH溶液(6 mol/L)，观察数值变化。

五、实验数据分析及结论

表7.56.1　鱼浮灵溶液、双氧水分别加氯化钠、碳酸钠、氢氧化钠后溶解氧和pH变化数据记录

	第1组		第2组			第3组	
试剂	H_2O	加“鱼浮灵”	H_2O_2	加NaCl	加Na_2CO_3	H_2O_2	加NaOH
pH	6.96	9.89	6.01	5.97	8.14	5.85	9.26
溶解氧(mg/L)	5.68	7.97	6.44	6.48	9.11	6.26	组别

注：表中数据取自加入不同试剂后，pH变化平稳再次突变前的点。

由表7.56.1可知：常温下蒸馏水pH约为7，溶有少量O_2；加入“鱼浮灵”后溶液pH大于7，显碱性，水中溶解氧明显增大。常温下H_2O_2溶液的pH小于7，呈弱酸性，溶解氧大于纯水，且随时间递增，水中溶解氧缓慢增大，说明常温下H_2O_2能缓慢分解产生O_2；加入NaCl后溶液呈弱酸性，溶解氧变化不明显；加Na_2CO_3后溶液pH增大，碱性增强，溶解氧增大。常温下H_2O_2溶液加NaOH后pH增大，碱性增强，溶解氧明显增大。

综上所述，可得出结论：Na^+对H_2O_2分解基本无影响，碱性条件（CO_3^{2-}、OH^-）能加快H_2O_2分解。实际生活中考虑到成本、产物对环境的影响，释放氧气的速率以及便于储存和运输，将Na_2CO_3与H_2O_2按物质的量之比2∶3制成固体过氧碳酸钠（$2Na_2CO_3 \cdot 3H_2O_2$），俗称“鱼浮灵”。根据产品说明，在水产养殖或运输过程中，若出现鱼、虾等水产动物因缺氧而引起的浮头，在浮头处按1 m^3水体1.0～1.5 g的比例投放“鱼浮灵”。“鱼浮灵”溶于水后，Na_2CO_3电离产生的CO_3^{2-}水解使溶液呈弱碱性，加快H_2O_2分解产生氧气，从而达到缓解水体缺氧的目的。

六、讨论与研究

探究实验：溶液酸碱性对H_2O_2分解的影响

向5个100 mL烧杯中分别加入80 mL H_2O_2（4%），用NaOH（6mol/L）调节五组溶液的酸碱性，使溶液的pH逐渐增大，依次插入溶解氧传感器探头、pH传感器探头，测定溶液中pH及溶解氧。

表7.56.2　常温下不同pH下等浓度双氧水分解产生溶解氧的数据记录

组别	第1组	第2组	第3组	第4组	第5组
pH	8.00	8.59	9.29	10.43	11.74
溶解氧（mg/L）	6.88	9.30	13.82	17.57	13.15

注：表中数据取自五组H_2O_2分别加入不同体积NaOH溶液后，pH变化平稳再次突变前的点。

由表7.56.2可知：除温度、浓度、催化剂等条件，溶液的酸碱性也能影响H_2O_2的分解速率。不同pH下H_2O_2分解产生O_2的速率不同，一定pH范围内，pH越大，溶液碱性越强，H_2O_2分解速率越快，但是pH调至11.74后，H_2O_2分解速率不升反降，可推测H_2O_2分解速率与pH并不是完全正相关。

参考文献

［1］ 蔡惠君.沉淀溶解平衡中疑难问题的辨析［J］.化学教学，2012（2）：78–80.

［2］ 陈波，邓仪.利用盐类水解程度判断弱酸酸性强弱之辨析［J］.化学教学，2015（7）：81–83.

［3］ 陈功，罗榆琴，佘文静，等.利用数字化实验研究硫代硫酸钠与硫酸反应速率的影响因素［J］.化学教与学，2013（2）：90–92.

［4］ 陈廷俊.氢氧化钠滴定醋酸过程中溶液粒子浓度关系的讨论［J］.化学教学，2014（5）：74–77.

［5］ 陈卫.利用DIS探究化合物是离子型还是共价型［J］.实验教学与仪器，2015，32（7–8）：66–67.

［6］ 陈学东，严西平.红磷、白磷在密闭容器中燃烧的耗氧量探究［J］.化学教与学，2014（7）：90–91.

［7］ 陈志伟，吴文中.$NaHCO_3$溶液和固体热分解的差异性分析［J］.中学化学教学参考，2017（13）：50–52.

［8］ 程春琴，李大庆，周朝晖.借助pH传感器创新实验揭示盐类水解的本质［J］.中学化学教学参考，2017（11）：34–35.

［9］ 崔晓芬，马宏佳，冯雪琦.运用手持技术探究醋酸电离平衡移动［J］.化学教学，2011（8）：18–20.

［10］ 董景礼，马善恒.再谈氢氧化亚铁的制备［J］.中学化学教学参考，2018（9）：53–54.

［11］ 高建伟，蒋红年.Na_2CO_3水解过程溶液pH与温度关系的探究［J］.化学教学，2013（12）：57–59.

［12］ 胡晓红，罗敏，张驰．离子的本性对溶液导电能力的影响［J］．化学教育，2018，39（3）：79–81.

［13］ 胡永才．对“化学平衡移动”的认识［J］．化学教学，2015（7）：86–89.

［14］ 黄毓展，钱扬义，林建芬．运用数字化手持技术探究“蜡烛非常规熄灭”的原因——通过测量二氧化碳浓度和温度的变化进行验证［J］．化学教育，2017，38（1）：63–69.

［15］ 李大塘．纯硫酸等共价化合物的导电原因［J］．化学教与学，2015（9）：97，60.

［16］ 李嘉会，梁永锋．浓度对硫酸性质影响的实验研究［J］．化学教育，2018，39（3）：57–59.

［17］ 李俊生，吴少泽，孙铭阳．对冰醋酸加水稀释过程中溶液导电能力疑难问题的研究［J］．中小学实验与装备，2014（6）：10–13.

［18］ 李玮辰．对中和反应热测定实验的改进［J］．中学化学教学参考，2017（23）：54–56.

［19］ 李伟伟，李光跃，刘玉畅，等．乙酸乙酯使含酚酞的氢氧化钠溶液褪色的原因研究［J］．化学教学，2017（12）：68–70.

［20］ 李先栓．铜催化氧化乙醇生成醛的反应机理［J］．化学教学，2011（9）：45–46.

［21］ 李友银，石璞，纪正．有关过氧化钠与二氧化碳反应的实验再探究［J］．中学化学教学参考，2015（10）：44–46.

［22］ 林建芬，钱扬义．运用数字化手持技术对金属电化学腐蚀探究实验的改进［J］．中学化学教学参考，2015（1）：51–52.

［23］ 刘怀乐，杜文敏．涉及硫酸铜的几点教学参酌［J］．中学化学教学参考，2016（12）：42–46.

［24］ 鲁战胜，汤华森，王后雄．原电池中电离子定向移动的“推手”［J］．中学化学教学参考，2012（11）：34–35.

［25］ 陆鼎昌，马善恒，方方．基于数字化实验的氢氧化亚铁制备研究［J］．中学化学教学参考，2017（6）：51–53.

［26］ 陆燕海.对干燥剂选用的一些探讨［J］.化学教学，2013（4）：75–77.

［27］ 罗一芳，吴文中.冰醋酸稀释过程电导率变化的理论分析与实证［J］.化学教学，2019（11）：70–74.

［28］ 马宏佳.化学数字化实验的理论与实践［M］.北京：人民教育出版社，2016.

［29］ 马善恒，夏建华，姚如富.运用数字实验探究氯水中化学平衡的存在［J］.化学教学，2017（7）：71–73.

［30］ 马善恒，朱成东.运用数字实验测定空气中氧气含量［J］.中学化学教学参考，2016（3）：46–47.

［31］ 苗伊鸣，杜淑贤.不同催化剂对过氧化氢分解的催化速率探究［J］.化学教学，2011（9）：48–49.

［32］ 庞玉玺，汪嵘.运用手持技术探究浓度对化学反应速率的影响——衔接初高中的过氧化氢分解实验探讨［J］.实验教学与仪器，2016，33（7）：58–60.

［33］ 钱扬义，陈健斌，吴宗志，等.利用掌上实验室（Lab in Hand）进行溶解氧的探究［J］.化学教育，2003（11）：41–43.

［34］ 钱扬义，吴东燕，王琴，等.利用手持技术探究影响大气“温室效应”的因素［J］.化学教学，2005（5）：23–25.

［35］ 秦晋，王明召，张博.新课标高中化学阅读材料［J］.化学教学，2009（11）：73–74.

［36］ 邱联妹.利用数字化仪器探析氧气收集实验中的纯度问题［J］.化学教与学，2017（8）：88–90.

［37］ 任斌，吴晓红，杨文远，等.运用手持技术探究84消毒液漂白性的原因及其影响因素［J］.化学教学，2015（10）：53–56.

［38］ 任峰，夏建华.运用手持技术测定室内空气与人体呼出气体的成分［J］.化学教学，2013（8）：45–46.

［39］ 盛晓婧，林建芬，钱扬义.利用数字化手持技术探究原电池电流和温度的变化［J］.化学教育，2016（5）：61–66.

[40] 苏少娣，姜言霞，李晓林．利用手持技术对过氧化氢分解反应速率影响因素及适宜条件的研究［J］．化学教与学，2018（1）：93-96，70.

[41] 孙影，信欣，王府．过氧化钠与二氧化碳反应原理再探究［J］．实验教学与仪器，2018（6）：39-41.

[42] 王传娥，李君霞，李雪梅，等．用过氧化氢制取氧气的实验条件的探究［J］．中学化学教学参考，2006（4）：27.

[43] 王福成．发展水溶液核心概念理解的研究——以“弱电解质的电离”为例［J］．中学化学教学参考，2016（6）：39-42.

[44] 王杰．手持技术在喷泉实验中的运用［J］．实验教学与仪器，2017，34（10）：38-39.

[45] 王寿红．基于手持技术的乙酸乙酯水解实验研究［J］．化学教育，2014（15）：61-65.

[46] 王云生．关于电解质溶液教学若干问题的探讨［J］．化学教学，2017（10）：40-43.

[47] 吴民生．光照氯水实验新设计［J］．化学教学，2014（8）：52-54.

[48] 谢培轩，陆燕海．几个与苯酚相关问题的探讨［J］．实验教学与仪器，2010，21（11）：11-12.

[49] 谢天华，黄子超．运用手持技术探究镁与冷水的反应过程［J］．中学化学教学参考，2018（11）：43-44.

[50] 谢晓青，王伟群，顾菲菲．影响草酸与酸性高锰酸钾溶液反应速率因素的探究［J］．化学教学，2012（12）：56-59.

[51] 徐泓，朱敏，魏明贵．铁粉吸氧腐蚀系列实验的设计及应用［J］．化学教学，2015（4）：63-66.

[52] 徐泓．对“化学反应速率”教学中几个问题的探讨［J］．中学化学教学参考，2018（7）：34-35.

[53] 徐惠．以数字化探究实验引领“分子间作用力”教学［J］．化学教育，2017，38（15）：20-23.

[54] 徐康，马宏佳．利用传感技术探究“温度对NH_4Cl水解的影响”

［J］.实验教学与仪器，2013（7-8）：72.

［55］许国霞.用手持技术探究二氧化碳与饱和石灰水反应［J］.中学化学教学参考，2015（12）：51-53.

［56］许立邦，林诚喻，陈熠熠，等.“蔬菜水果及Vc药剂中维生素C含量测定”的研究性学习活动及反思［J］.化学教与学，2015（6）：71-73.

［57］严建波.对探究苯酚与溴水反应类型实验的质疑与改进［J］.化学教学，2013（4）：62-63.

［58］严西平，钱蕙，冀远超，等.溶解氧对铁钉锈蚀实验影响的数字化初探［J］.教育与装备研究，2018，34（10）：67-69.

［59］杨恩荣.把“导电”改成“电离”更恰当——对电解质概念叙述的严密性思考［J］.中学化学教学参考，2017（10）：72.

［60］杨飞，马宏佳.明矾净水实验的探究［J］.化学教学，2010（6）：12-13.

［61］张寒之.金属镁和水反应实验的数字化改进——在元素周期律教学中的应用［J］.中学化学教学参考，2016（21）：31-33.

［62］张婷，奚润心，谢天宇.表征沉淀溶解平衡的新方法［J］.化学教与学，2018（10）：90-91.

［63］张婷，杨飞.铜锌原电池中氯离子迁移实验［J］.化学教与学，2015（4）：96-97.

［64］张婷，张金怡，胡珺晶.氨水存放试剂瓶颜色的选择［J］.化学教育，2017（23）：56-57.

［65］张晓红.“鱼浮灵”增氧原理的实验探究［J］.化学教学，2017（11）：74-76.

［66］张勇，邓伟，王文玉.利用数字化实验探究氯离子对金属腐蚀速率的影响［J］.化学教学，2017（12）：65-67.

［67］赵琦，林肃浩.镁铝原电池数字化实验的意外——再探铝与碱性溶液的反应［J］.化学教育，2018，39（15）：78-81.

［68］周文荣.“二氧化碳与氢氧化钠反应”的数字化实验设计［J］.

化学教学，2017（10）：58-63.

［69］ 周文荣.利用数字化实验探究铁粉型“暖宝宝”的发热原理［J］.化学教学，2018（1）：66.

［70］ 周学工，吴文中.氯离子对金属及其化合物与酸溶液反应的影响［J］.中学化学教学参考，2016（17）：51-53.

［71］ 朱成东，马善恒，熊言林.运用手持技术探究氢氧化亚铁难以制备的原因［J］.化学教育，2017（13）：75-77.

［72］ 朱卫华.利用传感技术探究次氯酸光照分解的实验［J］.化学教与学，2013（11）：87-88.